도시는
역사다
The city is
the
history

도시는 역사다
The city is the history.

초판 1쇄 발행 2011년 6월 1일 **초판 3쇄 발행** 2015년 3월 10일
기획 도시사학회 **지은이** 이영석 민유기 외 **펴낸이** 이선선 **편집 이사** 강영선 **주간** 김선정
편집장 김문정 **편집** 임경훈 김종훈 김경란 하선정 **디자인** 김희량 정경아
마케팅 김일신 이호석 김연수 **관리** 박정래 손미경 김양천

펴낸곳 서해문집 **출판등록** 1989년 3월 16일(제406-2005-000047호)
주소 경기도 파주시 광인사길 217(파주출판도시) **전화** (031)955-7470 **팩스** (031)955-7469
홈페이지 www.booksea.co.kr **이메일** shmj21@hanmail.net

이영석·민유기 외 © 2011
ISBN 978-89-7483-471-5 03900
값 15,000원

이 도서의 국립중앙도서관 출판시도서목록(CIP)은 e-CIP홈페이지(http://www.nl.go.kr/ecip)에서
이용하실 수 있습니다.(CIP제어번호: CIP2011002009)

도시는 역사다

The city is the history

도시사학회 기획 | 이영석·민유기 외 지음

서해문집

서문

산책하며 보고 듣고 즐기는
세계의 도시문화

세계 인구통계에 따르면 2007년 5월 23일을 기준으로 지구에 거주하는 이들의 절반 이상이 도시에 거주한다. 이 같은 '지구도시화glurbanization'는 고대 도시로부터 비롯된 인류 문명의 새로운 전환을 의미한다. 이제 정치, 경제, 사회, 문화 어느 하나도 도시와 직간접적으로 관련을 짓지 않고는 올바로 파악하기 어렵게 되었고, 이에 따라 도시에 관한 각양각색의 담론들이 지구촌 곳곳에서 연일 쏟아져 나오고 있다.

이 같은 상황에서 도시사 연구자들은 도시와 관련된 실천적 학문 활동을 위해 2008년 가을 도시사학회Korean Society for Urban History를 창립했다. 이후 도시사학회는 한국의 도시가 안고 있는 무수한 사회문제와의 접점 속에서 한국사, 동양사, 서양사를 망라하고 미시사와 거시사를 조화시키는 종합적이고 비교사적인 시각의 활발한 학문 활동을 전개해 왔으며, 그 활동의 일환으로 이 책을 기획 출간하게 되었다.

〈도시는 역사다〉는 세계 주요 도시들의 기원, 성장 과정, 공간 구조, 사회 갈등, 도시 문화, 도시 이미지와 정체성의 역사를 독자들에게(도시사와 도시 문화 그리고 인류 문명사 전반에 관심을 가진 시민들에게) 쉽고 재미있게 전달하려는 목적에서 기획되었다. 또한 시민들이 도시의 여러 일상적 활동들에 적극적으로 참여하고 연대해 더 인간적인 내일의 도시를 만들어 나가는 데 도움이 되도록 도시에 대한 깊고 넓은 이해의 자양분을 제공하려는 목적을 지닌다.

이 같은 기획 의도에서 공동 저자들은 크게 세 가지를 염두에 두고 이 책을 집필했다. 먼저, 독자들이 일과가 끝난 늦은 오후 혹은 주말에 도시의 거리, 광장, 시장, 박물관 등에서 여유롭게 산책하는 느낌으로 책을 읽을 수 있도록 평이한 문체를 사용했다. 다음으로 한국과 동아시아, 유럽과 미국 등 지구촌 곳곳의 주요 도시들을 대상으로 해 도시 문명에 대한 포괄적이고 종합적인 그리고 비교사적인 이해가 가능하도록 돕고자 했다. 마지막으로 특정 도시의 기원에서 현재까지 공간 구조, 도시 사회의 여러 문제, 도시 문화, 도시에서 발생한 주요 사건 등을 고르게 다루면서 도시 구조와 도시민이라는 주체들의 상호작용이 잘 드러나도록 서술했다. 물론 도시의 기원에서 현재까지 어떤 일들이 일어났는지에 대한 연대기적 단순 나열을 피하고, 도시의 중요 공간 변화나 사회 갈등, 문화 현상이 발생했던 특정 시기를 상대적으로 자세히 언급했다.

도시에 관한 모든 저술엔 한정된 지면에서 어떤 도시를 선택하고 어떤 도시를 선택하지 말아야 할지에 대한 고민이 필요하다. 동서양을 망라하는 주요 역사 문화 도시들의 목록은 끝없어 보이지만, 이 책에서는 동양 다섯 도시와 서양 다섯 도시를 선택했다. 동서양 주요 국가의 가장 대표적인 도시들로 도시 자체의 역사와 문화, 특정 국민국가의 역사와 문화 그리고 세계사와 인류 문명의 오랜 숨결이 곳곳에 녹아들어 있는 도시들이며 현재도 계속 혁신적인 모습을 보여주고 있는 도시들이다.

1장은 광운대 김백영 교수의 글로 서울이 조선왕조의 수도가 되는 과정, 조선 후기 파괴와 재건, 개항기의 도시 변화, 일제강점기의 식민 도시화, 한국전쟁 이후 비약적인 성장이라는 다섯 시기로 나누어 서울의 역사를 고찰하며, 현대 서울의 성장 일변도가 낳은 각종 부작용에 대한 성찰적 반성도 필요함을 강조한다.

2장은 건국대 박삼헌 교수의 글로 도쿄의 전신인 도쿠가와德川막부의 에도江戶가 어떻게 성립되었는지, 에도가 막말유신기幕末維新期에 어떤 과정을 거쳐 동쪽의 수도東京가 되었는지 살펴보고, 근대 천황제의 공간으로서 도쿄에 조성된 각종 국가 상징 공간들을 고찰한다.

인천대 박진한 교수가 쓴 3장은 일본 제2의 도시로 16세기 후반 도요토미 히데요시豊臣秀吉가 축조한 성에서 비롯되어 경제적으로 번영한 오사카를 다룬다. 메이지유신 이후 근대도시로 전환한 오사카에서는 사회 개혁적 시장과 시민들의 참여로 1930년대 천수각天守閣이 재건되고 오사카성이 공원화되어 역사와 전통을 활용한 도시 문화가 만들어졌다.

4장은 연세대 연구교수 신규환의 글로 먼저 베이징의 역사, 19세기 말과

20세기 초 도시 관리 체제와 도시환경의 변화를 살펴본다. 이어 천안문天安門 광장에서 펼쳐진 근대적 정치 문화, 베이징 시민의 주거 공간인 사합원四合院, 민중의 도시 문화 공간인 천교天橋 광장을 다루며 도시 공간 구조가 낳은 베이징의 독특한 도시 문화를 고찰한다.

서울시립대 HK교수 김승욱이 쓴 5장은 상하이의 기원과 발달 과정, 19세기 중반 개항으로 형성된 조계에서 나타난 근대적 도시 문화와 식민도시가 남긴 흔적들, 상하이 인구의 다양한 구성과 상하이인들의 독자적 정체성 형성 과정을 다룬다. 이어 현대 중국의 성장 중심지로서 상하이의 역할, 1990년대 이후 포동浦東 개발 등 국제도시로의 변화 양상을 살펴본다.

광주대 이영석 교수의 글인 6장은 고대 로마의 병참기지였던 런던이 18-19세기를 거치며 영제국의 수도이자 세계적인 도시로 발전해 간 과정을 추적한다. 특히 정치 행정의 중심인 웨스트민스터, 19세기 대표적 슬럼인 이스트엔드, 교외 확장, 19세기 제국의 수도 이미지를 강화시킨 각종 공공 건축과 기념물, 20세기 말 이스트엔드 개발 등을 고찰한다.

광운대 민유기 교수가 쓴 7장은 먼저 기원에서 절대왕정까지 파리의 역사를 다룬다. 이어 대혁명 이후 19세기의 각종 혁명이 각인시킨 혁명의 도시 이미지, 오스만의 근대적 도시정비, 19세기 말 문화 예술의 도시 이미지 형성 과정, 파리코뮌, 인민전선, 68혁명 등 파리에서 발생한 주요 역사 흐름과 20세기 말 사회당 정부의 공공 도시 정비를 고찰한다.

8장은 고려대 연구교수 최호근의 글로 프로이센 왕국과 독일 제2제국의 수도 베를린의 성장 과정을 살펴본 후, 1920년 베를린의 확장, 1930년대 히틀러의 세계도시 게르마니아 구상, 공공 기념물, 2차 대전 이후 냉전의 중심이던 베를린의 상황, 베를린장벽의 설치와 해체, 1990년 독일 통일 이후 베를린의 변화 등을 살펴본다.

9장은 한국외대 김수환 교수의 글로 18세기 초 러시아의 표트르대제가 만든 상트페테르부르크의 역사, 러시아가 서유럽의 근대 문화를 수용하기 위해 갑자기 새롭게 만들어 낸 상트페테르부르크의 여러 신화, 문학 작품 속에 투영된 도시 이미지, 러시아혁명과 2차 대전 당시 독일군 포위 속의 도시, 모스크바에 비해 개방적인 도시 문화 등을 고찰한다.

10장에서 경희대 박진빈 교수는 시카고를 가장 미국적인 도시로 평가하며 그 이유를 이 도시의 역사가 바로 전형적인 미국사의 모습을 보여주기 때문이라고 설명한다. 이어 19세기 도시 성장과 1871년 대화재 이후의 빠른 회복, 노동운동과 폭력, 1893년 콜럼버스 400주년 기념 세계박람회, 20세기 초의 인종 폭동, 현대 시카고의 변화 등을 살펴본다.

이상의 총 10개 장 가운데 8개 장은 계간지 《내일을 여는 역사》에 연재된 글을 수정 보완한 것이다. 역사학의 현재성과 대중성을 중시하는 《내일을 여는 역사》의 '도시의 역사' 코너에 서울(36호, 2009년 가을), 상하이(37호, 2009년 겨울), 베이징(38호, 2010년 봄), 도쿄와 오사카(39호, 2010년 여름), 파리와 베를린(40호, 2010년 가을), 시카고(41호, 2010년 겨울)가 게재되었다. 한편 상트페테르부르크는 도시사학회 학회지인 《도시연구: 역사, 사회, 문화》 4호(2010년 12월)에 연구노트로 실린 글을 수정 보완한 것이며, 런던은 저자가 이전에 발표한 여러 논문과 저서의 내용을 참고하며 새로 쓴 글이다.

이 책이 나오기 까지 많은 도움을 받았다. 먼저 《내일을 여는 역사》 편집위원회는 '도시의 역사' 연재물 지면을 허용해 주었다. 이를 통해 도시사학회는 우리 사회의 여러 도시문제에 대한 역사적 성찰의 힘을 기르는 데 이바지하고자 이 책의 출간을 고민하게 되었다. 《내일을 여는 역사》를 펴내는 도서출판 서해문집은 연재물과 새로운 두 편의 글을 수정 보완해 도시사학회 이름으로 이 책이 세상에 나오는 데 큰 도움을 주었다.

역사는 올바른 역사 인식을 지니고 실천하는 대중에 의해 만들어진다. 도시도 마찬가지다. 도시의 일상에서 실천하고 참여하고 연대하며 인간다운 도시, 조화로운 도시, 문화적 활력이 넘치는 도시를 만들고자 하는 시민들의 노력이 내일의 도시를 만들어 간다. 세계 주요 도시를 산책하도록 초대하는 이 책의 공동 저자들은 우리 도시에서 발생하는 각종 사회 갈등을 해소하고 더 바람직한 내일의 도시를 만들어 가는 길을 고민하는 모든 독자와 함께 할 것이며, 언제든 이 책의 내용에 대한 독자들의 애정어린 격려와 비판의 목소리를 경청할 것이다.

2011년 봄 저자들을 대표해

민유기

차례

서문 **004**

서울, 은자의 고도에서 세계도시로 **012**

21세기, 도시라는 미래상 · 한양, 수도의 탄생 · 조선 후기 서울의 변화 · 황성의 개항 · 경성, 식민지 근대 서울 · '한강의 기적'과 강남 개발 · 성장 기계의 부산물, '아파트공화국' · 괴물怪物의 신체에 담긴 고도古都의 영혼

도쿄, 근대 천황제의 공간 **038**

현대 일본의 수도 이전론 · 도쿠가와막부 장군의 공간, 에도 · 막말유신기의 천도론 · 근대 천황제의 공간 · 1945년 패전 그리고 도쿄

오사카, 도쿄를 넘어 동북아의 중심으로 **064**

간사이의 중심 도시 · 나니와에서 오사카로 · 오사카의 재건과 경제적 번영 · 메이지유신과 근대도시로의 전환 · 세키 하지메와 오사카성 천수각 재건 사업 · 전후의 새로운 도약

베이징, 황제의 정원에서 시민의 광장으로 **090**

베이징성의 역사적 배경 · 도시 관리와 도시환경의 변화 · 천안문과 광장의 정치 · 사합원과 천교의 도시 문화 · 새로운 공간 정치와 도시 문화를 기대하며

상하이, 현대 중국의 도시 실험 **116**

구도시 전통 · 조계와 현대 도시 실험 · 알라 스앙해닌阿拉上海人 · 중국의 화살촉

런던, 두 세기의 풍경   **144**

변방에서 중심 도시로 · 새뮤얼 존슨의 런던 · 도시의 팽창 · 지리적 양극화 · 제국 도시와 이민 · 밀레니엄 축제, 그 이후 ·

파리, 혁명과 예술의 도시   **170**

파리로의 초대 · 고대부터 절대왕정까지 파리의 역사 · 혁명의 도시와 오스만의 근대적 도시 정비 · 문화 예술의 도시, 사회연대의 도시 만들기 · 20세기의 5월 신화와 조화로운 도시

베를린, 냉전의 상징에서 유럽의 중심으로   **198**

변방의 도시, 프로이센의 수도가 되다 · 독일 최대의 도시 · '세계의 수도 게르마니아' 건설 계획 · 홀로코스트의 흔적 · 베를린 봉쇄와 대공수 작전 · 베를린장벽 건설과 붕괴 그리고 통일 · 베를린의 도시 풍경

상트페테르부르크, 역사와 문화의 복합 텍스트   **226**

'페테르부르크'라는 이름의 역사 · 표트르의 도시 · 유럽으로 열린 창 · 페테르부르크 텍스트 · 붉은 10월 · 레닌그라드는 함락되지 않는다! · 다시, 페테르부르크

시카고, 미국적인 너무나 미국적인   **256**

가장 미국적인 도시 · 개척과 성장 · 폭력의 역사 · 신흑인 new negro의 시카고 · 현대 시카고

주	**284**
참고문헌	**300**
찾아보기	**308**

서울,
은자의 고도에서 세계도시로

김백영

21세기, 도시라는 미래상 · 한양, 수도의 탄생 · 조선 후기 서울의 변화 · 황성의 개항 · 경성, 식민지 근대 서울 · '한강의 기적'과 강남 개발 · 성장 기계의 부산물, '아파트공화국' · 괴물 怪物의 신체에 담긴 고도古都의 영혼

| 21세기, 도시라는 미래상 |

최근처럼 '도시'가 인구에 빈번히 회자된 적은 없을 것이다. 오늘날 세계 각 곳에 열병처럼 번지고 있는 도시 담론은 심상치 않은 역사적 변화의 징후로 읽힌다. 장거리 교통과 정보 통신의 비약적 발전과 더불어 우리는 바야흐로 '글로컬리제이션glocalization'과 '시공간 압축' 시대를 살아가는 글로벌 문명 공동체의 일원이 되었음을 일상 속에서 실감한다. 뉴욕과 런던의 소호SOHO는 서울과 베이징에도 있으며, 두바이와 상하이의 신화는 송도와 해운대의 현실이 되어 우리 앞에 나타난다. 마치 19세기 말 철도혁명과 산업혁명이 인간의 거리 감각, 시각 체계, 생활 세계, 세계 인식에 거대한 변화를 초래하여 마침내 전 지구인의 세계관과 생활환경을 전면적으로 탈바꿈시켜 놓았듯이, 오늘날 전 지구적 도시화와 정보화 물결은 머지않아 전면화될 인류사의 새로운 거대한 변환의 소용돌이를 예고하는 듯 보인다.

하지만 도시가 우리의 삶과 맺는 관계가 이토록 친숙해진 것이 그리 오래된 일은 아니다. 불과 반세기 이전만 하더라도 한반도 주민 대다수는 도시민이라 부르기 어려운 농민 혹은 이농민 집단에 불과했다. 압도적인 농경 중심 사회에 미약하나마 상업적 변화의 기미가 보이기 시작한 것은 조선 후기부터였고, 농촌으로부터 도시로의 인구 이동 현상은 일제강점기 식민지 도시화 과정에서 제한적이나마 늘어나는 경향을 보였다. 하지만 전체 인구의 80퍼센트 이상이 농민으로 구성된 촌락 중심 사회의 장기 지속적 구조에 도시화라는 대변환을 불러일으키기에는 너무나 미미한 변화에 불과했다. 한반도에서 도시인구의 급증 현상은 한국전쟁으로 고향에서 뿌리가 뽑힌 피난민들이 전후 대도시에 정착하면서 비로소 본격적으로 나타나기 시작한다. 이는 오늘날 우리가 도시와 맺고 있는 외견상 매우 오래고 질기게 보이는 숙명의 끈이, 실제로는 불과 얼마 되지 않았을 뿐만 아니라 극히 우발적이고 폭력적인 역사적 과정의 산물임을 시사한다. 우리가 우리의 도시를 좀 더 잘 이해하기 위해서는 이처럼 친숙한 대상에 낯선 질문을 던질 필요가 있다.

지금 우리에게 '도시'는 적어도 다음 세 가지 차원에서 문제적이다. 첫째, 당면한 '지구도시화glurbanization'라는 세계사적 차원의 대전환에 대해 도시와 지역 차원에서 어떻게 주체적으로 '응전'할 것인지의 문제. 둘째, 20세기 한국사의 인식 틀을 지배해 온 내셔널리즘적 관점과 일국사적 내러티브의 독점적 영향력으로부터 벗어난 대안적 역사 인식의 하나로서, 도시와 지역의 관점에서 지배적 역사를 해체·재구성해서 지방사local history의 독자적 정체성을 어떻게 확보할 것인지의 문제. 셋째, 산업화와 고도성장 시대 위로부터 정부 주도적으로 형성된 일차원적 지역 담론을 대체할 아래로부터의 시민 주도적 다차원적 지역사회 인식과 발전 전략을 모색하는 문제.

이는 20세기의 거시적·양적 차원의 발전·진보 담론을 대체하는 아래로부터의 미시적·질적 차원의 문화·환경 담론을 어떻게 정립할 것인지의 문제와도 연관된다.

이 글에서는 이러한 삼차원적 현실 인식과 우리의 도시가 어디로 나아가야 하는지에 대한 고민 속에서 한국의 도시 형성사를 함께 생각해보고자 한다. 모든 역사가 현재와의 대화의 산물이듯, 도시사도 단지 회고적 관심의 차원이 아니라 현재적 문제의식에 입각해서 쓰여져야 한다. 한국 도시 형성사에 대한 고찰은 21세기 벽두에 우리가 직면하고 있는 각양각색인 도시문제의 역사적 성격을 파악하고 우리의 좌표와 향후 진로를 확인하기 위한 인식론적 전제 요건이다. 이 글에서는 서울을 중심으로 한반도의 도시가 겪은 역사를 검토할 것이다. 서울은 창덕궁·종묘·왕릉과 같은 유네스코 지정 인류 문화유산을 소장한 유구한 역사도시이자, 인구 천만 명이 넘는 세계적 규모의 초거대도시인 동시에, 한반도에서 베이징과 상하이, 도쿄와 교토, 뉴욕과 워싱턴의 위상과 기능을 겸한 압도적인 '도시 중의 도시'이기 때문이다.[1] 수도로서만도 600여 년에 이르는 역사도시 서울의 변천 과정은 크게 다섯 시기로 나누어 살펴볼 수 있다. 조선왕조의 개창과 더불어 서울이 왕조 수도가 되는 과정, 조선 후기 파괴와 재건 과정, 개항기 도시의 변화, 일제강점기 식민도시화 과정, 한국전쟁 이후 '한강의 기적'이 이루어지는 과정이 그것이다.

조선팔도고금총람도朝鮮八道古今總攬圖, 김수홍, 1673
(허영환,《정도 600년 서울지도》, 범우사, 1994)
조선시대 서울의 압도적 수위도시성이 잘 드러난다.

| 한양漢陽, 수도의 탄생 |

서울은 우리에게 보통명사('수도首都' 또는 '도읍都邑')이자 고유명사('서울')로 통하는, 말 그대로 '특별한 도시'다. 서울이 이처럼 이중적 의미를 갖게 되기 전, 평양이나 부여나 경주나 개성이 '서울'이던 시절로 거슬러 올라가 보더라도, 한강과 북한산으로 둘러싸인² 이 지역의 중요성은 많은 사람이 익히 알고 있었다. '한강을 지배하는 자가 한반도의 패권을 장악했다'는 사실은 삼국항쟁시대사의 상식이거니와, 마침내 삼각산³ 일대를 정복한 신라인들의 감격을 돌에 새긴 진흥왕순수비는 이 지역의 지정학적 중요성에 대한 당대인들의 인식을 웅변한다. 서울은 개경 일대에 근거지를 둔 고려의 지배층들이 '남경南京'이라 부른 곳으로, 이미 고려 문종이 궁궐을 짓고(1067) 숙종(1095~1105)이 서울로의 천도 계획까지 세웠던 곳이니, 새 왕조를 개창한 태조 이성계가 한양에 도읍을 정한 일이 전혀 새로운 발상은 아닌 셈이다.

고려 말의 '역성혁명'이 '한양 정도漢陽定都'로 이어지는 데 풍수도참설이 큰 영향을 미쳤음은 잘 알려진 사실이지만, 여진족과 왜구 토벌을 위해 한반도 전역을 누비고 다닌 태조의 '국토관'과 공간 감각도 적지 않게 작용했을 것이다. 국토의 중앙부에 위치하면서 남한강과 북한강의 수운을 활용할 수 있는 한양은 한반도 전역을 통치할 도읍지로 최적의 선택지였다. 19세기까지 500여 년간 한반도에서 '사실상 유일한 도시'이자, 지난 600여 년간 한반도를 압도적으로 지배해 온 수도 서울의 역사는 이렇게 시작된다.

한양의 내부 공간이 풍수적 공간관과 유교적 이념에 따라 조성된 계획도시이자 상징도시였음은 누구나 아는 사실이다.[4] 한양은 외사산外四山으로 먼 경계를 두르고, 내사산內四山의 능선을 따라 쌓은 타원형 성곽으로 성 안팎의 공간을 구분했으며,[5] 도성에는 모두 8개의 문을 내었다. 동서남북 사방에 각각 흥인지문興仁之門, 돈의문敦義門, 숭례문崇禮門, 숙청문肅淸門의 사대문을 두었고, 그 사이에 광희문光熙門, 소의문昭義門, 창의문彰義門, 혜화문惠化門의 사소문을 두어 도성 내부와 외부를 연결하는 통로로 삼았다. 사대문에다 중앙의 보신각普信閣까지 인·의·예·지·신의 유교적 덕목[6]을 각 방위의 결절점에 새긴 도성 공간은 유교적 이상주의의 산물로서, 군자들이 사는 유토피아의 꿈을 구현한 이상향적 공간이었다. 하지만 유교적 우주론으로 장식된 중세 행정도시 한양의 '순수성'은 채 두 세기를 유지하지 못하고 참혹한 파괴와 거대한 전환의 소용돌이 속에 휩쓸려 들어가게 된다.

조선 후기 서울의 변화

조선왕조는 518년이라는 치세 기간 동안 임진·정유·병자·정묘라는 네 차례의 전란을 도합 44년에 걸쳐 겪었다. 주목할 것은 그것이 모두 16세기 말에서 17세기 초에 이르는 시기에 집중되었다는 점이다. 16~17세기에 일어난 '동아시아 세계대전'이라 할 만한 대전란[7]의 격전장이 되면서 한반도는 초토화되었고, 인구는 4분의 1 넘게 격감한 것으로 추정된다. 전란을 겪으

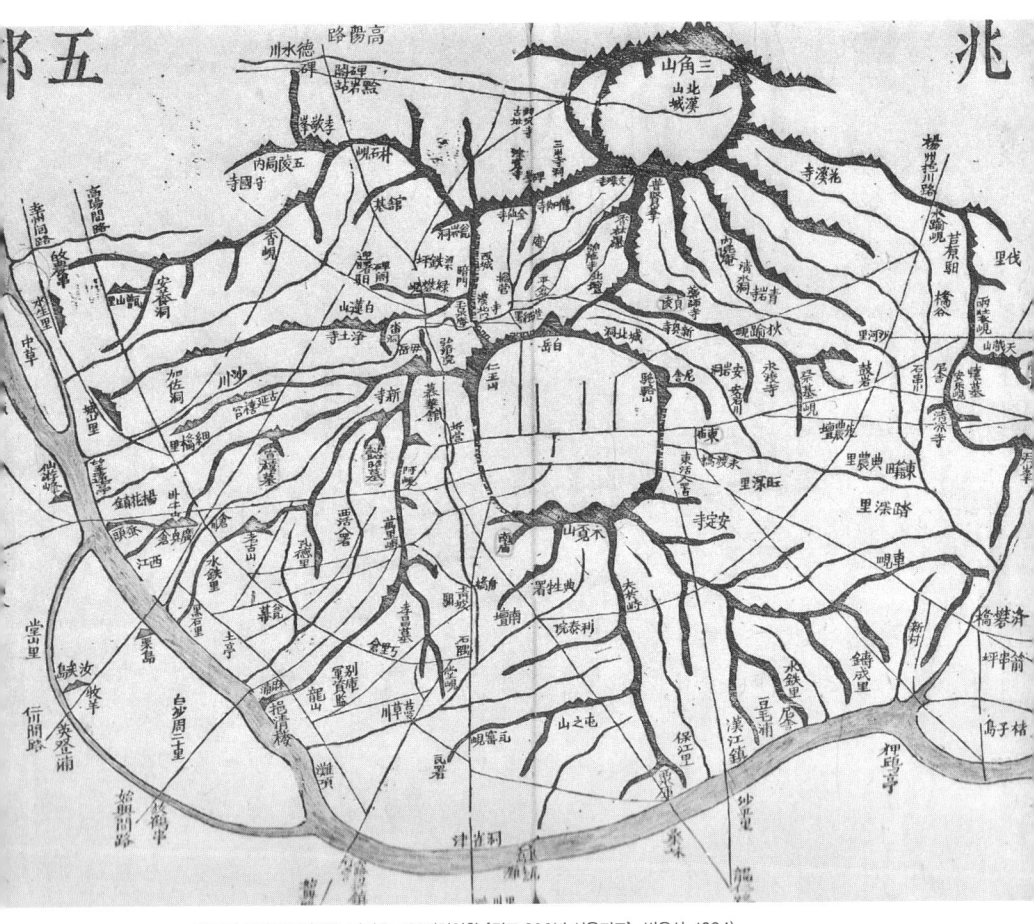

경조오부도京兆五部圖, 김정호, 1861(허영환,《정도 600년 서울지도》, 범우사, 1994)
내사산과 외사산으로 둘러싸인 서울의 지형적 특징이 잘 나타나 있다.

면서 명나라가 망하고 청나라가 들어선 중국과 전국시대의 오랜 내전을 종식하고 도쿠가와막부가 들어선 일본과는 달리 조선왕조는 여전히 체제를 유지했지만, 양란 이후의 조선은 이전과는 전혀 다른 사회가 되었다. 오랜 전란으로 황폐화된 농경지, 빈발하는 기근과 엄습하는 질병, 가족과 고향을 잃고 뿔뿔이 흩어진 난민들, 와해되어 가는 유교적 사회규범과 동요하는 신분 질서, 오랑캐(여진, 왜)에 유린당한 문명국의 자존심 등 조선이 당한 물질적·정신적 피해는 상상을 초월하는 것이었다.

무너져 가는 왕조를 재건하기 위해서는 실리와 명분, 경제적 피해 복구와 사회적 기강 확립이라는 두 가지 처방이 동시에 이루어져야 했다. 우선 전자의 처방으로 새로운 농법이 도입되었다. 이앙법移秧法과 견종법畎種法이 보급되었고, 고구마·감자·고추와 같은 새로운 작물이 도입되었으며 담배·인삼과 같은 상업 작물의 재배가 확산되었다. 버려졌던 농토를 개간하여 경지 면적이 늘어나고 토지생산성과 노동생산성이 향상되면서 인구도 다시 증가하기 시작해, 영조 연간에는 이미 전쟁 이전 수준에 근접하는 회복세를 나타냈다. 잉여농산물 증가는 상업 발달을 촉진시켰고, 농촌에서 유리된 과잉인구는 도시인구 증가를 야기했다. 그 결과 개성이나 한양과 같은 상업 도시에는 부상대고富商大賈와 함께 그들이 고용한 농업·상업 노동자 집단이 늘기 시작했다. 정도 초기 성내 인구 10만을 예상하고 계획된 한양에는 30만 이상의 인구가 몰려들었다. 미곡 운송의 중심지 용산, 목재 집산지 뚝섬, 서해에서 난 해산물 집결지 마포 등 경강 상업의 거점지를 중심으로[8] 한양의 인구는 성곽도시와 성저십리城底十里의 경계를 넘어 자내字內 지역 곳곳으로 흘러넘쳤다.[9] 조선 후기 한양은 더 이상 '군자와 양반의 도시'가 아니라 '상인과 서민의 도시'로 급격히 변해 가고 있었다.

상업 발달과 도시인구 증가로 유교적 가치관과 규범이 약화되면서 집권 세력은 점점 더 위기감에 사로잡혔다. 신분제가 문란해지면서 구체제의 사회질서는 크게 동요했는데, 구체제를 강화시키려는 기득권 세력의 '반동'으로 남녀균분상속제는 장자상속제로 바뀌어 갔고 지주소작제도 점차 강화되어 갔다. 집권 세력은 시대상에 역행하는 극단적 명분론에 집착하면서 급변하는 국제 질서의 변화를 외면한 채 '북벌北伐'론과 '소중화小中華' 사상의 철옹성을 쌓았고, 이는 19세기 '서세동점'의 시대에 척화비를 앞세운 강력한 쇄국정책으로까지 이어지게 된다.

이처럼 조선 후기 성리학적 명분론이 강화되면서 사림파의 붕당정치는 극단적 권력 다툼으로 변질되어 갔고, 붕당정치의 폐단을 시정하고자 도입된 탕평책은 '세도정치'라는 의도하지 않은 결과를 낳았다. 서울의 세도가들은 서울에서만 누릴 수 있는 부와 권력을 세습적으로 독점하기 위해 혼맥과 학연 등을 통해 인적 네트워크를 강화해 갔는데, 그 결과 '경화사족京華士族'이라는 새로운 지배 집단이 서울의 특권층을 형성하게 되었다. 노론 벌열 집단은 궁궐에서 가까운 북촌 노른자위 땅에 모여 살면서 음서蔭敍와 대가代加를 통해 관직을 세습하고, 정치권력을 도구로 경제적 부를 축적하고 사치와 문화를 독점했다. 바야흐로 한양은 정치권력자들을 위해 제한적으로 상업적 서비스가 제공되던 도시에서 독점적으로 경제적 부를 향유하기 위한 수단으로 정치권력이 세습되고 거래되는 도시로 변질되기 시작한 것이다. 조선 후기 한양에서 나타난 본말의 전도, 이는 도시의 '타락'인가 '근대화'인가?

황성皇城의 개항

전통도시 한성에 새로운 변화의 바람이 불기 시작한 것은 1876년 강화도조약으로 개항을 맞으면서부터다. 개항기 조선은 국내적으로는 '문명개화'와 '위정척사' 간 격렬한 대립과 갈등으로, 국제적으로는 한반도에서 주도권을 행사하려는 청국과 러시아, 일본 등 주변 열강들의 대립으로 격렬한 정쟁과 전쟁의 소용돌이 속으로 휘말려 들었다. 임오군란(1882)과 갑신정변(1884), 동학농민전쟁 및 청일전쟁과 1·2차 갑오개혁(1894), 을미사변과 아관파천(1896) 등 숨 가쁘게 전개된 개항기 정치사의 흐름과 더불어 한반도가 열강들 간의 동북아 세력균형의 요충지로 부각되면서 서울은 '은자隱者의 고도古都'라는 긴 잠에서 깨어나 국제 무대에 점차 존재를 드러내게 되었다. 정동 일대에 서양 열강의 공관이 들어서고 서양인들이 시내를 활보하면서 서울 장안은 새로운 서양 문물이 유입되는 창구가 되었다.

1897년 부강한 문명 제국을 꿈꾸며 출범한 대한제국 정부가 국가적 사업으로 황성 도시경관에 대한 정비 작업에 착수한 것은 이러한 서양 문명의 직간접적 영향을 받아서였다. 당시 대한제국 정부가 주도한 도시 공간의 '문명개화'를 위한 사업은 크게 둘로 나눌 수 있다. 첫째는 치도治道 사업을 통한 도시경관 정비다. 이는 '문명개화'하는 제국의 수도로서 체면을 세우기 위한 작업으로서, 주로 위생과 경관에 주안점을 두고 종로~남대문을 연결하는 도로 연선의 가가假家[10]를 철폐하고 개천과 우물을 정비했다. 둘째는 '문명적' 설비의 도입으로, 전기와 수도, 전차와 철도, 공원 조성 등이 해당한다.

하지만 대한제국의 한성부 도시 개조 사업이 이처럼 서구 문명의 도입만을 추구하지는 않았다. 대한제국은 '서양의 모방'과 동시에 '전통의 변용'을 추구했다. 대한제국은 전통적 상징 공간의 장소성을 해체시키고 근대적 공간으로 대체하기보다는, 단지 그 위치를 이전시키고 (재)강화하는 전략을 채택했다. 경운궁 중건과 원구단 건설은 이를 단적으로 보여 준다. 근대 서양식 문명 제국을 건설하기 위해 고안한 신성 공간과 상징물에 전통 동양식 중화 제국 양식과 의례를 차용한 역사적 아이러니를 우리는 어떻게 해석해야 할까?

개항기 서울은 500년 왕조 수도이자 폐쇄적 성곽도시 한성의 역사적 유산을 안고, 개방적 국제도시이자 근대적 제도帝都로의 도약을 꿈꾸며 '문명개화'를 위해 몸부림쳤다. 하지만 결국 '황성皇城'은 '시민의 도시'가 되기보다는 '황제의 도시'가 되고자 했고, 결국은 '일본인의 도시' 경성京城으로 전락하고 말았다. 대한제국이 추진하고자 했으나 좌절하고 만 서울의 '근대화' 프로젝트는, 일제 식민 권력에 의해 '식민성'이라는 극도의 사회적·공간적 편파성과 제약성을 띤 채 추진될 것이었다.

| 경성京城, 식민지 근대 서울 |

1904년 러일전쟁을 극적인 승리로 이끈 일본은 이듬해 을사늑약을 통해 조선의 외교권을 강탈하고 마침내 1910년 조선을 강제 병합하여 식민지로 복속시켰다. 서양 열강과 비교해 봤을 때 일본 제국주의는 유색인종 제국주

의, 후발 제국주의, 근린 제국주의, 군사 제국주의 등의 독특한 성격을 띠는데, 주로 1930년대 이후의 일이지만 대대적으로 식민지 공업화 정책을 펼쳤다는 점도 중요한 특징 가운데 하나다. 식민지 조선에서의 공업화 정책이 대륙 침략을 위한 병참기지화 전략의 일환이었음은 잘 알려진 사실이지만, 그 결과 1930년대 조선의 도시 사회가 '만주 붐'을 등에 업어 인구는 급증하고 근대적 소비문화는 전성기를 맞았다는 점도 이제는 그리 낯설지 않은 사실로 알려졌다. 그렇다면 일제의 식민지 도시 건설은 '수탈'인가 '개발'인가?[11]

식민지 조선에서 일본의 도시 개발이 대체로 '일본인의, 일본인에 의한, 일본인을 위한'[12] 것이었음에 주목한다면, 위 의문에 대한 대답은 차별과 폭력, 침략과 수탈의 민족사적 내러티브에 기댈 수밖에 없다. 그것은 부인할 수 없는 명백한 역사적 사실로 한민족사에 치유되기 어려운 트라우마로 남아 있다. 하지만 도시와 지역을 단위로 역사를 새로 쓴다면, 한반도의 적지 않은 지역 가령 부산, 인천, 대전, 원산, 목포, 신의주 등은 일제강점기 '식민지 근대'에서 출생(혹은 성장) 증명을 찾을 수밖에 없다는 엄연한 사실이 뼈아프게 다가온다.[13] 도시로서 서울도 '경성'에서 '대경성'으로 성장하는 과정에서 모던보이, 모던걸들이 거리를 활보했고, 이례적으로 경성에만도 다섯 곳의 백화점이 호황을 누렸으며, 일제 말기에는 인구 100만에 육박하는 거대도시가 되었다.

하지만 '제국 7대 도시'[14]로의 양적 팽창과 일제 말기 지하철·고가도로·외곽순환도로·케이블카 부설 등을 내세운 대대적인 도시 개발에 대한 허황된 장밋빛 공약에도 불구하고, 일제강점기를 통틀어 경성의 도시 공간을 특징지은 '사회적 사실'은 남촌 일본인 거리의 활기 넘치고 휘황찬란한 분위기와 북촌 조선인 거리의 비참하고 남루한 분위기 간의 현격한 격차로 대비되는 엄연한 민족 차별의 현실이었다. 이 점에서 일제 식민 권력은 ― 심지어 '건민건병健民健兵'을 내세운 총동원체제기에 이르러서도 ― 주민의 삶을 관리하고 훈육하는 근대 '규율 권력'이라기보다는 주민에게 차별적 현실을 강요하면서 끓어오르는 불만과 저항을 가시적·비가시적 폭력으로 통제한 야만적 '독재 체제'에 가까웠다. 왕조 수도 한양을 식민 권력의 거점 도시 경성으로 전환시킨 일제의 식민지 수도 건설 마스터플랜이 통속적인 '일제 풍수 단맥설'에서 신봉하는 고도의 심리전과 민족 말살의 악의적 음모의 산물은 아니라고 할지라도, 조선 사회의 발전과 조선인들의 삶의 질 향상을 추구하지 않았음은 명백한 사실이다.

일제가 남긴 식민지 유산을 평가하면서 식민지수탈론과 식민지근대화론의 오랜 대립 구도로부터 한걸음 더 나아가야 하는 것도 이러한 맥락에서다. 일제의 식민지 도시 건설이 근대 도시계획의 원리와 자본주의적 도시 개발 논리에 따른 것이라는 사실과 일본인 위주, 제국의 팽창, 군국주의적 정책 목표 달성을 위한 것이라는 사실은 실제로 모순되지 않는 진실의 양면을 구성하고 있다. 오히려 우리는 21세기 들어서도 대구 지하철 참사나 용산 참사와 같은 믿기지 않는 야만성을 드러내는 현대 한국 도시 개발의 '일그러진 얼굴'의 역사적 혐의를 밝히는 데 반세기 이상의 '압축적 근대화'의 시대적 단절을 뛰어넘어 '식민지 근대'와의 대질심문을 활용할 필요가 있다. 1990년대 전 국토를 투기의 광기로 몰아넣은 '난개발', 1980년대 올림픽을 앞두고 '도시 미화'라는 명분으로 곳곳에서 자행된 폭력적 철거, 오늘날 성남의 모태가 된 1971년의 광주 대단지 사태……. 주민의 이익은커녕 최소한의 인권조차 유린하면서 개발과 발전의 명분을 빙자하며 자행된 개발독재 시절의 야만적 폭력의 역사적 기원을 야만적 식민지 독재 권력의 식민지 '개발' 논리가 아닌 다른 어떤 곳에서 찾을 수 있을까.

'한강의 기적'과 강남 개발

'탈식민' 시기 서울에 대해 논하려면, 먼저 해방 전후사의 연속과 단절의 문제에 대해 명확한 대차대조표를 작성할 필요가 있다. 일제가 남긴 식민지 근대 경성의 역사적 유산이 현대 서울의 출발점이 되었음은 부인할 수 없는 사실이다. 총독부 청사가 중앙청으로 활용되었듯이 경인 시가지 계획과 구획정리 사업 및 주택영단 사업 또한 확장되었으며, 총동원체제기 황민화 국가 의례와 주민 통제 조직들은 광복 이후 '국민 만들기'의 전범으로 활용되었다. 일제가 남긴 거의 모든 물질적 유산이 곧이은 전화戰禍로 잿더미가 되어 전후 서울은 폐허에서 재출발할 수밖에 없었지만, 유형무형의 각종 식민지 잔재는 여전히 큰 영향력을 발휘했다. 태평양전쟁기 일제가 조성한 전시 소개공지대疏開空地帶에는 전후 무허가 판자촌이 형성되었다. 이 일대에는 인근의 이른바 '종삼' 공창 지대를 철거하면서 당시로서는 엄청난 규모와 기술력이 결합된 첨단 모던 건축물인 세운상가가 김수근의 설계로 세워졌다. 또 남산의 조선 신궁 터에 이승만이 동상을 세우고 국회의사당을 건설하려고 한 데서도 잘 드러나듯이, 외견상 식민지 흔적의 '말소'와 '단절'을

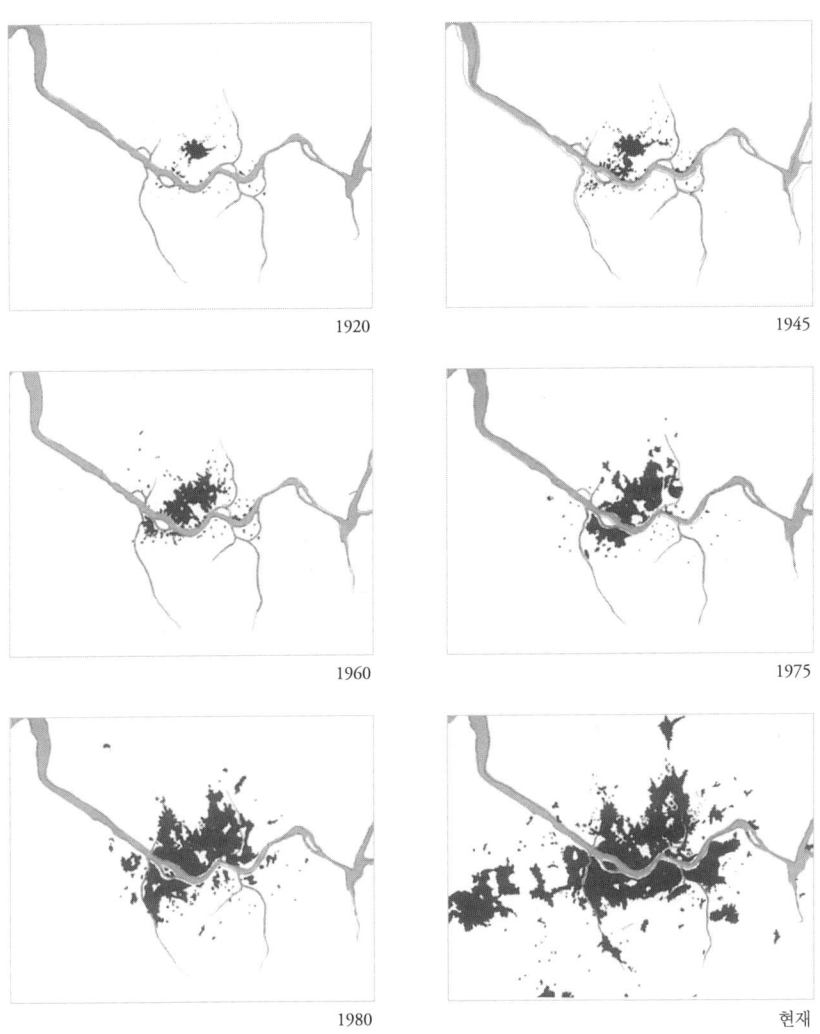

20세기 서울의 시가지 팽창(《아름다운 서울》, 국립현대미술관 도시환경전 도록, 1991)

음에도 불구하고 그 이면의 실질적 실행 양상은 식민 권력의 오랜 '관행'을 답습하고 확대재생산하는 방식에 가까웠다. 20세기 후반 한국의 근대화에 '일본적 근대'가 남긴 그림자는 짙고도 길게 드리웠다.

하지만 그것이 광복 이후 서울의 운명을 좌우할 정도는 아니었다는 점 또한 분명하다. 1960년대부터 본격적으로 성장 궤도에 진입하기 시작한 서울은 식민지 시기와는 비할 수 없을 정도로 사상 초유의 급속한 성장과 팽창을 경험했다. 서울의 행정구역은 1936년 133.49제곱킬로미터에서 1949년 268.35제곱킬로미터로, 다시 1963년 613.04제곱킬로미터로 확대되었다. 인구는 1945년 90여만 명에서 1949년 148만 명, 1953년 100만 명, 1967년 400만 명, 1970년 550만 명, 1980년 840만 명을 돌파했고 1990년에는 인구 천만 명을 넘어서게 되었다. 이러한 도시인구 변동은 한국전쟁 직후의 일시적 '퇴행 도시화' 시기를 제외하고는 시종 '인구 폭발'이라고 할 만한 급증한 양상을 띤다. 이는 1960년대 말부터 가시화되기 시작한 급속한 경제 성장의 부산물이었는데, 행정구역 확대에도 불구하고 급증하는 인구에 대응하는 주택 공급의 절대적 부족 등 실질적인 도시 정책의 미비로 인해 무허가 불량 주택은 급속도로 늘어났고 도시는 빈곤·주택·교통·쓰레기 등 산적한 도시문제들로 홍역을 앓았다. 한강변의 매립지와 같은 '백지상태'의 신시가지 조성을 통해 새로운 활로를 찾으려는 발상이 나온 것도 '할 일은 많으나 돈은 없는' 서울 시정의 열악한 재정 상황 때문이었다. 한마디로 이 시기 서울은 '도시 비공식 부문'의 폭발적 증대로 특징지어지는 전형적인 제3세계 '과잉도시화overurbanization' 양상을 드러냈다.

하지만 1970년대에 한국 경제가 연평균 10퍼센트를 웃도는 기록적인

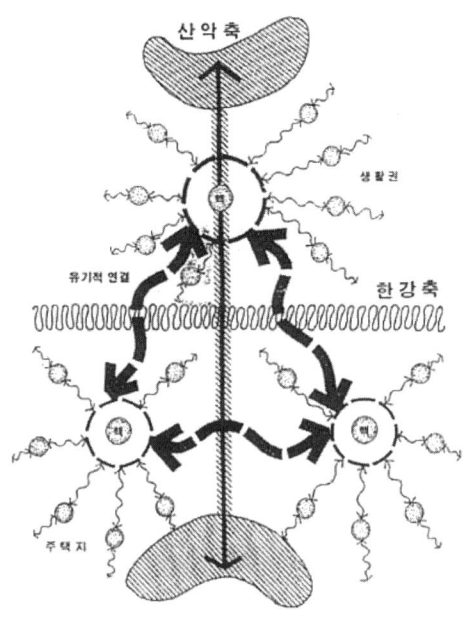

1974년 제안된 삼핵도시안 개념도(《서울육백년사》 제6권)

경제 성장을 지속하면서 서울은 '저발전'의 문턱을 넘어서지 못하는 제3세계 거대도시들의 일반적인 '고질痼疾'로부터 벗어나 매우 독특한 도시 발전의 궤적을 그리기 시작했다. 박정희 정권은 성장의 총이익을 키우기 위해 과밀화된 강북 구도심을 벗어나 주변부 신시가지 건설을 통한 '다핵도시' 개발 구상[15]에 주목했다. 이는 곧바로 강남 개발로 실천에 옮겨졌는데, 이를 위한 선결 과제로 대두된 것이 한강에 대한 '종합 대책'이었다. 한강 제방 공사를 통해 확보된 공유수면 매립지를 택지로 개발하고 제방 위로 도로를 개설하는 것은 주택과 교통 문제를 함께 해결하는 동시에 택지 분양으로 개발 비용까지 확보하는 일석삼조의 방안으로 도입되었다. 비행장이던 여의도를 부도심으로 개발하고, 이례적인 순환 노선의 지하철 2호선이 건설되고, 강남북을 연결하는 27개의 교량이 건설되면서 강남 영동지구는 서울의 '신천지'로 부상했다.

개발 초기 강남은 독자적인 생활기반시설이 극히 부족하고 절대적으로 강북 의존적인 베드타운의 성격을 벗어나지 못했는데,[16] '강남 8학군' 조성을 비롯한 유신 정권의 강력한 '강북 억제, 강남 개발' 정책이 실효를 거두면서 1980년대 이후 서울의 성장 과실을 독점적으로 향유하는 새로운 중핵지대로 자리 잡게 된다. 1970년부터 1999년까지 30여년 동안 서울 인구는 550만에서 1030만으로 거의 두 배 늘었는데, 그 가운데 강북 인구가 430만에서 520만으로 1.2배 정도 증가한 데 비해 강남 인구는 120만에서 510만으로 4.2배 정도 증가했다. 이 시기 증가한 서울 인구 480만 가운데 81퍼센트가 강남 지역에서 증가한 것이다.

한강 수변의 버려져 있던 저습지에서 출발한 '강남'은, '양식洋式' 아파트 건물과 소달구지가 논두렁을 경계로 공존하는 '비동시대적' 풍경을 거쳐 어느덧 '부동산 불패'의 신화를 양산하는 '한강의 기적'의 현장이 되었다. 1960~1970년대 오일달러로 세계 부국의 명성을 누리던 이란이 '악의 축'의 오명을 뒤집어쓰는 동안, 전원의 고요함과 한적함이 감돌던 테헤란로 일대는 OECD 경제대국 한국의 심장부로 급부상하는 상전벽해의 변화를 경험했다. 마치 일제강점기 혼마치本町와 종로, 남촌과 북촌의 이중도시화를 연상시키는 오늘날 강북 지역 소외 현상, 강남을 닮고 싶은 '뉴타운'에의 저속한 열망을 여과 없이 드러내는 강북 주민들의 절박한 심리는 '한강의 기적'이라는 최면 효과가 우리 삶을 얼마나 빈한한 양적 성장 논리로 몰아갔는지 보여준다. 강남과 강북, 어느새 '하나의 도시' 속 '두 개의 도시'가 되어 버린 두 지역의 경제적 불균형과 '차별'을 문화적 다양성과 '차이'로 생산적인 상생의 방향으로 전환시킬 수는 없을까? 강북이 강남의 시행착오를 반복하지 않고, 역사 도시이자 세계도시인 서울이 가진 두 얼굴의 공간적 표상으로서 강남과 강북이 기능적 상호 공존을 도모할 수 있는 묘안은 없을까?

| 성장 기계의 부산물, '아파트공화국' |

'한강의 기적'은 다양한 국내외적 변수들이 결합하여 복합적인 화학반응을 일으킨 결과물이지만, 무엇보다도 개발독재 정권이 내세운 도시와 국토 개발 전략이 '성장 기계'로서 미친 영향력을 무시할 수 없다. 그것은 군사 쿠데타로 집권한 권위주의 정부가 정책적 특혜를 배경으로 출현한 재벌 집단과 손잡고 구축한 '성장 연합'의 구상이 공간적으로 구현된 것이다. 영등포-구로-부평-부천-인천 등으로 이어지는 수도권 공업지대와 포항-울산-부산-마산-창원 등으로 대표되는 남동권 공업지대 그리고 천안-대전-김천-구미-대구로 이어진 경부선 축을 따라 조성된 내륙 공업도시들을 중심으로 한반도는 거대한 산업도시의 회랑을 형성하게 되었다. 그 결과 국토는 '지역균형개발' 구호를 무색케 하는 극심한 지역 차별과 불균등 개발 양상을 드러냈다. 저곡가-저임금 정책을 비롯한 체계적인 공업화 우선 정책으로 농촌은 급속히 고사당했으며, 성장의 과실은 예외 없이 대도시 지역에 집중되었다. TV 드라마 〈전원일기〉가 고향을 떠나온 많은 도시민들의 향수를 달래며 장수 프로그램으로 상종가를 치던 시절 내내, 한국의 농촌은 임종을 앞둔 마지막 숨을 헐떡이고 있었다.

농촌에서 뿌리가 뽑혀 끊임없이 도시로 배출된 엄청난 산업예비군들은

30년간 쉬지 않고 잔업 철야로 내달린 한국형 성장 기계의 윤활유이자 부속품으로 작동했다. 도시는 이들의 일터이자 삶터여야 했는데, 오늘날 한국 도시 주거 문화의 주종을 형성하게 된 '아파트'라는 공동 주거 양식은 이 시기 성장 기계의 기능적 보완물로서 출현한 '주거 기계'였다고 할 수 있다. 외국인들이 곧잘 '병영형 주거 양식'이라고 빈정거리는 우리의 아파트 일색 주거 문화는 한국 경제의 기적적인 양적 성장이 도시민들의 일상을 얼마나 폭력적으로 천편일률적인 노동 중독 생활양식으로 내몰았는지를 반증한다.

오늘날 우리가 누리는 물질적 풍요는 '주거' 곧 '삶'의 공간에 쌓여 있던 복잡한 역사적 퇴적물들을 새마을운동과 같은 의식주 근대화 운동으로 말끔히 청산하고 철저히 기능적으로 짜인 집합적 주거 기계의 관리 체계에 일상생활을 송두리째 내맡기는 대가로 얻은 것이다. 거기에서는 개인과 가족의 안락한 사생활 보장과 재산 증식이 최우선 가치로 추구될 뿐, '마을'과 '공동체'의 탈개인화된 규범과 비경제적 가치가 소통되고 공유될 공간을 찾아내기란 쉽지 않다. 사람들을 계절과 기후와 같은 자연의 제약으로부터 해방시키고, 사생활을 주위의 시선과 간섭으로부터 차폐시킨 아파트라는 쾌적한 주거 기계는 우리의 생활문화에서 오염되지 않은 흙과 텃밭의 권리를 박탈하고 이웃을 경계와 의심의 눈초리로 외면하는 고립무원한 무관심의 원자적 세계로 탈바꿈시켰다. 박약한 공공 공간과 열악한 공공재는 시장 외부에서 삶을 존립하는 기반을 척박하게 만들고, 결과적으로 사람들을 양화된 화폐 가치와 상품 논리가 지배하는 '정글의 삶'으로 몰아세운다. '중산층적 삶'이라는 꿈을 실현하고자 무수한 사람들을 피 말리는 생존경

개발 초기의 강남, 1976년의 압구정동 전경(전민조,《SEOUL 1969~1990》, 눈빛, 2006)

쟁의 장으로 내모는 한국 사회 평균적 인간들의 주택 이상형 '33평형' 아파트, 이것은 과연 유토피아인가 디스토피아인가?

결국 20세기 후반 한국의 도시 개발 패러다임은 도시 생활의 필수재인 집합적 소비재를 공공재라기보다는 상품으로 간주하는 '자유방임' 논리에 의해 지배되었고, 그 실현 과정은 국가와 대자본의 유착 관계로 특징지어지는 '성장 연합'이 주도했다고 할 수 있다. 상명 하달식 정책 기조에 의해 아래로부터 주민들의 목소리는 무시당하고, 지방자치제가 부재한 상황에서 지방행정이 중앙행정의 종속변수가 되고, 도시 정책이 도시민들로부터 유리되고, 계획planning이 설계design로부터 분리된 채 진행된 한국의 도시 개발 양상은 한마디로 '난개발'로 요약된다. 재벌 주도 경제성장과 더불어 개발 독재 시대 국가가 누리던 공권력의 권위가 약화되면서 거대 자본의 이윤 극대화를 위한 개발은 곳곳에서 건축의 과밀화와 상업 논리에 의한 공공 공간의 침해를 양산했다. 우후죽순처럼 전국적으로 번져간 건설 붐과 함께 부동산 소득이 임금 소득을 상회함에 따라 분배의 형평성이 심각한 사회문제로 대두되었다. 토지 투기는 불로소득의 계층적 편중 현상을 초래하여 빈부 간 격차를 확대하고 계층 간 위화감을 증폭시켰다. 고속 경제성장의 결과로 형성된 중산층은 개발이익의 수혜자로서, 자산 가치의 증대를 추구하고 부동산 투기와 같은 비윤리적 자본축적 기제를 용인하고 확대재생산함으로써 정치적으로는 중산층의 보수화를, 경제적으로는 '버블 경제'를 초래하는 중요한 사회적 요인으로 작용하게 되었다.[17]

부지불식간에 우리 도시에 도덕불감증의 사회가 성장 중독증의 공간을 낳고, 다시 병리적 사회구조를 재생산하는 악순환 구조가 자리 잡게 된 것은 아닌가? 어느새 우리가 전 지구적 도시 문명의 기득권층이 되어 일상의 편익을 누리는 대가로 자연 생태와 지구촌의 소수자들에게 보이지 않는 폭력을 행사하고 있는 것은 아닌가? 우리의 도시적 삶은 세계시민주의와 문명의 지속 가능성에 대해 얼마나 자기성찰과 자기책임을 다하고 있는가?

| 괴물怪物의 신체에 담긴 고도古都의 영혼 |

이 글에서 우리는 서울의 변천사를 크게 다섯 시기로 나누어 살펴보았다. 한양 정도 초기 성리학적 계획도시에서 후기 상업 도시로의 변화 그리고 개항기를 거쳐 일제강점기 식민지 도시화와 해방 이후 고도성장에 이르기까지 다섯 가지 시간대의 질적으로 다른 경험들이 역사 도시 서울의 지층 속에 켜켜이 내장되어 있다. 600여 년 전 인구 10만의 성곽도시 한양이 인구 천만을 집어삼킨 거대 공룡 도시로 성장할 것을 알지 못했듯이 우리는 다음 세기 서울의 운명이 어떻게 될지 알지 못한다. 분명한 것은 100여 년 전 '은자의 고도'로 세계에 알려졌던 서울이 이제는 '베세토BESETO(베이징-서울-도쿄)'를 잇는 동아시아 신문명의 지리적 허브로서 새로운 시대적 소명을 부여받고 있다는 점이다.

지난 한 세기 동안 식민화와 전란, 경제성장과 민주화의 파란만장한 한 시대를 거치면서 서울은 지배와 생존과 성장의 첨병으로서 '600년 고도'로서의 역사성을 망각한 채 국적 불명의 거대도시로 변모해 왔다. 민주화와 더불어 5·16 광장이 비로소 여의도공원으로 거듭나고, 먼발치의 전시용 광장이던 시청 앞 광장이 시민의 품에 돌아온 일 그리고 청계천고가도로와 복개천이 철거된 자리에 — 그것이 비록 심모원려深謀遠慮의 역사 유적 복원은 아닐지언정 — 시민들의 수변 산책로가 조성되고, 세운상가가 철거될 자리에 인왕산과 남산을 잇는 녹지 축이 조성되는 것은 분명히 시민들에게 반가운 일이다. 하지만 지난 반세기 동안 서울의 성장이 결코 아름답지만은 않았음을 상기해 보면, 오늘날 전 지구를 강타하고 있는 신자유주의적 도시 재생과 도시 재개발의 바람이 미래의 서울을 어떤 모습으로 변모시킬지 섣부르게 낙관할 수만은 없는 상황이다.

우리는 여전히 너무 크고 빠른 성장 패턴에 익숙해져 있고 전면적 파괴와 개발 논리에 너무 쉽게 순응한다. 하지만 삼일로빌딩과 청계천고가도로, 63빌딩과 무역센터가 서울의 긍지와 자부심이던 시대는 끝났다는 사실은 분명하다. 한 번 불타 버린 숭례문은 다른 무엇으로도 대체할 수 없지 않은가? 천만 세계도시를 품에 안은 외사산의 늠름하고 푸른 산줄기, 600년 풍상을 겪어 온 강북 구도심과 그것을 둘러싼 내사산의 소담한 성곽과 아름다운 능선에서 우리는 서울의 '오래된 미래'를 발견한다. 전 지구적 도시화 시대, 세계도시 서울에 새로운 생명력을 부여하기 위해서는 거대한 괴물의 얼굴에 가려진 고도의 영혼을 되살려 내는 일을 더 이상 미룰 수 없을 것이다.

　서울이 국가와 대자본이 주도하는 위로부터의 개발 모델에서 벗어나 지역 주민의 창의성을 담아 낼 수 있는 생기발랄한 도시가 될 수는 없을까? '문화도시'와 '창조도시'의 다양성과 역동성이 살아 숨 쉬는 휴먼 스케일의 작은 공간들의 모자이크로 서울이 새롭게 태어나는 모습을 기대할 수는 없을까? 탐식증으로 비대해진 도시 공간 곳곳에 남겨진 성장의 생채기를 치유하고 어루만져 줄 상냥하고 인간미 넘치는 광장과 공원과 거리를 이제는 우리도 누려야 하지 않을까? 그것은 아마도 이 거대한 괴물 같은 국적 불명의 회색빛 도시 공간을, 사람들이 자신들의 삶의 공간으로 주체적이고 실천적으로 새롭게 정의하려고 할 때 가능할 것이다. 21세기 서울의 운명은 국가나 자본이 아닌, 우리 시대 시민들이 만들어 낼 새로운 주체성의 힘과 지혜에 달려 있으므로.

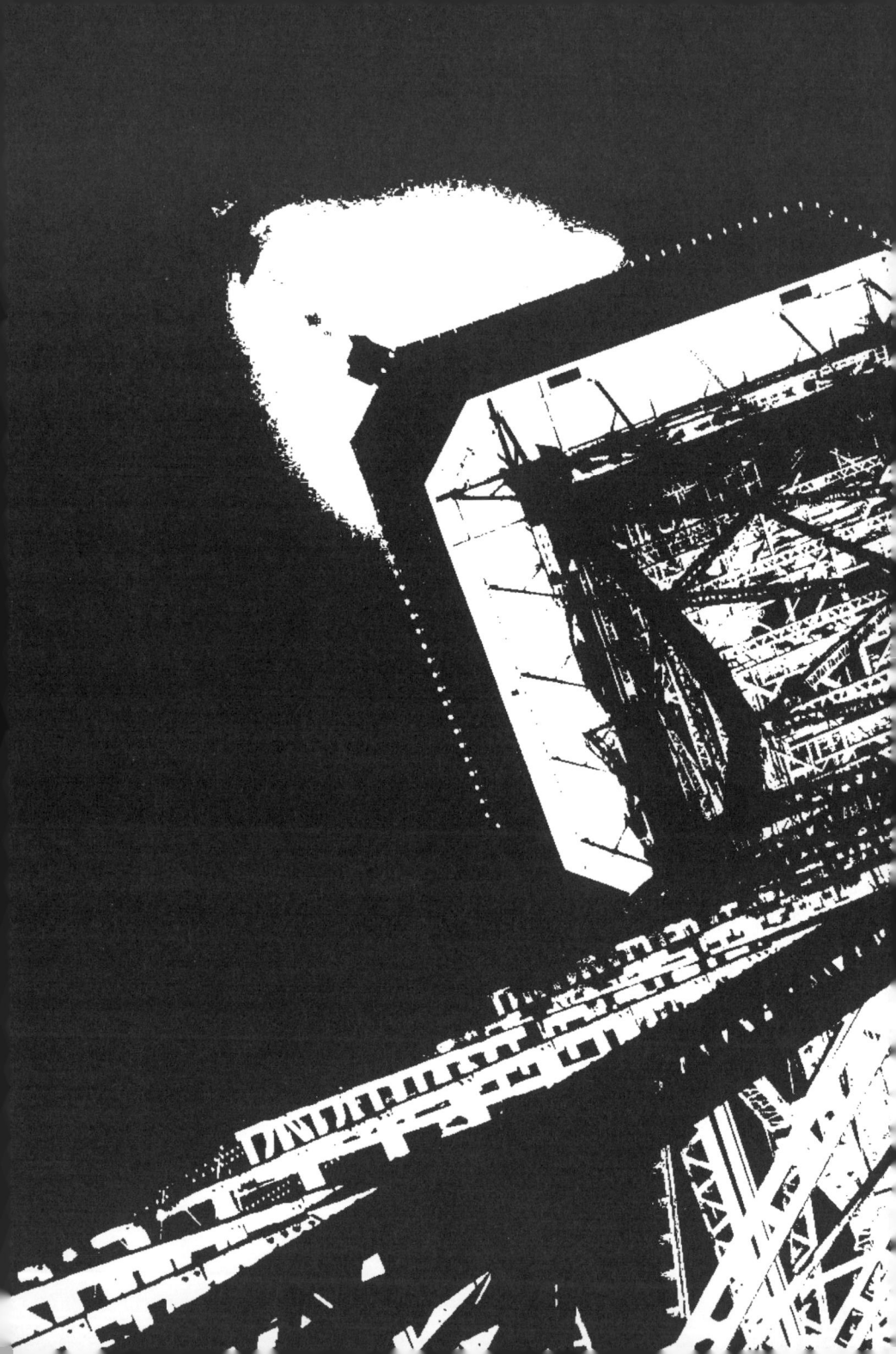

도쿄,
근대 천황제의 공간

박삼헌

Tokyo

현대 일본의 수도 이전론 · 도쿠가와막부 장군의 공간, 에도 · 막말유신기의 천도론 · 근대 천황제의 공간 · 1945년 패전 그리고 도쿄

| 현대 일본의 수도 이전론 |

이른바 거품경제 시기에 도쿄의 땅값이 폭등하자, 언론계·지방자치체 단체장 의회를 중심으로 수도 이전론이 제기되었다. 도쿄 한 곳에 집중되어 있는 입법·행정·사법기관을 도쿄권 이외의 지역으로 분산시키자는 것이었다.

당시 '잃어버린 10년'이라 일컬어질 정도로 장기간 경제 침체에 빠져 있던 일본에서는 고질적인 도쿄 집중 문제를 해결하고 경제 침체를 해결하기 위한 방법으로서 수도 이전론이 힘을 얻기 시작했고, 마침내 1990년에 중의원과 참의원이 '국회 등 이전에 관한 결의'를 채택했다. 1992년에는 '국회 등 이전에 관한 법률'을 제정하고, 이를 기초로 후보지 선정 등 준비 작업에 돌입했으며, 1999년 12월에는 '토치키栃木·후쿠시마福島 지역', '기후岐阜·아이치愛知 지역', '미에三重·키오우畿央 지역' 등 세 지역을 후보지로 선정했다.

2002년 5월에는 세 후보지 중 한 곳을 결정하는 것이 아니라 각각 국회

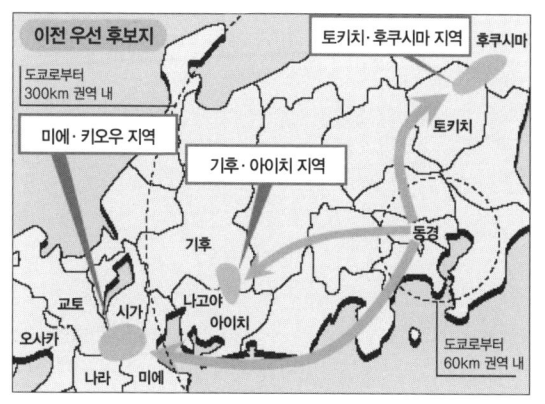

수도 이전 후보지(東京都知事本部企 調整部首都調査擔當編, 《バブル時代の負の遺産首都移轉に終止符を》, 東京都, 2003, 2쪽)

도시, 행정도시, 사법도시로 만드는 '분도안分都案'이 제출되었다. 이 시기부터 도쿄의 땅값 급등도 진정되기 시작하면서 수도 이전에 대한 비판이 높아졌다. 더군다나 이전 대상이던 총리 관저, 총무성總務省, 외무성 등의 청사가 차례차례 신축되면서 이전 논의는 급속도로 쇠퇴했다. 마침내 2003년에는 중의원과 참의원에 설치된 '국회 등의 이전에 관한 특별위원회'에서 "이전은 필요하지만 세 후보지 중 어느 후보지가 가장 적당한지에 대해서는 결정하지 않는다."라는 중간보고를 제출했다. 이는 사실상 수도 이전 논의의 동결 선언이었다. 이후 더 이상 국정에서 수도 이전은 논의되지 않고 있다.

하지만 이와 같은 수도 이전론에서 천황이 기거하는 황거皇居에 대해서는 언급조차 없었다는 점은 특이하다. 예를 들어 후보지 중 제일 먼저 계획을 발표한 '미에·키오우 신도新都 구상'에 따르면, 국회와 주요 중앙관청은 미에현, 최고재판소 등 사법기관은 시가현, 재일외국 공관과 국제기관은 미에·교토·나라에 두지만, 황거에 대해서는 전혀 언급하지 않았다.

이렇듯 수도 이전에 찬성하는 사람들이 인식하지 못하고 있던 황거 문제를 수도 이전에 반대하는 사람들은 다음과 같이 인식하고 있었다.

> 천황 폐하의 국사國事 행위에도 중대한 영향을 미칩니다. 수도 이전은 삼권의 중추인 국회, 중앙관청, 최고재판소를 도쿄로부터 떼어 놓는 것이기 때문에, 그 결과 천황 폐하와 주요한 국회·정부관계자 다수가 황거와 신도시를 왕복할 수밖에 없으므로, 천황 폐하의 국사 행위를 비롯한 국정 운영에 큰 지장을 초래합니다.[1]

요컨대 국정 운영의 효율성을 유지하기 위해서는 천황이 기거하는 황거와 삼권 기관이 한곳에 모여 있어야 한다는 주장이다. 아무리 삼권 기관이 국가의 모든 기능을 담당하고, 천황은 국가의 상징적 역할만을 수행하도록 되어 있는 상징천황제라 할지라도, 엄연히 천황은 현대 일본 국가 체제 속에서 국정 운영의 한 축을 담당한다고 인식하는 사람들에겐 황거와 삼권 기관은 한곳에 집중되어 있어야 하는 것이다.

이처럼 국정 운영의 효율성을 중시하는 논리는 일면 타당하게 들린다. 하지만 상징천황제 아래에서 천황이 수행하는 국사 행위는 친임식親任式, 진강進講(천황 앞에서 학문을 강의하는 것), 인증관認證官[2] 임명식, 신년 축하, 신임장 봉정식, 천황 탄생일 축하, 회견·접견, 엔유카이園遊會 등 상징적인 차원에 머물기 때문에, 삼권 기관이 황거가 위치한 도쿄에서 다른 지역으로 이전한다고 해서 국정 운영의 효율성이 크게 떨어질 만한 성격은 아니다. 이러한 현실은 수도 이전에 반대하는 사람들조차 이미 인식하고 있을 것이다.

그렇다면 왜 이러한 논리가 나오게 되었을까. 여기에는 근대 이후에 만들어진 '수도'에 대한 일본 특유의 고정관념이 작동하고 있다고 생각된다. 국정 운영에 관계되는 모든 기관은 수도에 집중되어야 한다는 고정관념이다. 그리고 이러한 고정관념은 일본의

나가타초와 카스미가세키

수도가 도쿄인 이상, 삼권 기관을 비롯한 국정 운영에 관련된 모든 기관은 도쿄에 있어야 한다는 논리로 이어진다. 예를 들면 네덜란드는 정부기관·국회·재판소 등은 헤이그Hague에, 국왕의 궁전은 위트레흐트Utrecht에 있으며, 공식적인 수도는 암스테르담Amsterdam인데 수도에 대한 고정관념을 가진 일본 국민의 입장에서는 네덜란드의 수도가 왜 암스테르담인지 선뜻 이해할 수 없는 것과 같다.

이런 의미에서 수도 이전에 찬성하는 사람들이 '수도' 도쿄의 기능을 국가 행정적 차원에서만 접근했다고 한다면, 수도 이전에 반대하는 사람들은 이뿐만 아니라 '수도' 도쿄가 역사적으로 수행해 온 국가 상징적 차원도 고려했음을 알 수 있다. 도쿄의 치요다쿠千代田區 나가타초永田町와 카스미가세키霞ガ關를 찍은 사진은 이를 시각적으로 확인시켜 준다. 사진 중앙에 보이는 것이 국회의사당이고, 그 주위에 총리 관저와 주요 관청이 있으며, 오른쪽 상단에 숲으로 둘러싸인 넓은 공간이 황거다. 요컨대 근대 일본 국가 체제가 성립되는 과정에서 도쿄라는 도시의 중심부에는 국가 행정적 차

원의 수도 기능과 국가 상징적 차원의 수도 기능을 모두 갖춘 공간이 목적의식적으로 조성된 것이다.

그렇다면 도쿄는 언제부터 일본의 '수도'가 되었을까. 실제로 도쿄가 일본의 수도라는 법령은 지금까지 한 번도 발표된 적이 없다. 그리고 1945년 이전에는 '수도'라는 용어보다 '제도帝都'라는 용어가 보편적이었다. 물론 '수도'라는 개념이 없진 않았다. 단지 일상용어로든 공식용어로든 '수도'가 아니라 '제도'라는 용어가 압도적으로 많이 사용된 것이다. 그 계기는 1869년에 실시된 메이지明治 천황天皇의 동순東巡, 즉 도쿄 행차였다. 이때부터 메이지 천황을 비롯한 근대 일본의 천황들은 모두 도쿄에 머물게 되었고, 이후 도쿄는 '제도 도쿄'라 불리며 기존의 교토와 구별되기 시작했으며, 그 결과 1945년 이후에도 도쿄는 일본의 '수도'로 인식되었다.

따라서 이 글에서는 우선 도쿄의 전신인 도쿠가와德川막부의 에도江戶가 어떻게 성립되었는지 알아보고, 이렇게 성립된 에도가 막말유신기幕末維新期에 어떤 과정을 거쳐 동쪽의 수도東京가 되었는지 알아보고자 한다. 그리고 메이지유신 이후 794년 헤이안平安 천도부터 1869년까지 천황이 거주하는 미야코都였던 교토京都를 대신하는 '제도帝都'로 변모하는 과정에서 도쿄가 만들어 낸 대표적인 국가적 상징 공간을 검토해 보고자 한다.

| 도쿠가와막부 장군의 공간, 에도 |

에도는 12세기 초, 간토關東의 호족 에도 시게츠구江戶重繼가 에도만江戶灣

을 바라보는 대지, 즉 지금의 치요다구千代田區 내에 거관居館을 세운 것에서 시작된다. 이후 1192년 미나모토 요리토모源賴朝가 가마쿠라鎌倉막부를 열자, 에도씨江戶氏는 요리토모와 주종 관계를 맺고 약 300여 년간 이 지역을 지배했다. 하지만 이때 에도씨가 세운 거관은 아직 성이라 할 만한 것은 아니었다.

에도성을 처음 축성한 것은 무로마치室町 중기부터 에도씨를 대신하여 이 지역을 지배한 오오타 도우칸太田道灌이었다. 1454년부터 이 지역에서는 아시카가씨足利氏와 우에스기씨上杉氏의 전투가 시작되었는데, 당시 우에스기씨의 가로家老이던 도우칸은 에도씨가 거관을 세웠던 자리에 성을 쌓아 아시카가씨 세력에 대항하는 거점으로 삼았다. 그러나 도우칸이 주군의 의심을 받아 살해당한 이후 에도성의 주인은 고호조씨後北條氏가 되었다. 당시 고호조씨는 에도성을 지성枝城으로 생각했기 때문에 적극적으로 확대하거나 본격적으로 수축修築을 실시하지는 않았다.

에도성이 크게 변모하기 시작한 것은 1590년 고호조씨가 도요토미 히데요시豊臣秀吉에게 망하고, 이 지역의 개척을 명받은 도쿠가와 이에야스德川家康가 에도성을 거성居城으로 결정한 이후다.

당시의 지형은 에도성 남쪽 바로 밑까지 바닷물이 들어오는 '히비야이리에日比谷入江'[3]가 있었고, 그 동쪽으로 반도처럼 툭 튀어나온 '에도마에지마江戶前島'[4]가 있었다. 이에야스는 우선 물이 흐르지 않던 에도성의 해자를 메워서 성의 영역을 넓히고, 1603년 막부를 설치한 후에는 다이묘大名들에게 본격적인 토목공사를 명령하였다. 이때 에도성 북쪽의 칸다산神田山을 허물고 그 흙으로 '히비야이리에'를 메워서 넓은 시가지를 조성했다. 그 결과 칸다神田, 니혼바시日本橋, 쿄바시京橋, 신바시新橋 등이 연결되는 에도시타마치江戶下町가 조성되었다.

에도성 공사는 바깥 해자가 완성된 1636년까지 이어졌다. 17세기의 에도 시가지를 그린 '에도 그림 병풍江戶圖屛風'에서 보듯 에도성은 오른쪽에 보이는 5층짜리 천수각을 중심으로 혼마루本丸와 니시노마루西の丸 등을 두 겹의 해자가 둘러싸고 이를 잇는 다리가 놓여 있는 곳이다. 그 범위는 현재의 치요다구 대부분을 차지할 정도였다.

이렇게 완성된 에도는 18세기 초에 이르러 인구 100만을 넘는 당시 세계 최대 도시로 성장하였다. 하지만 생산 활동에 종사하지 않는 무사와 그 가족이 사는 무가지武家地가 에도의 70퍼센트에 달했으므로, 엄밀히 말해서 에도는 당시 세계 최대의 '소비' 도시였다고 할 수 있다. 이는 막부가 다이묘 통제책으로 실시한 참근교대제參勤交代制 때문이었다. 참근교대제는 모든 번藩의 다이묘들이 정기적으로 에도와 그들의 영지를 오고가게 하는 제도다. 또한 다이묘의 처자들은 에도에 인질로 남아 있어야 했다. 이렇듯 두 곳에 거처를 유지하고 에도로 행렬하기 위해서는 많은 지출이 필요했고 다이묘의 재정적 압박은 그들이 전쟁 비용을 마련하는 일을 어렵게 했다. 하지만 다이묘들의 빈번한 여행은 에도를 중심으로 하는 도로망 구축과 상업 발달을 촉진했다. 그 결과 에도는 도쿠가와씨의 조카마치城下町를 넘어 전국 규모의 정치·경제 중심 역할을 수행하게 되었다.

한편 에도에서의 1년간 생활을 의무화한 다이묘들에겐 정기적으로 에도성에 들어가 장군을 알현하는 일이 막부에 대한 중요한 공무였다. 또한 에도성이나 장군에게 무슨 일이 생기면 당장 에도성으로 출동해야만 했다.

이 때문에 막부는 에도성에서 가장 가까운 부지를 다이묘들에게 지급하고, 여기에 에도 거주 중 생활할 수 있는 저택을 건설하도록 했다. 이를 다이묘야시키大名屋敷라 부른다. 다이묘야시키는 에도성의 동쪽과 남쪽에 집중되어 있었는데, 지금으로 보자면 일본 자본주의의 심장부 마루노우치丸の內와 히비야 그리고 국회의사당, 내각총리 관저, 각 정당의 본부 등이 들어서 있는 정치 1번지 나가타초와 카스미가세키가 이에 해당한다. 에도성을 방어하기 위해 조성된 다이묘야시키가 이제는 일본의 경제와 정치 중심지로 변화한 것이다.

하지만 이러한 변화는 단선적으로 이뤄지지 않았다. 1853년 페리의 내항과 개국 그리고 존왕양이운동尊王攘夷運動이라는 막말기의 격변으로 인해 에도의 인구는 격감했고, 도시의 외관도 심하게 손상되었다. 이렇게 된 결정적인 이유는 1862년 이후 참근교대제가 폐지되었기 때문이다. 그리고 1868년 우에노上野 전투에서 패배한 막부가 그 일행을 이끌고 시즈오카靜岡의 작은 영지로 떠났다. 다이묘와 쇼군, 그들의 가신들이 차례차례 에도를 떠나고, 이 거대한 소비 계급에 기대어 살던 초닌町人이나 공인工人 인구도 감소하면서, 19세기 초 약 130만이던 에도의 인구는 1869년에는 50만을 조금 상회하는 수준으로 줄었다. 이렇게 막말유신기에 준 인구수는 1889년까지 전성기 수준을 회복하지 못했다.[5]

그렇다면 막말유신기에 이토록 쇠락한 에도는 어떤 과정을 거쳐 동쪽 수도東京가 될 수 있었을까. 그 해답을 찾기 위해 이 시기에 제기된 다양한 천도론을 검토해 보도록 하자.

에도 그림 병풍(일본 국립역사민속박물관 소장)

| 막말유신기의 천도론 |

오사카 천도론

1853년 페리가 내항한 이후 발생한 존왕양이운동은 코메이孝明 천황天皇의 칙명을 받들어 양이를 실행하는 것이 목적이었다. 그러나 막부는 1858년 천황의 칙허를 얻지 못한 채 미일통상조약을 조인하고 안세이安政의 대옥大

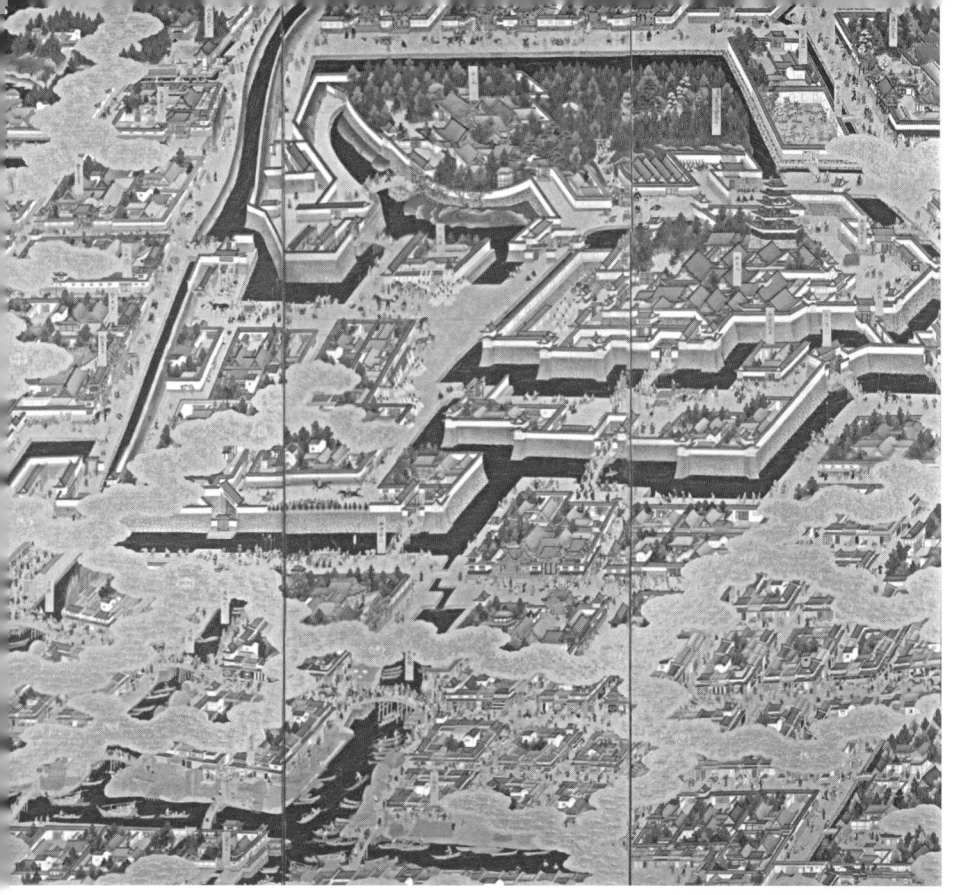

獄을 일으켜 존왕양이운동을 탄압했다. 이러한 상황 속에서 존왕양이운동은 급속히 반反막부 색채를 띠게 되었다. 그러나 코메이 천황은 어디까지나 막부의 통솔하에 양이가 실행되어야 한다고 생각했기 때문에 천황의 의사를 벗어나 전개되는 존왕양이운동에 비판적이었다. 이에 막부는 양이의 실현을 조건으로 코메이 천황의 여동생을 장군과 결혼시켜 막부의 권위를 회복하려고 했다.

이와 달리 반막부파는 존왕양이를 실현하기 위한 구체적인 방안들을 구상하기 시작했다. 1863년 7월, 존왕양이운동의 이론적 지도자 중 한 명이던 마키 이즈미眞木和泉가 조정에 제출한 《오사헌책五事獻策》도 그중 하나였다. 여기에서 마키는 '대사업(양이)'을 이루기 위해서는 '구태를 벗어나 기존에 머물던 곳(교토)'의 고쇼御所를 떠나 '나니와浪華오사카'로 옮길 것을 제안했다.[6] 이와 같은 마키의 의견은 당시 존왕양이파를 중심으로 제기되던 '오사카친정행행론大坂親征行幸論' 중 하나라고 볼 수도 있다. 하지만 마키 의견의 특징은 오사카로 가서 친정親征을 실시하고 교토로 되돌아오는 '행행行幸' 수준에 머물지 않고, 분명하게 천도까지는 언명하지 않지만 천황의 거주지를 교토의 고쇼에서 오사카성으로 일정 기간 옮기는 것을 주장하고 있다는 점이다. 마키가 파악하는 오사카는 '이적夷狄'을 물리치기에 이로운 곳일 뿐만 아니라, 천하의 요지이자 상업과 유통의 중심이며 제후諸侯들을 통제하기 편리한 곳이기 때문이다.

한편 1866년 7월, 장군 이에모치家茂가 오랜 기간 머물던 오사카성에서 죽고, 줄곧 교토에 머물고 있던 요시노부慶喜가 그 뒤를 이었다. 그는 장군이 된 이후에도 교토와 오사카를 오가며 정치를 했다. 이제 에도가 아닌 교토나 오사카가 정치 활동의 중심지가 된 것이다. 이러한 정치적 상황 속에서 교토에 머물고 있던 요시노부는 1867년 10월 14일, 장군의 정권을 천황에게 반환하는 대정봉환을 실시했다. 물론 요시노부의 목적은 어떤 형태로든지 국정 운영의 주도권을 장악하여 장군 지배를 재구축하는 데 있었다.

같은 해 11월 하순경 막신幕臣 니시 아마네西周가 제출한 국가 체제 개혁안은 이러한 요시노부의 목적을 실현시키기 위한 방책이었다. 여기에는 요시노부가 전국정부(현대적 개념의 중앙정부를 의미함)인 공부公府의 원수元首를 역임하고, 공부와 의정원議政院(입법기관인 의회를 의미함)을 오사카에 두며, 에도에는 도쿠가와가德川家의 영지를 관할하는 정부政府를 설치한다는 내용이 실려 있다.[7] 니시가 여기에서 천도라는 용어를 실제로는 사용하지 않았지만, 그 실질적 내용은 에도를 대신하여 오사카를 행정과 입법의 중심지, 즉 수도로 삼으려던 구상이라 할 수 있다.

니시가 막부의 입장에서 오사카 수도론을 언급한 데 비해, 존왕양이운동의 중심 세력인 사츠마번薩摩藩 출신의 이치지 마사하루伊地知正治는 막부 타도의 입장에서 오사카 천도를 주장했다. 그는 같은 해 11월에 '나니와浪華로의 천도'라는 표현을 사용하며 다음과 같이 주장했다.

> 지금의 교토는 토지가 협소하고 지형이 답답하니 당당한 황국皇國의 도지都地라 할 수 없다. 또한 각국의 왕도王都를 둘러보고, 에도성도 본 이인夷人에게 지금의 황거皇居를 보이는 것은 일본 내의 높음과 낮음을 알지 못하는 큰 수치이자 세계에 이름을 더럽히는 일이다. (중략) 따라서 (오사카성의) 혼마루本丸를 황거로 삼고, 니노마루二の丸에 관청을 두며, (중략) 내년 9월에는 나니와의 황성에서 즉위식을 거행하여 강고한 정치의 틀을 세우도록 한다.[8]

특별한 이유 없이 오사카를 행정·입법의 중심지로 제기한 니시와 달리, 이치지는 교토가 '황국의 도지都地'일 수 없다는 입장에서 오사카 천도를 제기하고 있다. 니시와 이치지의 차이는 오사카를 '수도'가 아니라 '왕도王都'로 규정하고 있다는 점이다. 이치지는 오사카를 단순히 정치의 중심 도시가 아니라, 천황이 거주함과 동시에 정치의 중심도 되는 제도로 상정하고 있다. 이러한 이치지의 의견은 왕정복고 쿠데타에 성공한 이후, 1868년 1월에 같은 번 출신 오쿠보 토시미치大久保利通가 제출한 오사카 천도 건의서로도 이어졌다.[9]

에도 천도론

오쿠보 토시미치는 메이지유신 공로자이자 초기 메이지 정부에서 가장 강력한 인물인 만큼, 그가 제출한 오사카 천도론은 정부 내에서 심도 깊게 논의되었을 뿐만 아니라 세상에도 알려져 큰 반향을 일으켰다. 그리고 사이고 타카모리西鄕隆盛와 카츠 카이슈勝海舟의 담합으로 1868년 4월 11일 에도개성江戶開城이 성공한 다음에는 오사카가 아닌 에도 천도론도 등장하기 시작했다.

막신 출신 마에지마 히소카前島密의 에도 천도론이 대표적이다. 마에지마는 우선 '에조치蝦夷地(지금의 홋카이도)' 전체를 영토화하고 개척하기 위해서는 '대정부大政府 소재의 제도帝都는 제국 중앙에 위치'해야 하는데, 에도가 '제국 중앙'에 위치하므로 오사카보다 '제도'로 적합하다고 주장한다. 이어서 대형 선박의 출입 가능, 육로의 편리성과 '제도'로서의 도시경관 우수, 시가지의 광대함, 궁궐·관아·학교 등 인프라 존재, 대도시 에도의 보존 등, 오사카보다 에도가 '제도'로 적합한 여섯 가지 이유를 제시하고 있다.[10]

이와 같은 마에지마의 에도 천도론은 수도의 기능을 행정·경제·정치·

문화 등 모든 방면에서 종합적으로 판단하는 것으로, 당시에 제출된 에도 천도론 중 가장 체계적이고 선구적인 '수도론'이라고 할 수 있다. 하지만 이와 함께 중요한 것은 에도 개성으로 상징되는 간토 경영이라는 정치적 문제가 등장한 이후, 급격하게 천도의 대상이 오사카에서 에도로 바뀌기 시작했다는 점이다.[11] 그렇다고는 해도 에도로의 천도는 존왕양이운동의 한 축을 이루던 교토 쿠게公家 사회의 반발이 예견되는 것이었기에 쉽게 공론화될 수는 없었다. 이후 두 번씩이나 천황의 동행東幸을 실시할 수밖에 없던 것도 이러한 이유 때문이다. 이 시기에 제출된 동서양도론東西兩都論은 이와 같은 에도 천도론의 정치적 부담감이 반영된 에도 천도론이었다.

동서 양도론

에도 개성 이후 도쿠가와씨 처분이 논의되기 시작한 1868년 윤4월 1일, 에도 심페이江藤新平와 오오키 다카토大木喬任는 동서 양도론을 제출했다. 수도를 교토에서 에도로 옮기기보다, 에도를 동쪽 수도東京로 정하고 동일본東日本 통치의 거점으로 삼자는 것이다. 그렇게 되면 자연스레 교토는 서쪽 제도帝都가 되고, 가까운 시일 안에 철도가 부설되면 천황은 동쪽 수도와 서쪽 제도를 오갈 수 있을 것이라는 주장이다.[12] 일면 이 주장은 동쪽 수도(도쿄)를 동일본을 통치하기 위한 국가행정의 중심지로 규정하고, 서쪽 제도(교토)는 전국을 대상으로 한 국가행정의 중심지로 규정하는 듯이 보이지만 실제로는 정반대였다고 할 수 있다. 에도 개성 이후 도쿠가와씨 처분이 논의되기 시작하면서부터 에도 천도론이나 동서 양도론이 등장하기 시작했다는 사실은 오히려 이후 교토보다 에도가 전국을 대상으로 하는 국가행정의 중심지로 부상할 수 있는 가능성을 지녔음을 말해주는 것이다. 이는 794년 헤이안 천도 이후 1000년을 넘게 천황이 거주하고 있던 교토가 국가의 상징적 차원에서 '제도'임은 틀림없지만, 국가행정적 차원에서 보자면 교토보다 에도가 더 적합하다는 인식이 등장하기 시작했음을 말해 준다. 다시 말해서 '제도' 교토의 절대성이 무너지고 상대화되기 시작한 것이다.

이와 비슷한 시기에 또 다른 정부 내 유력자 기도 타카요시木戶孝允가 교토를 제도帝都, 오사카를 사이쿄西京, 에도를 도쿄東京로 삼을 것을 건의하고, 오쿠보도 도쿠가와씨를 시즈오카靜岡로 옮기고 에도를 도쿄로 하는 것이 상책이라고 건의한 일은 교토에 대한 인식이 정부 내에서 이미 바뀌고 있었음을 말해준다.[13] 그리고 5월 15일 우에노上野 전투에서 쇼기타이彰義隊와 같은 막부의 잔당이 일소되고, 같은 달 24일 도쿠가와씨 처분이 종료되자, 정부 내에서 동서 양도론은 급물살을 타기 시작했다. 7월 17일에 발표된 동행東幸 실시와 에도를 도쿄로 정한다는 발표는 그 결과였다.

이에 따라 9월 20일 교토를 출발한 메이지 천황은 10월 13일 에도성에 도착했다. 이날 천황은 에도성을 도쿄성으로 개칭하여 황거皇居로 삼는다는 포고를 내렸다. 교토에 고쇼御所도 있었으므로 황거가 동서 양쪽에 있게 된 것이다. 그렇다고 해서 도쿄가 교토와 동일한 위치가 된 것은 아니었다. 정부의 최고 중심 기관인 태정관太政官이 여전히 교토에 있었기 때문이다.[14] 이것이 일단 교토로 환행還幸했다가 다시 이듬해에 도쿄로 동순東巡을 할 수밖에 없던 이유이기도 했다.[15]

근대 천황제의 공간

'제도' 도쿄의 탄생

1869년 2월 18일, 다시 도쿄로 동순을 실시하겠다는 포고가 내려졌다. 그리고 같은 달 24일에 천황이 도쿄에 머무는 동안에는 태정관을 도쿄로 옮기고 교토에는 유수관留守官을 둔다는 포고가 내려졌다. 왕정복고 쿠데타를 통해서 천황 친정親政을 내건 국가 체제이기 때문에 정부의 최고 기관인 태정관은 천황이 있는 곳에 있어야 한다는 원칙이다. 따라서 천황이 교토에서 도쿄로 이동하면 당연히 태정관도 도쿄로 이동해야만 하는 것이다.[16]

예정대로 3월 7일 교토를 출발한 메이지 천황은 같은 달 28일 도쿄성에 도착했다. 이날 정부는 도쿄성을 황성皇城이라 칭한다는 포고를 내렸고, 메이지 천황은 두 번 다시 교토로 돌아가지 않았다. 근대 일본 천황의 거주 공간이 교토가 아니라 도쿄가 된 것이다. 이는 교토가 더 이상 '제도'가 아님을 의미한다. 다시 말해서 천황 친정이라는 근대 일본의 국가 이념에 따라 도쿄가 국가 상징적 차원의 수도(제도)가 된 것이다.

그리고 교토의 유수관도 1871년 7월 8일 폐번치현廢藩置縣을 계기로 폐지되었다. 판적봉환版籍奉還(다이묘들의 영지 반환) 이후 형식적으로나마 남아 있던 번을 폐지하고 정부 직할의 현을 설치하여 중앙집권적 국가 체제가 확립되면서 유수관도 폐지된 것이다. 교토 유수관의 폐지는 국가행정의 주체가 도쿄의 태정관으로 일원화되었음을 의미한다.[17]

황거 앞 광장

1869년 메이지 천황의 동순 이후, 도쿄는 국가행정적 차원의 수도 기능과 국가 상징적 차원의 수도 기능을 모두 갖춘 도시 공간으로 건설되어 갔다.[18] 그중 대표적인 공간이 일명 니쥬바시二重橋로 유명한 황거 앞 광장皇居前廣場이다.

에도성의 니시노마루시타西の丸下에 해당하는 이 일대는 1883년까지만 해도 다이묘야시키의 흔적을 그대로 간직하고 있었다. 하지만 정부는 1888년 황거가 완성되기 직전에 이곳 건물을 거의 다 철거하고 드넓은 광장을 조성하기 시작하여 1889년 3월 31일 완성했다.[19]

이후 황거 앞 광장은 국가 상징적 차원의 이벤트가 실시되는 공간이 되었다. 1906년 러일전쟁의 승리를 축하하는 개선관병식은 이곳에서 처러진 대표적인 이벤트였다.[20] 더군다나 황거 쪽에서 보면 왼쪽에는 유명한 야스쿠니신사靖國神社, 정면에는 일본 자본주의의 중심 마루노우치, 오른쪽에는 국가행정적 차원의 수도 기능을 수행하는 나가타초와 카스미가세키가 배치되어 있으므로, 황거 앞 광장의 위치는 근대 일본의 국가 이념, 행정, 경제를 서로 연결시켜 주는 교차로와도 같은 역할을 수행하는 공간이다. 다시 말해서 이곳은 군중이 천황을 보는 동시에 천황에게 군중을 보임으로써, 언설의 필요 없이 '국체' 관념을 감득感得할 수 있도록 만드는 공간으로 기획된 것이다.[21]

메이지신궁 외원

황거 앞 광장이 메이지시대에 만들어진 '국체' 관념의 상징적 공간이라면, 이곳에서 멀지 않은 곳에 조성된 메이지신궁은 다이쇼大正 때 시작하여 쇼와昭和 때 완성된 '국체' 관념의 상징적 공간이다.

메이지신궁은 요요기어료지代夕木御料地, 현재 도쿄도東京都 시부야구挿谷區에 건설된 내원內苑과 아오야마연병장青山練兵場 터, 현재 도쿄도 신주쿠구新宿區에 건설된 외원外苑

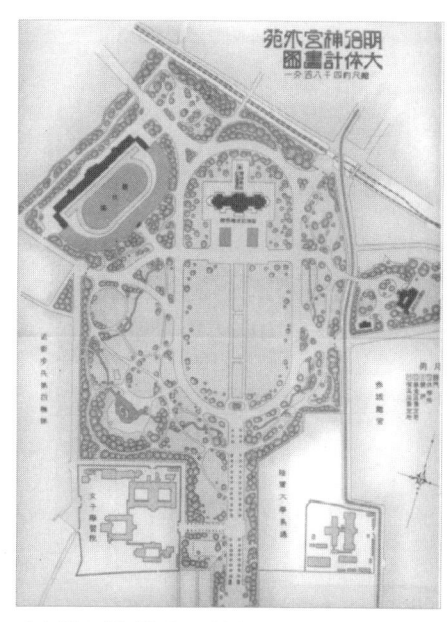

메이지신궁 외원 계획도(明治神宮編, 〈明治神宮叢書〉, 第十四卷 造營編(3), 國書刊行會, 2003)

으로 구성되어 있다. 내원은 메이지 천황과 그의 부인 쇼켄昭憲 황태후皇太后를 제신祭神으로 모시는 신사神社고, 외원은 성덕기념회화관聖德紀念繪畫館, 헌법기념관(현재 메이지기념관明治記念館),[22] 메이지신궁 경기장明治神宮競技場(현재 국립 카스미가오카 경기장國立霞ケ丘競技場), 메이지신궁 야구장明治神宮野球場(현재 일본프로야구팀 야쿠르트 스왈로스의 홈그라운드) 등과 같은 시설들을 포함한 서양식 공원이다.

메이지신궁 내원 건설의 주체는 정부기관인 메이지신궁조영국明治神宮造營局이었기 때문에 국비國費(세금)로 비용을 충당했다. 하지만 외원은 정부가 토지만 확보해 주고 건설의 모든 것을 민간단체인 메이지신궁봉찬회明治神宮奉讚會가 담당하면서 헌금으로 비용을 충당했다. 헌금은 '내지'만이 아니라 '조선·타이완·관동주·카라후토' 등과 같은 '신영토'와 해외 교포까지 대상으로 하고 있다. 헌금과 함께 외원에 대한 '헌목獻木'도 '제국 일본'의 전 지역을 통해서 이뤄졌는데, 1926년 2월말까지의 '헌목'은 '내지'로부터 3062그루, 조선으로부터는 28그루다. 즉 외원은 '제국 일본'의 모든 '신민'의 충성을 모아 건설하는 형식을 취하고 있는 것이다.

1920년 11월 1일 메이지신궁의 내원이 완공되었을 당시, 전전戰前 일본 최대의 오피니언 리더이자 일본 군국주의의 괴벨스P. J. Goebbels라 일컬어지는 도쿠토미 소호德富蘇峰는 《고쿠민신문國民新聞》에 다음과 같은 글을 실었다.

> 이제는 메이지 천황이 유신중흥의 대정大政을 펼치신 도쿄에 메이지신궁이 건립되어 메이지 천황의 신령神靈이 봉안된다. 실로 이것은 일본 국민에게는 수도에, 도쿄 시민에게는 시중市中에 황실중심주의의 중심점을 부식扶植해 놓는 것이다. (중략) 장차 메이지신궁이 우리 일본 국민의 황실중심주의의 본원本元으로 되고, 이로써 세계 만국 모두 우리 국체國體의 아름다움을 칭송할 수 있게 되길 깊이 바라는 바다.[23]

요컨대 도쿠토미가 메이지신궁을 건립하면서 메이지 천황을 모시는 신사로서의 기능만이 아니라, '수도' 도쿄에 '황실중심주의의 중심점을 부식'해 놓음으로써 '세계 만국이 모두 우리 국체의 아름다움을 칭송'할 수

있는 '황실중심주의의 본원'으로서의 역할도 기대했음을 알 수 있다.[24]

내원에 이어서 1926년 10월 23일에는 외원의 주요 건물이 메이지신궁에 봉헌되면서 메이지신궁 건설은 마무리되었다. 그런데 마침 같은 해 12월 25일 다이쇼 천황이 사망했다는 발표와 함께 원호가 쇼와昭和로 바뀌었다. 우연의 일치에 불과하지만, 결국 다이쇼시대의 시작과 끝은 메이지 천황을 기념하는 메이지신궁(내원·외원), 도쿠토미의 표현에 따르면 '황실중심주의의 중심점'을 '수도' 도쿄 한복판에 건설하는 과정이었다고 할 수 있다.

그렇다면 이와 같은 외원의 공간 배치는 어땠을까. 남쪽의 아오야마 통로→광장→성덕기념회화관→장례식 터로 이어지는 일직선 형태의 공간 배치로, 외원의 중심은 성덕기념회화관과 그 바로 뒤에 위치한 메이지 천황의 시신을 안치했던 장례식 터가 된다.

성덕기념회화관에는 메이지 천황의 생애를 총 80점의 회화로 표현한 벽화가 전시되어 있다. 왕정복고의 서곡이라 할 수 있는 '대정봉환'이 다섯 번째로 시작하고 있듯이, 주제의 대부분은 왕정복고 이후 진행된 근대 일본 국가 건설 과정과 '제국 일본'의 확립 과정에 해당하는 시기다. 이는 메이지 천황이라는 한 개인이 살던 물리적 시간과 근대 일본 국가의 역사적 전개 과정이 '우연히' 겹치는 것에 불과할지도 모른다. 하지만 중요한 것은 근대 일본 국가의 건설과 '제국 일본'의 확립과 관련된 역사적 사건들을 '메이지 천황의 일대기 중 중요한 사건'으로 선택함으로써, '메이지 태평성대의 역사를 배우고, 나아가 일생의 위업을 앙모仰慕하며 새롭게 성은에 감사'하게 만들고 있다는 점이다. 즉 성덕기념회화관은 '제국 일본의 영광'을 메이지 천황이라는 한 개인의 카리스마에 의한 '개인적 영광'으로 치환시키기 위한 장치인 것이다.

이상과 같은 성덕기념회화관을 중심으로 한 외원의 공간 배치는 다음과 같이 정리할 수 있다. 남쪽의 아오야마 통로로부터 정중앙을 가로지르는 도로 끝 정면에 성덕기념회화관과 장례식 터가 위치하고, 그 왼쪽에는 "상무강건의 기풍을 장려"하던 메이지 천황의 뜻을 받들어 "일반 공중公衆이 운동경기"를 할 수 있는 경기장을 배치하며, 그 오른쪽에는 메이지 천황이 '대일본제국헌법'을 발포하여 '정사政事'를 혁신한 헌법기념관을 배치함으로서 국민=민民과 정부=관官이 함께 성덕기념회화관=메이지시대와 장례식 터=메이지 천황을 받들어 모시도록 고안되어 있는 것이다.

이후 외원이라는 공간에서는 국가 차원의 운동회, 즉 '메이지신궁대회'가 개최되었고, 여기에는 "내지는 물론, 관동주, 조선, 타이완"으로부터도 젊은 선수들이 참가했다.[25] 이는 "신흥 일본 건설의 영주英主인 메이지 대제大帝의 신령 앞에서 전국의 선수를 모아 선제先帝의 성덕을 기림과 동시에 국민의 심신을 단련함으로써 실질·강건한 국민정신의 작흥作興을 도모"[26] 하기 위한 장소로서 외원이 활용되기 시작했음을 말해준다. 즉 단순히 근대 일본의 '국가주의적 영광'을 메이지 천황의 '개인적 영광'으로 기억하고 기념하는 공간을 넘어서, 천황의 신격화를 통한 '국체' 관념의 절대화(황도주의·일본정신주의)를 이념으로 하는 쇼와파시즘에 의한 국민 동원의 공간으로 활용되기 시작한 것이다. 1943년 10월 21일 외원의 육상경기장에서 개최된 학도출진장행회學徒出陣壯行會는 이와 같은 외원의 공간적 활용을 상징적으로 말해준다.

1945년 패전 그리고 도쿄

'황거 앞 광장의 병사' 사진은 1945년 8월 15일 이후, 어느 날인가 전장에서 돌아온 병사 두 명이 황거 앞 광장에서 천황을 향해 귀환 인사를 하고 있는 모습이다. 이들의 행동은 1941년 문부성이 《쇼와의 국민예법》[27]에서 제정한 '최경례最敬禮' 규정에 따른 것이다. '최경례'는 "천황 폐하를 비롯해 황족과 왕공족王公族에게 하는 것으로 호국護國 영령 등에게는 하지 않는 것"으로 규정되어 있으며, 그 방법은 사진의 병사들처럼 자세를 바르게 하고 상체를 45도 정도 앞으로 숙이는 것이다.

이처럼 일부러 황거 앞 광장을 찾아와 '보이지 않는' 천황을 향해 '최경례'를 하는 두 병사의 모습은 패전 이후에도 도쿄가 천황의 공간으로서 그 기능을 수행할 수 있는 가능성을 말해 준다.

1960년대 일본을 여행한 프랑스의 기호학자 롤랑 바르트Roland Barthes는 다음과 같이 그 가능성의 유효함을 적고 있다.

> 이 도시에는 중심부가 있지만 그 중심부는 텅 비어 있다. 이 도시 전체는 금지된 중립의 공간을 빙 둘러싸고 있다. 이곳은 나뭇잎 뒤에 숨겨져 해자의 보호를 받고 있으며, 아무도 본 적이 없는— 말하자면 문자 그대로 그가 누구인지 아무도 알지 못하는— 천황이 사는 곳이다. 매일 총알처럼 빠르게 정력적으로 달리는 택시들도 이 원형의 공간은 피해가며, 보이지 않는 것을 가시화한 형태인 낮은 용마루 장식은 신성한 '무rien'를 숨기고 있다. 현대사회에서 가장 강력한 두 도시 중의 하나가 이렇듯 성벽과 시냇물, 지붕, 나무로 이루어진 불투명한 원

황거 앞 광장의 병사(1945년)

을 중심으로 만들어져 있다. 그 중앙부는 권력을 사방으로 퍼트리기 위해서가 아니라 텅 빈 중심부가 도시 전체의 움직임을 유지하기 위해 존재하는 사라진 개념에 불과하다. 그래서 주행하는 차들은 끊임없이 돌아가야만 한다. 이런 식으로 상상력의 세계도 텅 빈 주제를 따라 돌아가거나 되돌아오면서 둥글게 퍼져 나간다.[28]

여기에서 롤랑 바르트가 '텅 빈 중심부'이자 '금지된 중립의 공간'이라 규정하고 있는 곳은 천황이 사는 황거다. 황거는 '상징' 천황제 아래에서도 여전히 '주행하는 차들을 끊임없이 돌아가' 게 함으로써 천황의 존재를 공간적으로 인식시키고 있는 것이다.

이는 메이지신궁의 경우도 마찬가지다. 물론 1945년 8월 15일 이후 외원의 시설들은 애초의 목적과는 달리 도쿄 '시민'들에게 애용되고 있다.[29] 성덕기념회화관 앞의 넓은 공원은 매년 여름마다 불꽃축제를 보며 맥주 뷔

페를 즐길 수 있는 장소로 유명한 곳이 되었고, 야구장은 프로야구팀 야쿠르트 스왈로스의 홈그라운드로 더 알려져 있다. 하지만 현대 일본의 '시민'들이 이렇게 외원의 시설을 이용하고 있는 것과는 별도로, 성덕기념회화관에는 보수 중인 몇 점을 제외한 총 80점의 회화가 지금도 전시되고 있다. 이와 같은 사실은 여전히 '천황의 이름'으로 저질러진 과거의 기억을 둘러싸고 긴장의 끈을 풀지 않고 있는 일본과 동아시아 국가 간의 역사 전쟁과도 전혀 관계가 없지는 않을 것이다.

오사카,

도쿄를 넘어 동북아의 중심으로

박진한

Osaka

간사이의 중심 도시 · 나니와에서 오사카로 · 오사카의 재건과 경제적 번영 · 메이지유신과 근대도시로의 전환 · 세키 하지메와 오사카성 천수각 재건 사업 · 전후의 새로운 도약

| 간사이의 중심 도시 |

오사카는 서일본 최대 도시인 오사카시大阪市뿐만 아니라 오사카시를 부청 소재지로 삼는 오사카부大阪府를 뜻하는 지명이기도 하다. 오사카시는 1965년 인구 315만 명을 정점으로 공업 시설의 해외 유출, 기업 본사의 도쿄 이전, 위성도시로의 이주 등으로 도심부 공동화현상이 가속화되어 현재는 260만 명 정도가 거주하고 있다. 2005년 일본 내 도시인구 순위에서 도쿄(23구) 840만 명, 요코하마시橫浜市 350만 명에 이어 3위를 차지했다. 오사카시를 포함해 33개의 시市와 9정町, 1촌村으로 이루어진 오사카부는 도쿄 수도권에 이어 두 번째로 큰 광역경제권이지만, 인구는 1300만 명의 도쿄도東京都, 900만 명의 가나가와현神奈川縣에 이은 880만 명으로 도도부현都道府縣 47곳 가운데 3위다. 일본 역시 도쿄로 향하는 수도권 집중 현상이 한국에 비해 정도는 덜하지만 여전히 현재진행형이다. 더욱이 자본의 세계화와 정보 통신 기술의 발전으로 도쿄가 런던, 뉴욕과 함께 세계 3대 글로벌 시티Global City로 부상함에 따라 오사카와의 격차는 좀처럼 좁혀지기 힘들

것 같다.

오사카는 이미 1960년대 중반부터 주민 구성의 고령화, 주거 환경의 노후화, 제조업 쇠퇴로 인한 고용 감소 등 도시문제가 시작되었다. 이러한 문제를 해결하기 위해 시정 당국은 대규모 도심 재개발 사업과 이벤트성 국제 행사를 개최해 왔지만 그리 만족할 만한 성과를 얻지 못했다. 그 결과 현재는 인구수나 경제력에서 요코하마, 나고야名古屋와 같은 일본 내 경쟁 도시들로부터 심각한 도전을 받고 있다. 하지만 오사카는 여전히 일본 제2의 도시로 불리고 있다. 그 이유는 무엇일까?

아마도 메이지유신明治維新 이전까지 헤이죠쿄平城京(나라), 헤이안쿄平安京(교토) 등의 도성이 위치한 간사이關西가 정치, 경제, 문화의 중심지였고 오사카야말로 바로 간사이의 중심 도시라는 역사적 자부심과 문화적 긍지에서 비롯된다고 생각한다.[1] 오사카의 자부심은 글로벌시티 도쿄로의 자본과 인구 집중이 심화될수록 그에 대한 반작용으로 더욱 강화되는 듯싶다. 도쿄에 대비되는 오사카의 문화적 특성, 예컨대 약간 거센 말투의 간사이벤關西弁(간사이 방언), 오사카 아주머니의 활기찬 생활력, 오사카 상공인의 고집스런 경영 철학 등은 이른바 '수도首都'에 매몰되지 않는 '타자성'으로 이야기된다. 심지어 오사카 주민의 독특한 개성과 기질은 '오사카사람大阪人'이라는 용어로까지 표현되고 있다.

사실 오사카와 도쿄 사이의 경쟁의식의 연원은 상당히 오래되었다. 오사카를 비롯해 에도江戶(도쿄의 옛 명칭), 교토京都 세 도시를 '삼도三都'라 칭하며 각자의 도시성과 도시 문화를 비교하는 출판물은 이미 에도시대 중엽부터 간행되었다. 막말 시기를 거치면서 더 정형화된 삼도비교론은 교토,

오사카에 비해 신흥도시인 에도 주민의 문화적 열등감에서 비롯된 것이다. 메이지유신 이후에도, 즉 도쿄가 제도帝都의 지위를 차지한 이후 1920년대 오사카를 중심으로 삼도비교론은 또다시 활황을 이루었다. 하지만 당시의 삼도비교론은 메이지유신 이후 경제력에서 도쿄에 뒤처진 오사카를 고무하고 새로운 시구개정(도시 정비)사업을 통한 도시 발전을 기대하는 오사카 주민의 바람에서 비롯되었다고 할 수 있다.[2]

오사카의 본격적인 도시 발전은 도요토미 히데요시豊臣秀吉가 쌓은 오사카성에서부터 비롯되었다고 해도 과언이 아니다. 16세기 후반 오다 노부나가織田信長의 뒤를 이어 일본 전역의 통일에 나선 히데요시는 오사카성을 쌓고 성 외곽에 각지의 상공인을 불러 모아 광대한 도시를 건설했다. 당시 오사카는 '히데요시의 슬하膝下'로 경제적 번영을 구가할 수 있었다. 히데요시의 사후 두 차례에 걸친 오사카성 전투로 오사카성과 주변 지역은 잿더미로 변하지만 오사카의 지정학적 중요성을 높이 산 에도막부에 의해 곧바로 재건되었다. 이후 오사카성은 역사의 전환기마다 오사카라는 시공간에서 벌어지는 주요 사건의 중심 무대가 되었다. 이 글은 바로 이러한 점에 주목해 오사카성과 그 일대의 경관 변화 속에 담겨 있는 역사성을 탐구해보고자 한다. 이를 통해 오늘날 오사카의 상징물인 높이 55미터의 오사카성 '천수각天守閣'을 중심으로 오사카의 역사를 재구성해볼 것이다.

'나니와'에서 '오사카'로

오사카는 바다와 맞닿은 해안 지대로 거친 파도란 뜻의 '나니와(難波 또는 浪華·浪花·浪速)'로 불렸다. 645년 고토쿠孝德 천황은 백제 도래인 계열의 소가씨蘇我氏 일파를 제거하고 국정을 일신하고자 아스카飛鳥에서 이곳으로 도읍을 옮겨 나니와궁難波宮을 지었다. 나니와궁은 전후 일본 고고학계의 계속된 노력과 발굴 조사 끝에 오사카성의 남단부에 위치한다는 사실이 밝혀졌다. 현재 오사카 NHK방송센터 역사박물관은 관람객들에게 도시의 시원과 역사를 보다 생동감 있게 전달하려는 목적에서 나니와궁의 옛 유적 위에 건설되었다. 방문객들은 일단 박물관 맨 위층으로 올라간 다음 아래로 내려오면서 유물들을 관람하게 되는데, 맨 위층인 10층에 나니와궁의 복원물이 전시되어 있다.

7세기 후반 율령제와 함께 궁궁과 경京(관료 조직과 그들의 생활을 떠받치는 서민 거주지)을 구비한 도성제都城制가 도입되어 후지와라쿄藤原京(694년), 헤이죠쿄平城京(710년) 등이 조영되면서 나니와궁은 차츰 기억 속에서 잊혀졌다. 한적한 농촌으로 전락한 오사카가 또다시 역사 무대에 등장한 것은 일향종一向宗 제8대 종주宗主인 렌뇨蓮如에 의해서다. 기록에 의하면 렌뇨는 1496년 "셋슈攝州 히가시나리군東成郡 이쿠타마노쇼나이生玉乃庄內 오사카大坂"에 작은 사원을 지었다고 한다.[3] 당시에는 '小坂[おさか]', 즉 작은 언덕으로 불렸지만 에도시대 이후 큰 언덕을 뜻하는 '大坂'으로 표기되었다. 메이지유신 당시에는 '坂'자가 땅土을 뒤엎는다反는 뜻에서 좋지 않다고 하여 새로 신설된 오사카부大阪府에 '阪'자를 대신한 결과 오늘날과 같이 '大阪'이 일반화되었다.

　1523년 렌뇨는 야마시로국山城國 야마시나山科에 있던 일향종 본산의 혼간지本願寺를 이곳에 옮겨와 오사카 혼간지를 건립했다. 오사카 혼간지는 이시야마 혼간지石山本願寺로도 불렸다. 렌뇨가 야마시나에서 이곳으로 일향종 본산을 옮겨 온 이유는 이시야마石山, 즉 돌산의 험준한 자연 지형을 이용해 교단 조직을 요새처럼 정비하고자 했기 때문이다. 지상에 왕법=불법의 세상을 구현하려는 일향종에 대한 세속 권력, 즉 전국다이묘戰國大名의 도발이 거세짐에 따라 이를 효과적으로 방어하려면 무엇보다 성곽에 필적할 만한 요새화된 사원이 필요했다. 돌산 위에 건립한 혼간지 앞에는 기나이畿內 지역 일대의 신도들이 모여들어 광대한 사내정寺內町이 형성되면서 비로소 도시의 형태와 규모가 갖추어졌다고 한다.

　하지만 일본 전역의 통일을 지향한 오다 노부나가織田信長는 정치, 경제, 문화의 선진 지역인 기나이 일대에 강력한 세력을 구축한 혼간지 세력을 그대로 방치해 둘 수 없었다. 노부나가는 혼간지를 포위한 채 10여 년이 넘게 치열한 공격을 전개했다. 하지만 요도강淀川을 엄폐물 삼아 돌산 위에서 농성전을 벌이는 혼간지 세력을 쉽게 굴복시킬 수 없었다. 오랜 농성전에 지친 승려들이 1580년 마침내 강화를 맺고 혼간지를 떠나면서 양자 사이의 전투는 끝을 맺게 되었다. 그러자 노부나가는 승려들이 떠난 혼간지에 불을 질러 이를 폐허로 만들어 버렸다. 이로써 이시야마 혼간지와 함께 번성을 구가하던 오사카는 또다시 역사의 뒤안길로 사라질 위기에 처했다.

　교토 혼노지本能寺에서 가신의 배반으로 목숨을 잃은 노부나가를 대신해 도요토미 히데요시는 권력을 장악하는 데 성공했다. '성 쌓기의 귀재'로 불릴 만큼 축성의 대가이던 히데요시는 폐허로 변한 혼간지의 전략적 가치를 누구보다 잘 알고 있었다.[4] 그는 노부나가의 뒤를 이어 일본 전역의 통일을 위한 장정에 나서면서 일향종과의 전투 당시 난공불락의 요새임을 자랑하던 이시야마 혼간지 터에 자신의 성을 쌓는 사업을 시작했다. 그가 오사카 이시야마에 성을 쌓고자 했던 것은 기나이의 중심에 위치하면서 천황이 거주하는 교토와 당시 국제무역항으로 번성하던 사카이堺에 인접했기 때문이다. 오사카성 축성 공사는 히데요시에게 충성을 맹서한 30여 다이묘의 도움으로 1583년 축성 이후 불과 2년 만에 완성되었다. 당시 포교를 위해 일본에서 활동 중이던 포르투갈 선교사의 기록에 따르면 히데요시는 오사카성 축성 당시 교토의 천황과 주요 사원을 이곳으로 이전시킨다는 계획을 세우고 만약 이에 반대하는 자가 있으면 교토에 불을 지르겠다는 엄포를 놓았다고 한다.[5] 히데요시는 노부나가의 본거지인 아쓰치安土를 비롯해 기나이 일대 여러 지역 상인들을 강제로 오사카성 밑에 이주시켜 광대한 조카마치城下町, 말 그대로 '성 아래 도시'를 건설했다. 히데요시 치하에서 오사카는 기나이는 물론이고 전국 경제의 중심지로 번영을 구가하며 그 명성을 일본 전역에 알리게 된다.

　오사카성은 히데요시 생전 동안 무려 네 차례에 걸쳐 대대적으로 확장 공사가 이루어졌다. 히데요시 사망 직전에 시작된 마지막 공사는 4년 동안 천수각과 본성本丸을 둘러싼 '니노마루二の丸' 바깥으로 또다시 '산노마루三の丸'의 강대한 성곽을 쌓는 사업이었다. 그 결과 오사카성은 요도강淀川을 끌어들여 만든 이중의 해자와 이중의 성곽으로 겹겹이 둘러싸인 난공불락의 요새로 거듭날 수 있었다. 계속된 오사카성 확장·보강 공사는 히데요

《오사카성 여름 전투병풍도大阪夏の陣圖屏風》중에서 오사카성의 부분도

시가 말년에 얻은 늦둥이 자식 히데요리秀賴를 자신의 적대 세력으로부터 보호하려는 히데요시의 염원에서 비롯되었다. 하지만 히데요시의 바람은 이루어지지 못했다. 자신과 함께 전국 동란을 헤쳐 온 최대의 경쟁자, 백전노장의 도쿠가와 이에야스가 건재했기 때문이다.

1600년 일본 전역의 다이묘가 히데요리에 충성을 맹서하는 서군과 도쿠가와에게 신종을 맹서하는 동군으로 나뉘어 세키가하라關か原에서 벌인 전투에서 동군이 승리를 거둠으로써 일본의 패권은 도쿠가와 이에야스의 손에 넘어갔다. 전투 당시 중립을 표방한 히데요리는 다행히 목숨을 부지할 수 있었지만, 사실상 일개 다이묘와 같은 위치로 전락하고 말았다. 하지만 이에야스 입장에서 히데요리는 언제든지 반反도쿠가와 세력의 결집원이 될 수 있는 위험인물이었다. 이에 이에야스는 히데요리를 제거하기 위해 1615년 오사카성 전투를 일으킨다.[6] 그러나 오사카성은 난공불락의 요새를 자랑하며 좀처럼 함락되지 않았다. 이에야스는 히데요리와 거짓으로 화평을 맺고 바깥 해자와 성 일부를 무너뜨린 다음 재차 공격을 시도했다. 적의 공격으로 불길에 휩싸인 오사카성 안에서 히데요리는 결국 그의 어머니와 함께 자결했다.

| 오사카의 재건과 경제적 번영 |

이에야스는 도요토미 가문을 단절시킨 이후에도 조정에서 수여한 '도요쿠니다이묘진豊國大明神'이란 칭호를 금지하고 히데요시를 모신 도요쿠니신

사豊國神社 또한 파괴시켜 히데요시의 존재와 권위를 완전히 지워 버리려 했다. 하지만 그의 노력에도 불구하고 히데요시에 대한 서민들의 연민과 인기는 결코 사그라지지 않았다. 농민의 자식으로 태어나 전국 쟁란의 와중에서 개인의 능력만으로 입신출세를 거듭해 마침내 일본 전국의 지배자인 '덴카비토天下人'의 지위에까지 오른 히데요시의 성공담은 신분 간 이동을 엄격히 제한한 에도시대 서민들로부터 많은 인기를 누렸다. 특히나 오사카 지역 주민들은 도쿠가와막부 설립 이전 히데요시 슬하에서 오사카가 누린 옛 영화에 대한 그리움, 도요토미 가문의 비극에 대한 동정심, 에도막부의 현실 정치에 대한 비판 의식 등을 담아 히데요시에 특별한 애정을 가졌다. 이에 주목한 오사카의 출판업자들은 히데요시의 일생을 출세 과정에 따라 삽화 형식으로 제작한 《에혼타이코기繪本太閣記》를 수차례에 걸쳐 판본을 달리해 간행했다. 막부는 히데요시에 대한 서민들의 인기가 현실 정치에 대한 비판과 반감으로 이어질 것을 두려워한 나머지, 그에 관한 출판물을 금서로 지정할 정도였다고 한다.[7]

히데요리의 비극적인 최후와는 대조적으로 정작 그의 슬하이자 본거지이던 오사카와 오사카성은 오히려 그의 죽음 이후 새로운 전기를 맞이하게 된다. 이에야스는 오사카성 전투에서 승리하자마자 손자인 마쓰다이라 다다아키라松平忠明를 파견해 오사카 통치와 재건에 관한 임무를 위임했다. 이에야스 역시 오사카의 지정학적 중요성을 간과하지 않은 것이다. 교토로 이어지는 요도강과 세토瀨戶 내해가 맞닿은 지점에 위치한 오사카는 히데요시 당시부터 물류 수송을 원활히 하기 위한 목적에서 운하 조성 사업이 활발히 전개했다. 다다아키라는 오사카성 전투로 일시 중단된 운하 조성

사업을 재개하는 것은 물론 오사카 남단을 동서로 횡단하는 미나미호리南堀(현재의 도톤보리道頓堀)를 건설했다. 또한 조카마치 내 말단 행정단위이자 자치단위인 개별 조町의 구획을 정리, 확정지었다.

이처럼 시가지 복구가 어느 정도 일단락되자 막부는 1619년 오사카를 직할 도시로 삼았다. 그리고 후다이다이묘譜代大名 가운데 막부의 신임이 두터운 나이토 노부마사內藤信正를 초대 오사카조다이大坂城代에 임명했다. 오사카조다이는 오사카성의 경비와 함께 서국西國 일대에 포진한 도자마다이묘外様大名를 감시하는 임무를 맡았다. 교토 조정과 공가를 감시하는 교토쇼시다이京都所司代와 함께 오사카조다이는 막부로부터 서국 일대의 지배를 사실상 위임받은 중책이었다. 오사카조다이가 주로 군사적인 임무를 담당한 데 반해 오사카마치부교大坂町奉行는 민정 사무를 담당했다. 오늘날의 오사카시장과 같은 존재라 할 수 있는 오사카마치부교는 3000석 정도의 영지를 수여받은 하타모토旗本 가운데 주로 임명되었다. 동서로 나뉘어 배치된 두 명의 오사카마치부교 밑에는 각기 시정 사무를 맡아보는 하급 관리인 요리키與力 30인과 도신同心 50인을 두었다. 요리키와 도신은 본래 일대一代로 제한되었으나 관습적으로 자손들이 대대로 업무를 맡아 보았다.

한편 에도막부는 오사카성 전투 당시 붕괴된 성을 재건하기 위해 1620년부터 세 차례에 걸쳐 대대적으로 토목공사를 벌였다. 1620년에 진행된 1차 공사에선 성 외곽에 무너진 해자를 정비했다. 막부는 다이묘 47명을 동원해 해자와 성곽 기단 공사에 필요한 석재를 공급하도록 지시했다. 2차 공사는 1624년부터 3년간 진행되었다. 1차 때보다 더 많은 다이묘 59명이 참여해 천수각을 비롯한 성곽 내 주요 건물과 야쿠라矢倉를 정비했다. 완성된

천황을 보좌하며 정무를 총괄하는
관백關白 직에 오른 히데요시의 모습

천수각은 히데요시 당시와 비교해 높이는 1.5배 높고, 면적은 2배 가까이 넓게 조영되었다. 히데요시의 슬하이던 오사카에 히데요시 당시를 능가하는 장대한 규모의 천수각과 성곽을 쌓은 것은 오사카 주민을 포함해 서국 일대의 도자마다이묘에게 막부의 권위와 위신을 과시하기 위함이었다. 1628년에 진행된 3차 공사에선 오사카성의 방어 기능을 강화하기 위해 성곽 외부에 새로이 해자를 조영했다.[8] 오사카성 재건 사업 과정에서 알 수 있듯이 막부는 서국에 위치한 도자마다이묘를 감시·통제하기 위한 군사 요충지를 확보하기 위해 오사카를 직할령으로 삼은 것이다.

하지만 에도막부에 의한 평화가 오랫동안 지속되면서 군사시설로서 성이 갖는 중요성은 점차 약화되었다. 오사카성은 1665년 낙뢰로 천수각이

전소되는 피해를 입었음에도 불구하고 그 이후로 천수각을 재건하지 않았다. 굳이 엄청난 경비를 들여 천수각을 재건하지 않을 만큼 이미 평화가 정착되었을 뿐 아니라 더 이상 천수각과 같은 장대한 건축물을 통해 무가권력을 과시할 필요가 없었기 때문이다.

1619년 막부는 오사카를 직할령으로 지정하면서 옛 시가지를 크게 기타쿠미北組, 미나미쿠미南組, 덴마쿠미天滿組 등 세 구역으로 구분했다. 그리고 각 구역에는 수명의 유력 조닌을 '소도시요리總年寄'에 임명해 이들로 하여금 개별 조町의 대표자인 마치도시요리町年寄와 함께 시정과 자치 업무를 담당케 했다. 소도시요리는 시정에 관한 오사카조다이와 마치부교의 지시와 명령 전달은 물론 마치도시요리의 임명, 막부가 지시한 제역諸役의 징수, 송사 등에 관한 업무를 맡아보았다. 마치도시요리는 개별 조에 속한 조닌들이 돌아가며 맡아보는 것이 원칙이었다. 이들은 시정에 관한 막부의 지시를 주민들에게 전달하고, 조 내에서의 다양한 잡무를 처리하는 등, 시정의 실제 업무를 담당했다.

1670년을 전후로 일본 북부에서 동해 연안을 따라 시모노세키 해협을 통과해 오사카로 이어지는 니시마와리西廻り 항로와 동북 지방에서 태평양을 따라 에도를 거쳐 오사카로 이어지는 히가시마와리東廻り 항로가 정비되었다. 이에 따라 전국 각지에서 쌀, 잡곡 등을 비롯한 각종 농산물이 오사카에 유입되었다. 1714년의 기록에 따르면 당시 오사카에 들어오는 물품은 모두 119종으로 총 가격은 은 28만 6561관이었다. 이 가운데 가장 높은 비율을 차지하는 것은 미곡으로 무려 28만석에 달했다. 미곡의 대부분은 각지의 다이묘들이 징수한 영주미領主米였다. 그중에 일부 다이묘는 오사카에

직접 쌀 창고를 두고 어용상인을 고용해 시세에 따라 영주미를 거래했다. 미곡의 뒤를 이어 채종, 목재, 종이, 면화 등과 같은 농·임산물품이 유입되었다. 한편 오사카에서 에도를 비롯해 전국 각지로 유출되는 상품은 95종으로 전체 가격은 9만 5799관이었으며 채종유, 목면, 간장, 술, 도자기 등이 주를 이루었다. 이처럼 막대한 양의 상품이 오사카에 들어오고 나갈 수 있던 것은 무엇보다 오사카를 포함한 주변 지역(교토, 사카이 등)이 대략 100만에 달하는 대규모 소비 시장을 형성했다는 점과 100만의 인구를 보유한 에도 주변 농촌 지역이 미개발 상태여서 경제적 선진 지역인 기나이와 오사카로부터 상품 수입이 절대적으로 필요했다는 점을 들 수 있다.[9] 그 결과 17세기 후반 오사카는 기나이와 서일본을 중심으로 전국 각지에서 집산된 물자를 가공해 에도를 비롯한 전국 각지로 출하하는 유통 거점이자 산업도시로 발전할 수 있었다.

경제 발전에 힘입어 오사카 인구는 1665년 약 26만 명에서 불과 30년 만인 1699년 36만 명으로 급속히 증가했다. 이후 증가 속도는 점차 미약하지만 1765년 42만 명을 기록할 만큼 18세기 중반까지 꾸준히 늘어났다. 이처럼 17세기 중반부터 18세기 중반까지 약 1세기에 걸쳐 오사카의 도시인구가 꾸준히 증가할 수 있던 데는 앞에서 언급한 바와 같이 니시·히가시마와리 수륙 교통의 요지라는 지리적 이점과 함께 상품생산이 번성하던 기나이 지역을 배후에 두었기 때문이다.

하지만 18세기 후반 이후 오사카의 경제적 지위는 점차 떨어지기 시작했다. 목면 생산과 술·기름 제조 등에 관한 기술과 지식이 일본 각지로 전파되면서 농가공품 생산의 독점적 위치가 약화되는 한편 에도와 나고야 등을 중심으로 낙후된 주변 농촌 지역이 개발되어 점차 지역적인 시장경제권이 일본 각지에 형성되면서 오사카에 대한 시장 의존도가 낮아졌기 때문이다.[10]

메이지유신과 근대도시로의 전환

1868년 1월 3일 교토 인근의 도바鳥羽, 후시미伏見에서 왕정복고를 꾀한 사쓰마薩摩, 조슈長州 양 번 군대와 막부군 사이에 치열한 전투가 벌어졌다. 전투는 병력의 열세에도 불구하고 신식 장비로 무장한 사쓰마, 조슈 연합군의 승리로 끝났다. 전투에서 패한 막부군은 일단 오사카성으로 퇴진하지만 전의를 상실한 마지막 장군 도쿠가와 요시노부德川慶喜는 수명의 측근과 함께 성을 빠져나가 에도로 귀환해 버리고 만다. 요시노부가 성을 빠져나갔다는 소식이 전해지자 농성전을 준비하던 막부군 역시 성을 버리고 도망쳐 버렸다. 1월 9일 사쓰마, 조슈 군대가 성을 접수하기 직전, 원인 모를 화재로 성내 주요 건물이 대부분 소실되는 피해가 발생했다. 막부군이 성을 버린 틈을 이용해 노략질을 일삼으려는 불순 세력이 일으킨 짓이다. 오사카성 화재는 '천하의 부엌'으로 불리던 오사카의 붕괴를 상징하는 사건이었다. 오사카성의 화재와 불안한 치안으로 말미암아 오사카 인구는 메이지유신 직후 28만 명까지 급감하고 만다.

메이지유신 초기 오사카 경제계는 커다란 충격에 휩싸였다. 메이지 신정부는 에도시대까지 오사카와 에도에서 각기 통용되던 은화와 금화를 대신해 근대국가 수립에 따른 통일된 화폐제도를 수립하기 위해 1868년 5월 9일 전면적으로 은화 사용을 금지시켰다. 금은의 교환 차익을 이용해 부를 축적해 온 오사카 일대의 환전 상인과 호상들에게는 커다란 충격이었다. 더욱이 금융 위기가 채 마무리되기도 전에 폐번치현廢藩置縣에 의한 개별 번의 구라야시키藏屋敷 폐지(1871년), 가부나카마株仲間의 해산(1872년), 번채藩債 처분(1872년) 등과 같은 조치가 연이어 시행됨에 따라 다이묘로부터 빚을 받지 못한 상인들이 줄지어 도산했고 오사카의 경제적 지위는 급격히 약화되었다.

막부 붕괴와 신정부 수립에 따른 정치, 사회적 혼란이 비단 오사카만의 문제는 아니었다. 장군의 슬하인 에도를 비롯해 조카마치에서 출발한 근세 도시 대부분이 혼란에 빠졌다. 에도시대 다이묘의 영국領國 통치를 위한 필요성에서 건설된 조카마치의 대부분은 폐성화되고 폐번치현 과정에서 일부만이 신정부의 지방통치를 위한 거점으로 지정되어 근대도시로 전환되었다. 에도시대 중엽부터 이른바 '삼도三都'라 불리며 저마다 독특한 도시 문화와 풍습을 형성하며 특별한 지위를 부여받은 에도와 교토, 오사카는 폐번치현 이후 부현府縣 통폐합 과정에서 이런 역사성을 인정받아 여타 '현縣'과 달리 '부府'로 편제되었다.

근대도시로의 전환 과정에서 도쿄는 국내 통치의 거점이자 근대국가의 수도로 기능하기 위해 1872년 긴자 대화재 이후 아카렌가赤煉瓦 거리 조성 사업, 1876년 '도쿄시구 개정 계획' 등의 도시 정비 사업을 통해 문명개화의 전범으로 거듭날 수 있었다.[11] 이에 반해 메이지 천황의 동천東遷으로 옛 도성의 영예를 상실한 교토는 천황 즉위식과 대상제大嘗祭를 (교토의 옛) 황거

불타는 오사카성의 모습을 그린 우키요에(1868)

에서 거행하도록 황실전범에 규정하는 한편 '간무桓武 천황 천도 1100주년 기념제' 등과 같이 천황가의 유서와 역사를 적극적으로 활용한 도시 진흥책을 마련해 '고도古都'로서의 재흥을 꾀했다.[12] 한편 메이지유신에 따른 사회·경제적 혼란으로 전통적인 상업, 유통도시의 기능에 심대한 타격을 입은 오사카는 조병사造兵司, 조폐국과 같은 관영 공장을 유치하여 근대적인 군사, 공업 도시로의 전환을 꾀했다.

　신정부 수립 이후 일본 육군의 창설자인 오무라 마스지로大村益二郞는 오사카성 일대를 일본 육군의 중심지로 전환시킬 계획을 수립했다. 이에 따라 1869년 7월 육군사관학교의 전신인 병학료兵學寮 청년학사와 육군성의 전신인 육군소가 오사카 성내에 창설되었다. 그리고 이듬해 오사카 성곽 주변에 조병사造兵司, 육군 군의학교, 교도대敎導隊(하사관양성소)가 건립되었다. 1869년 마스지로의 갑작스런 암살로 군사 중심지는 오사카가 아닌 도쿄로 계획이 변경되지만 군사도시로서 오사카의 발전은 그 이후에도 계속되었다. 1871년 도쿄, 오사카, 구마모토熊本, 센다이仙台에 사단의 전신인 진다이鎭臺가 설치되면서 오사카성은 오사카진다이의 본부가 되었다. 1888년 진다이제가 사단병제로 전환되면서 오사카진다이는 제4사단으로 개편되었고 아울러 오사카성은 육군 제4사단 사령부와 주둔지로 사용되었다. 그리고 성 외곽 지역에 위치한 광대한 무사 거주지에는 1879년 '오사카 포병공창'으로 이름을 바꾼 포병창을 비롯해 여러 병창 공장이 들어서게 된다. 이들 관영 군수공장은 청일전쟁(1894), 러일전쟁(1904) 등 거듭되는 대외 전쟁으로 규모를 확대하면서 대포에 사용되는 강철이나 동을 제련하는 금속공업, 나사나 볼트를 제조하는 부품 산업, 공작 기계 등의 중심지로서 오사카가 산업도시로 발전해 가는 중요한 디딤돌이 되었다.

관영 군수공장과 함께 근대 초기 오사카의 산업화를 이끈 주역은 방적업이었다. 1883년에 조업을 시작한 오사카방적大阪紡績은 1만 대의 방적기를 가진 민간 자본 회사로 전등을 사용한 철야 작업, 원거리에서 여공원女工員 모집 등과 같이 새로운 경영 방식을 도입해 커다란 성공을 거두었다. 이후 여러 방적 공장이 영업을 개시하면서 오사카는 당시 영국 산업혁명의 중심지인 맨체스터에 비견되어 '동양의 맨체스터'로 불리는 등, 방적 산업의 메카로 부상했다.

한편 1903년 오사카에서 개최된 제5회 내국권업박람회는 메이지 정부가 그동안 추진해 온 부국강병과 식산흥업의 구체적인 성과를 국내외에 알리는 자리임과 동시에 근대도시에 걸맞은 도시 기반 시설을 구축하는 기회였다. 전기를 이용한 각종 광학기구와 전구로 장식한 전시관은 야간에 입장한 관람객들의 눈길을 사로잡았다. 오사카 내국권업박람회는 35만 명에 이르는 관람객을 끌어 모으며 메이지시대에 열린 각종 박람회 가운데 최대의 성행을 이루었다.[13]

세키 하지메와 오사카성 천수각 재건 사업

근대화와 함께 일본 내 산업, 특히나 군수공업, 면방적업의 중심지로 성장한 오사카는 제1차 세계대전 당시 전시경제의 호황으로 도시 노동자 유입이 크게 늘었다. 종래 오사카시역으로 시민 안식의 장소를 감당하기에는 불충분한 상황에 처하게 되었다. 1925년 4월 당시 오사카시장인 세키 하지메關一는 이러한 문제를 해결하기 위해 인근 히가시나리東成·니시나리西成 2개 군郡을 합병하는 제2차 시역확장 사업을 단행했다. 이로써 인구는 50퍼센트 증가한 211만 명으로, 면적은 3배 이상 증가한 60여 제곱헥타르로 늘어났다. 그 결과 오사카는 간토대지진으로 인구가 급감한 '제도帝都' 도쿄를 제치고 명실공히 일본 제1의 대도시로 부상하게 되었다.[14]

오사카마이니치신문사大阪每日新聞社는 그해 3월부터 4월까지 "대오사카大大阪를 건설해 크게 면목을 일신하게 된 것"을 경축하기 위해 '대오사카기념박람회大大阪記念博覽會' 행사를 개최했다. 대오사카기념박람회 행사는 오사카시는 물론, 오사카성에 사령부를 두고 있던 육군 제4사단의 전폭적인 지원을 받아 제1회장인 덴노지天王寺 공원 이외에 일반인의 출입이 제한된 오사카성에 별도의 제2회장을 마련했다. 산업도시 오사카의 기량을 자랑하기 위해 최신 공업 제품을 전시하는 '본관'과 '별관', 도시의 역사를 개관하는 '도시관' 등을 비롯해 총 8곳의 전시관을 설치했다.[15] 이 가운데 박람회장을 찾은 시민들로부터 가장 많은 인기를 누린 곳은 다름 아닌 도요토미 히데요시에 관한 자료를 전시하는 '풍공관豊公館'이었다.[16]

덴노지 공원에 마련된 여타 전시관들과 달리 풍공관은 육군 제4사단이 주둔한 오사카성 내 옛 천수각 터에 모모야마桃山 양식의 2층 목조 건물로 지어졌다. 건물 1층에는 시민들이 자발적으로 출품한 도요토미 관련 물품과 자료를 전시하고, 2층에는 약 22미터에 이르는 성곽 자체의 높이를 살려 오사카 시내를 조망할 수 있도록 전망대를 설치했다. 그리고 전망대에서 내려다보이는 시내 대형 고층 건물과 명승지, 고분까지의 거리를 적어 두어 관람자의 편의를 도모했다.

박람회장을 찾은 전직 총리 기요우라 게이코清浦奎吾가 "나는 뭐라 해도 풍공관이 좋다. 덴노지회장도 아름답지만 풍공관의 규모는 정말로 웅대하다. (중략) 오사카성의 천수각을 부흥한 것은 정말로 흥미진진한 계획"이라고[17] 자신의 감상을 피력한 대목에서 알 수 있듯이, 풍공관 인기의 비결은 히데요시에 대한 기억을 되살리기 위해 석단만 남아 있던 옛 천수각 터에 가설로 만든 풍공관 건물 그 자체였다. 풍공관 1층에 마련된 전시물과 2층에 설치된 전망대를 돌아본 관객들은 오사카성 건립자인 히데요시에 대한 향수와 기억을 떠올리며 천수각의 부재를 아쉬워했다. 심지어 도쿄시장과 내·외무 대신을 두루 역임한 고토 신페이後藤新平 역시 이곳을 방문하고 나서 "오사카의 역사를 기념하기 위해 그리고 시민들의 수양을 위해 도요토미 축성 당시의 건축구조를 면밀히 연구해 현재의 위치에 풍공관처럼 항구적인 천수각을 건조해 이를 박람회나 전람회 등의 회장으로 이용하는 것은 어떨지"를 제안할 정도였다.[18] '대오사카기념박람회'를 계기로 오사카의 설립자인 도요토미 히데요시에 대한 인기와 천수각 재건에 대한 열망을 현실로 실현시키는 데 중요한 역할을 한 이는 다름 아닌 세키 시장이었다.

대학에서 사회정책을 강의하며 사회개량주의자로 활동했던 그는 오사카시장으로 재임하는 동안(1925~1935) 불량 주택 개량, 시영 주택 건설, 직업소개소 운영, 노동자 재해 보조법 등의 혁신적인 도시 정책을 입안·시행해 시민들로부터 많은 기대와 지지를 받았다.[19] 그는 예전부터 오사카 시민과 외지인에게 무언가 보여줄 것이 없어, 오사카를 상징할 것이 필요하다고 생각한 끝에 1928년 11월 쇼와 천황의 즉위식을 경축하기 위해 "각 도시가 대전大典 기념 사업에 관해 경쟁하듯이 온갖 지혜를 짜내고 있는 상황"에서 '오사카성 공원과 천수각 재건 사업'을 시민에게 제안했다.[20] 시정 당국의 계획에 따르면 천수각 재건 사업은 "(고성이 가진) 사적인 권위를 바탕으로 역사적 교화의 효과가 막대한 것은 물론이고 장중한 위용은 실로 당당하게 도시의 일대 미관"을 이루는 동시에 "오사카시 중흥의 아버지이자 일세의 영웅인 도요토미의 장대한 계획을 오랫동안 기리기 위"한 것이었다.

일반 시민과 시의원들은 시정 당국의 제안에 열렬한 지지와 호응을 보였다. 1928년 2월 오사카 시의회는 천수각 재건에 관한 세키 시장의 제안을 만장일치로 가결시켰다. 하지만 사업을 실행하려면 넘어야 할 장애물이

적지 않았다. 무엇보다 당시 오사카성 내에는 육군 제4사단사령부 소관 시설로 사단사령부와 창고 등의 군용 시설이 위치했다. 그뿐만 아니라 불황이 계속되는 상황에서 시 예산만으로 사업을 추진하는 것은 불가능한 형편이었다. 이에 세키 시장은 천수각 재건과 오사카성 공원화 사업을 성사시키기 위해 육군 수뇌부와 교섭에 착수했다.

하지만 육군에서는 오사카성 내 사단사령부 부지 일부를 공원으로 개방하는 대신 사령부 청사의 신축 비용 130만 엔円을 오사카시가 전액 부담해 줄 것을 요구했다. 이후 오사카시와 제4사단 사이에 벌어진 수차례 교섭 결과, 최종적으로 육군 측 요구를 수용하는 대신 오사카성을 포함한 주변 용지의 용도를 변경하는 합의가 이루어졌다. 이에 오사카시는 오사카성 공원화와 천수각 재건 사업에 필요한 경비 150만 엔 가운데 천수각 재건 비용으로 42만 엔, 사령부 건물 신축 비용으로 80만 엔을 사용하되, 여기에 필요한 자금은 시민들의 자발적인 기부로 충당하기로 결정했다.[21] 이후 1930년 5월 6일 지신제와 함께 착공된 천수각 재건 공사는 이듬해인 1931년 4월 24일 길일吉日을 맞이해 상량식을 거행하고 마침내 11월 7일 준공식을 맞이했다.

제2차 세계대전 당시 오사카는 여덟 차례 대규모 공습을 포함해 총 50차례가 넘는 공습으로 말미암아 시가지 대부분이 폐허로 변하는 피해를 입었다. 그러나 오사카성 천수각은 별다른 공습의 피해 없이 기적적으로 남았다. 1948년 오사카성 일대는 사적 공원으로 지정되어 시민들을 위한 도시공원으로 정비되었고 천수각 건물은 시립박물관으로 활용되었다. 현재 천수각 역사박물관은 도시 설립자인 도요토미 히데요시를 중심에 놓고 오사카의 역사를 재구성해 놓았다. 예컨대 3층 전시실의 주제는 '히데요시와 그의 시대'로 히데요시가 만들었다는 조립식 다실과 오사카성 모형이 전시되어 있다. 또한 4층에서는 히데요시 생존의 모모야마 시절 당시 유물이, 5층에서는 1615년 오사카 여름 전투를 미니어처와 파노라마 영상 등으로 재현해 놓았다. 관람객들은 천수각 내부의 전시 공간을 살펴본 다음 맨 위층인 8층에 마련된 전망대에 올라 오사카성과 시내 전체를 둘러볼 수 있다. 이로써 관람객들은 히데요시가 오사카의 건립자이며 오사카성에서부터 현재의 오사카가 비롯되었다는 사실을 시공감적으로 자연스레 인지하게 되는 것이다.

| 전후의 새로운 도약 |

전후 오사카는 한국전쟁의 특수를 이용해 빠르게 옛 산업 시설을 복구하며 근대적인 상공업도시로 재도약할 수 있었다. 이후 고도경제성장기 동안 대규모 도심지 개발과 '일본만국박람회'(1970)와 같은 이벤트성 국제 행사를 개최해 도시 경제 진흥과 국제도시로의 전환을 꾀했지만 효과는 그다지 크지 않았다. 오히려 앞에서 언급했듯이 1960년대 중반 이후 인구 감소와 경제적인 지반침하가 계속됨에 따라 서일본 중심 도시의 지위마저 위협당하고 있는 실정이다. 예전에 오사카 경제권 내에 포함되던 규슈九州, 주고쿠中國 지방이 지역적인 자립성을 획득하면서 후쿠오카福岡, 히로시마廣島와 같은 도시들이 이들 지역의 중심 도시로 부상하고 있기 때문이다. 이 같은 상황에서 오사카는 다양한 도시 재생 사업을 통한 도시 기능의 활성화와 함께 국제도시로의 전환을 꾀하고 있다. 지난 1994년 인공 섬에 개항된 간사이국제공항은 국제도시로 나가기 위한 도약대였다고 말할 수 있다.

현재 동북아시아에는 이른바 '베세토 회랑'이라 불리는 거대도시 회랑이 만들어지고 있다. 이 지역에 포함된 인구 20만 이상의 도시만 하더라도 112곳을 헤아리며, 1000만 이상의 대도시권만 하더라도 베이징, 텐진, 상하이, 서울, 도쿄-요코하마, 오사카-고베가 위치한다. 그리고 이 베세토 회랑의 중심 역할을 담당하기 위해 한중일 각국의 중심 도시 사이에 치열한 경쟁이 벌어지고 있다. 동북아 중심 도시로 부상하기 위해 베이징, 상하이, 서울 등이 개별 도시를 넘어서 국가적인 총력을 기울이고 있다. 이에 따라 일본에서는 도쿄로의 집중 현상이 지속될 바에 "일본의 도쿄화"를 추진하는 것이 현실적인 경쟁력 제고 대책이라는 전제하에 '규제완화 추진 3개년 계획(1998~2000)'을 세워 수도권 일대의 규제를 크게 완화했다. 이로 말미암아 도쿄로의 인구, 자본 집중은 더욱 가속화되고 있는 실정이다.

한중일 삼국의 도시 사이에서 동북아 중심 도시로 부상하려는 경쟁이 치열하게 전개되면서 오사카 역시 이제 더 이상 '일본 제2의 도시'라는 타이틀에 만족할 수 없는, 치열한 도시 경쟁의 대열에 들어섰다. 앞으로 오사카가 도쿄 수도권과의 차별화를 위해 어떠한 문화적 전략을 수립할 것인지 그리고 얼만큼 매력적이고 국제적인 도시로 발전해 나갈 것인지 이웃한 우리로서는 좀 더 관심을 가지고 유심히 살펴볼 필요가 있다.

베이징,

황제의 정원에서
시민의 광장으로

신규환

Beijing

베이징성의 역사적 배경 · 도시 관리와 도시환경의 변화 · 천안문과 광장의 정치 · 사합원과
천교의 도시 문화 · 새로운 공간 정치와 도시 문화를 기대하며

| 베이징성의 역사적 배경 |

기원전 11세기, 무왕武王은 상商 나라를 멸망시키고 주周 나라를 세우면서 제요帝堯의 후손들에게 계薊와 연燕을 분봉했는데, 후에 합해져 연국燕國으로 칭해졌고, 도읍은 계성薊城이라고 하였다.[1] 이것이 오늘날 베이징北京의 지리적 기원이다. 시내를 지나다 보면 만날 수 있는 계문교薊門橋나 연경燕京 맥주 등의 간판은 바로 베이징의 옛 명칭에서 유래한 것이다.

진시황제秦始皇帝(B.C. 259~210)는 통일 이후 천하를 36군으로 나누었는데, 그중 연국은 6군으로 재편되었다. 오늘날 베이징 지역은 어양군漁陽郡, 우북평군右北平郡, 상곡군上谷郡, 광양군廣陽郡 등 네 군에 걸쳐 있었는데, 계성은 광양군에 속하게 되어 북방 민족과 대치하기 위한 군사적 요충지가 되었다. 350년 전연前燕의 주모용主慕容이 계성을 함락하고 황제의 지위에 올랐으며, 계성은 전연의 두 번째 수도가 되었다. 이후 수차례 북방 민족이 이곳에 수도를 세웠다.

당唐나라 중기에 안록산安綠山(703~757)이 반란을 일으켜 낙양洛陽에서 황제를 칭한 후, 계성을 대도大都로 삼았으며, 사사명史思明(703~761)은 황제를 칭한 이후 이곳을 연경이라 칭했는데, 이로부터 계성이 대도 혹은 연경이라고 칭해지기 시작했다. 938년에 요遼나라는 다섯 수도 중 하나로 계성을 남경南京 혹은 연경이라 했는데 요나라의 수도 중에서 규모가 가장 컸다. 1125년에 금金나라는 요나라를 멸하고 이곳을 중도中都라고 칭했다. 이때부터 계성은 북방의 전략적 요충지에서 전국의 정치 중심지로 변모하기 시작했다.

금원대金元代 중도가 파괴되자, 원나라의 쿠빌라이칸은 수원水源이 연결되지 않은 기존의 성터를 버리고 오늘날 중남해中南海를 중심으로 1267년부터 27년 동안 대도성大都城을 축조했다. 대도성은 배수 시설을 먼저 고려했고, 중국의 전통적인 도성 축조 방식에 기초하여 궁성, 황성, 외성으로 이루어진 3중 구조로 구축되었다.

원대의 대도성이 정치적 중심지로서 수도의 위상을 갖는 데 결정적 기여를 했으나, 오늘날의 베이징성을 중심으로 도시가 구획되기 시작한 것은 명대明代부터다. 1368년에 명을 세운 주원장朱元璋(1328~1398)은 강남을 배경으로 개국에 성공했고, 난징南京에 수도를 정했다. 주원장은 개국공신인 서달徐達(1332~1385)로 하여금 대도성을 함락케 하고 대도성을 베이핑北平으로 개칭했다. 함락 과정에서 궁성이 파괴되고 인구가 감소함에 따라, 도성 규모도 크게 축소되었다. 주원장은 몽고의 남하를 막기 위해 넷째 아들인 주체朱棣(1360~1424)에게 베이핑을 분봉하고 연왕燕王이라 칭했다. 홍무洪武 13년(1398)에 주원장이 사망함에 따라 손자인 주윤문朱允炆이 황위를 계승했는데, 그가 명 혜제惠帝 건문제建文帝다. 건문제는 각지의 실력 있는 군왕들을 견제하는 과정에서 군왕의 지위를 박탈하는 삭번정책削藩政策을 실시했다. 이에 황제의 삼촌이기도 한 주체는 위협을 느껴 1399년에 간신을 처벌한다는 명목으로 이른바 정난지역靖難之役을 일으켜 난징의 건문제에 대해 선제공격을 감행하고 제위를 찬탈했는데, 그가 명 성조成祖 영락제永樂帝다. 영락제는 몽고의 남하를 막고 중앙집권을 강화하기 위해 베이징성의 재건에 진력했다. 영락제는 베이징성의 중심축과 남북 성벽을 기존 원대의 대도성보다 남쪽으로 이동했으며, 영락 18년(1420)에 황궁인 자금성紫禁城을 완성했다. 자금성의 자紫는 하늘의 별자리 중 한 중심인 자미성원紫微星垣에서 따온 말로, 황제가 머무는 장소임을 상징하는 용어고, 금禁은 일반인들은 출입할 수 없는 특별한 장소임을 나타내는 말이다. 자금성은 영어로 Forbidden City로 번역되고 있는데, 황제의 허락 없이는 들어갈 수 없는 금지된 지역임을 나타낸 것이다. 자금성의 북쪽에는 전 왕조의 기운을 억누르기 위해 인공산인 만세산(현재의 경산景山)을 축조했다.

베이징성은 황제의 거주지인 자금성을 포함하여 주요 행정기관과 고위 관료들이 머무는 황성, 왕족과 귀족의 거주지인 내성, 일반 서민들의 거주지인 외성으로 구분된다. 자금성은 동서로 760미터, 남북으로 960미터, 넓이 72만 제곱미터로 경복궁(34만 제곱미터)의 두 배 이상에 달한다. 명대에는 황성인 자금성의 남천으로 성벽 주위에 하천의 개착이 가능해졌으며, 이로 인해 성의 방어 기능이 강화되었다. 이 하천은 여름에는 배수 기능을 하고, 화재 시에는 용수 기능을 담당했다.

자금성에 들어서기 위해서는 남쪽의 정양문正陽門, 대명문大明門, 승천문承天門, 단문端門, 오문午門, 황극문皇極門 등 성문 여섯 곳을 거쳐야 한다.

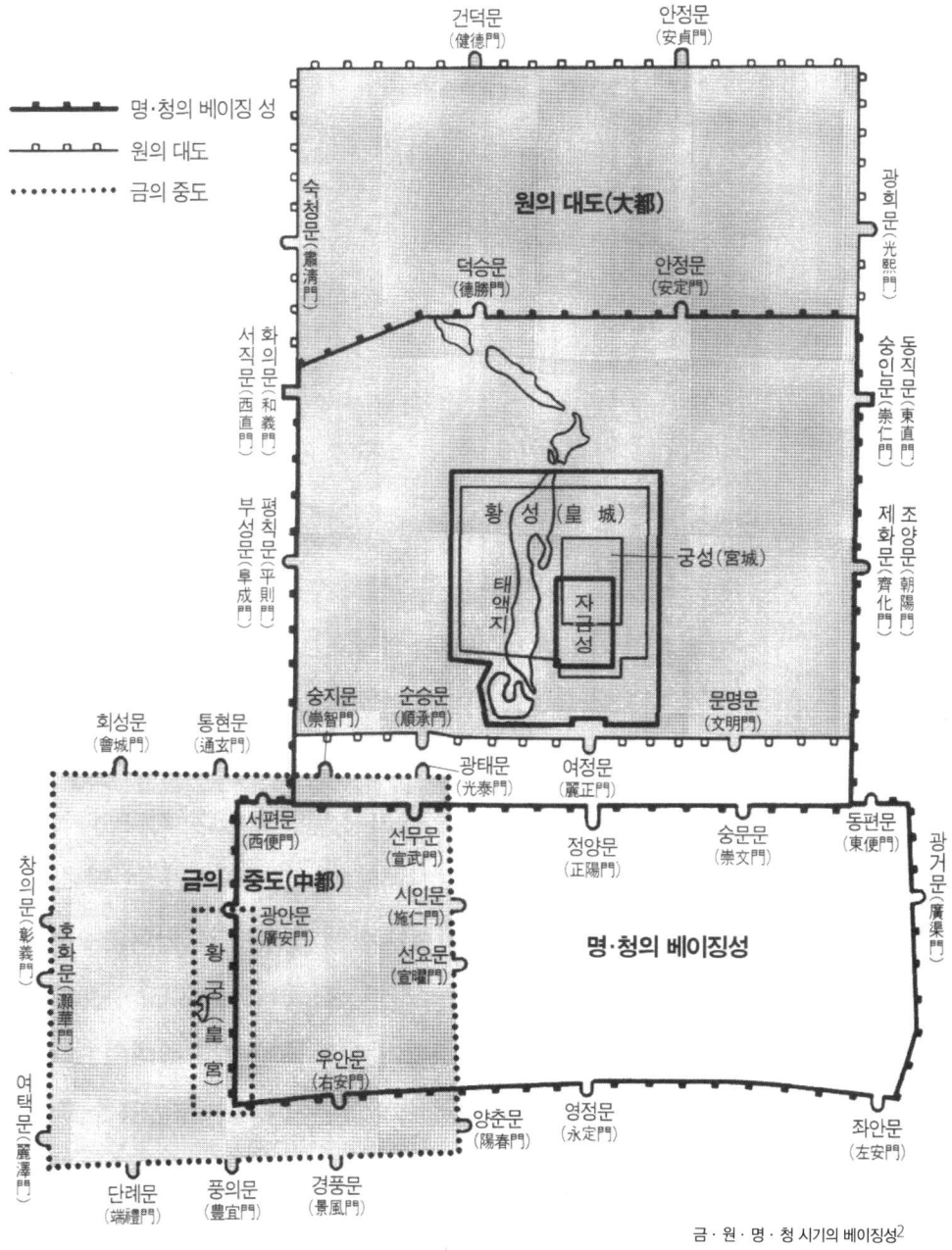

금·원·명·청 시기의 베이징성

승천문과 황극문은 청대에 천안문天安門과 태화문太和門으로 각각 개칭되었다. 오문부터 실질적인 자금성의 시작이라 할 수 있는데, 태화문에 들어서면 일직선으로 전삼전前三殿과 후삼전後三殿이 자리 잡고 있다. 전삼전은 태화전太和殿, 중화전中和殿, 보화전保和殿을 가리키는데, 특히 태화전은 즉위식이나 출정식 등 국가적인 의식이나 행사를 치렀던 곳이다. 후삼전은 건청궁乾淸宮, 교태전交泰殿, 곤녕궁坤寧宮 등을 가리키는데, 황제는 이곳에서 정무를 보거나 황후나 궁녀들과 일상생활을 했다. 후삼전의 뒤쪽은 정원인 어화원御花園으로 통하고, 더 북쪽에는 자금성의 북문인 현무문玄武門이 있으며, 그 북쪽에 만세산萬歲山이 있었다.

청대 자금성 주위는 청군의 정예군인 팔기군八旗軍의 영지였다. 팔기군이 군사적으로 황제를 보호하면서 만주 귀족과 한인漢人 관료들이 집거하는 형태로 내성을 형성했다. 베이징 인구의 대다수를 점하는 한인들은 내성 남측과 외성과 성벽 주위(관상關廂)에 거주했다. 내성과 외성의 경계이자 자금성으로 향하는 최남단 성문인 전문前門을 중심으로 상업구가 형성되었다.

청대에는 명대의 베이징성을 그대로 이어받았는데, 청대 전성기인 강희제康熙帝, 옹정제雍正帝와 건륭제乾隆帝 시기에 베이징성 서북쪽에 원명원圓明園, 창춘원暢春園, 이화원頤和園 등 대규모 정원을 조성했으며, 황제들은 많은 시간을 이곳 정원에서 보냈다. 황족과 귀족들도 조정에 등청하기 위해 자신들의 저택을 서북부에 건축했다. 베이징성의 서북 지역은 맑은 수원과 연료가 풍부해 황족과 귀족들이 여름과 겨울을 보내기에 유리했다. 반면 베이징성의 동북 지역은 운하가 발달해, 각 지역에서 오는 산물의 집산지로서 기능했다. 이 지역을 중심으로 창고업과 상업 등이 발달했다. 이 때문에 서부 지역에는 귀족들이 많이 살고, 동부 지역에는 부자들이 많이 살며, 북쪽에는 빈민이 많이 살고, 남쪽에는 천민이 많이 산다는 말이 유행할 정도였다. 그런데 청대까지 베이징성 내의 자금성, 내성, 황가원림皇家園林, 왕부王府[3] 등은 각기 고립된 공간이었으며, 베이징의 주민들 역시 이 지역에 함부로 접근할 수 없었다.

| 도시 관리와 도시환경의 변화 |

19세기까지만 해도 수도 베이징을 전문적으로 관리하는 시정 기구는 존재하지 않았다. 다만 베이징은 순천부順天府가 관리하는 완평宛平, 대흥大興 두 현에 소속되어 형식상 두 현에서 세수와 시정을 관리했다. 그 밖에 청대의 보군통령아문步軍統領衙門, 형부刑部, 공부工部 등이 인구 관리, 치안 유지, 도로 건설, 구제 사무, 소송 등 각종 도시 사무에 협조했다.[4]

    1900년에 발생한 의화단사건 이후 베이징의 도시 관리에 새로운 변화가 시작되었다. 의화단은 부청멸양扶淸滅洋을 구호로 서양인과 기독교인을 배척하는 배외운동을 전개했다. 영국, 프랑스, 미국, 러시아, 독일, 이탈리아, 오스트리아-헝가리, 일본 등 8개국 연합군은 자국민과 자국 공사관 보호를 빌미로 베이징에 군대를 파견했다. 청조는 서구 열강에 선전포고를 하며 초기에 의화단을 지원했으나, 결국 8개국 연합군에 함락당하고 이들을 피해 시안西安으로 도피하기에 이르렀다.

    전쟁과 약탈, 청조의 피난 등으로 베이징은 치안 공백 상태에 빠지게 되었다. 이에 서양 각국은 각 주둔 지역에서 군대를 이용해 치안을 확보하고, 일본군은 1900년 8월에 베이징 지역의 신사와 상인층과 협력해 안민공소安民公所를 설립했다. 안민공소는 재산 보호, 빈곤 구제, 공공시설의 재건 등을 목표로 했는데, 청조의 비준 없이 1년 이상 지속되었다.

1901년 9월 베이징의정서를 체결하면서 의화단사건이 일단락되자, 청조는 안민공소를 해산하고 이를 대신해 베이징선후협순총국北京善後協巡總局을 설립했다. 기존 안민공소에 참여했던 신사와 상인들은 계속 이곳에서 영향력을 행사했는데, 이 기구는 중국 최초로 수도의 도시 관리를 책임진 정부 기구라는 평가를 받고 있다. 더불어 청조는 신정新政을 실시하여 서양 각국을 모델로 민정부民政部를 설치하고, 일본에 학생을 파견해 근대적 치안 행정을 공부하게 했다. 이들 중 일부가 귀국하여 1902년과 1905년에 각각 내성공순국內城工巡局과 외성공순국外城工巡局을 설립했는데, 곧 내외성순경총국內外城巡警總局으로 합병되었다. 내외성순경총국은 인구조사, 공공설비 공사, 소방, 빈곤 구제, 공중위생, 사회 치안 등 도시 관리를 위한 거의 모든 부분을 담당했고, 이로부터 베이징의 경찰은 도시 관리의 많은 부분을 책임지게 되었다.

1911년 신해혁명辛亥革命 이후 민정부는 내무부內務部로 대체되었는데, 그 직능은 거의 변화가 없었다. 1913년 2월 내외성순경총국을 계승한 경사경찰청京師警察廳은 내무부에 직속되었으나 중앙 기구라기보다는 수도 지역 업무를 관할하는 지방 관리 기구였다. 경사경찰청은 내외성 구 열 곳을 각각 관할하면서 5처 14과를 두었고, 그 밖에 스무 곳의 경찰구서, 경찰보안대, 소방대 등을 두었다.

인구 증가와 상업화의 진전에 따라 경찰 역량만으로 베이징을 관리하는 데 한계가 있었다. 이에 1914년 내무총장內務總長 주계령朱啓鈐(1872~1964)은 위안스카이袁世凱(1859~1916)에게 베이징의 도시 관리를 위한 별도 조직의 필요성을 제안했고, 곧바로 경도시정공소京都市政公所가 설립되었다. 경도시정공소의 관할 구역은 처음에는 일부 지역에 한정되었으나 곧 내외성으로 확대되었고, 1925년에는 교구 지역으로 확대되었다. 아울러 경도시정공소 안에 징세를 담당하는 시정연국市政捐局을 설치하고, 경찰의 징세 업무를 통합시켰다. 이처럼 1914년부터 1928년까지 베이징성은 경도시정공소와 경사경찰청 등 두 기구에 의해 관리되었다. 두 기구 모두 내무부에 직할된 기구였으며, 서로 독립적인 관계였다. 1928년 장제스蔣介石(1887~1975)가 난징에 국민정부를 수립하면서, 베이징은 베이핑으로 개칭되었다. 베이핑특별시정부(1928~1937) 성립 이후로는 시 정부 산하에 재정국, 공안국, 위생국, 공무국, 사회국 등 다섯 부서와 자치사무감리처 등 직속 기관 열네 곳을 설치해 도시 관리를 체계화했으며, 이후 시정부에 의한 도시 관리가 본격화되었다.

베이징은 전형적인 온난대 반습윤 대륙성 계절풍 기후 지역으로 사계절이 분명한 가운데 봄과 가을이 짧고 여름과 겨울이 길다. 베이징의 지형은 산지와 평원이 각각 62퍼센트와 38퍼센트를 점하고 있다. 평원지구는 삼면이 산으로 둘러싸여 있으며, 산등성이가 해발 1000미터가량의 활모양으로 천연 병풍을 형성해 산의 앞뒤 지역 기후의 천연 분계선을 이루고 있다. 이러한 지형상의 영향으로 베이징의 기후는 지역 차이가 매우 뚜렷하며, 산 아래쪽의 강수량은 연평균 650~750밀리미터인데 비해, 산 위쪽과 평원 남부 지역은 연 강수량이 400~500밀리미터에 불과하다. 특히 한 해 강수량의 74퍼센트가 여름철에 집중된다. 이런 이유로 1년 내내 물 부족이 심각한 수준이다. 중국 정부가 2002년 이른바 남수북조공정南水北調工程을 시작해 남부의 풍부한 수원을 북부로 끌어들이기 위해 양자강 3개 지점에 운하를 뚫어 황하까지 끌어올리는 대규모 사업에 착수한 것도 베이징을 비롯한 화북 지역의 고질적인 물 부족 현상을 극복하기 위함이다.

베이징의 서북부 일대는 석탄이 풍부하게 매장되어 있어서 원대 이래로 취사와 난방용 생활 연료와 공업용 연료의 공급이 원활했다. 그러나 가정용, 공업용 알탄은 순수 석탄에 황토를 섞어 만든 것으로 연소시 재와 찌꺼기가 많이 남기 때문에, 과다한 쓰레기 배출과 처리가 심각한 도시문제 중 하나였다.[5]

명대 베이징의 인구는 1440년 96만 명에서 1629년 70만 명 정도로 추산되며, 청대도 이와 비슷한 수준이다. 1912년 내외성을 합하여 72만 명 정도였으며, 1920년대까지도 100만 명을 넘지 않았다. 1928년에 베이핑시 정부 성립 이후 내외성을 둘러싼 교구郊區가 시 범위에 포함되면서 인구는 130만 명을 넘었다. 1930년대 초 베이핑 인구는 150만 명을 넘었고, 1949년 중화인민공화국 성립 직전 베이징 인구는 200만 명을 넘었다. 이처럼 베이징 인구는 명 중·후기 이래로 민국 초기까지 대체로 완만한 증가 추세였다. 인구 증가에 따른 베이징의 도시문제는 20세기 이후에 새롭게 등장했다기보다 명대 중·후기 이래로 만성적인 문제였다.

인구 100만 명 내외의 대도시에서 상수 공급과 하수와 분변 처리는 도시환경과 도시위생을 위한 핵심적인 도시 인프라였다. 베이징 시민들은 일상생활 가운데 시민들을 괴롭히는 특정 집단을 삼벌三閥이라고 불렀는데, 분벌糞閥, 수벌水閥, 상벌喪閥이 해당한다. 똥장수, 물장수, 장례업자 등을 경멸하는 표현이었다. 이들은 모두 도시환경과 밀접한 관련을 가지고 있었다. 베이징성은 상하수도와 같은 도시 인프라가 구축되지 않았기 때문에, 전통적으로 식수는 물장수로부터 공급받았고, 분뇨 처리는 똥장수에게 의존했으며, 사망자가 생기면 장례업자의 사망 확인 절차를 거쳐야 제사나 매장이 가능했다. 베이징 시민들에게 장례업자는 일생에서 몇 차례 만나게 되지만, 물장수와 똥장수는 매일 일상에서 부딪쳐야 하는 존재였다. 이들은 각자의 영업 구역을 가지고 있었고, 영업 구역을 사유화한 상인과 실제 업무를 담당하는 노동자로 분화되어 있었다. 대개 물 상인이나 똥 상인과 같은 상인들이 물장수나 똥장수에게 영업 구역을 임대해 주고, 그 취급 분량에 따라 임금을 지불하는 형식이었다. 그런데 상인들이 노동자들에게 지불하는 대가란 대체로 최저 생계 수준을 밑돌아서 물장수와 똥장수들은 자신들의 독점적인 영업권을 이용해 시민들을 상대로 웃돈을 뜯어내기 일쑤였다.[7]

　이와 같은 상습적인 갈취를 막기 위해서는 상하수도 설비와 같은 도시 인프라를 구축하고, 위생 개혁을 통해 사유화된 영역을 공공 영역으로 환수하는 조치가 필요했다. 그러나 도시 인프라 구축에는 많은 시간과 경비가 필요했고, 위생 개혁 역시 환경위생 종사자들의 폭동과 저항에 가로막혔다. 실제로 1908년에 베이징시 상수도공사가 설립된 이래, 1930년까지 시민의 5퍼센트만이 수돗물을 공급받았으며, 1940년대까지 시민의 10퍼센트 내외만이 수돗물을 사용할 수 있었다. 상수도 설치 과정에서 물장수들이 상수 설비를 파괴하는 등 적지 않은 소요가 발생했다. 분뇨 처리업의 개혁을 위해서는 사유화된 영업 구역을 시 정부가 환수하고, 똥장수를 시 정부 공무원으로 고용하는 방안 등이 모색되었다. 수차례에 걸친 분뇨 처리업 개혁은 번번이 좌절되었으나 결국 공권력을 동원해 일부 개혁이 강행되기도 했다. 도시환경 개선을 위한 도시 인프라 구축과 위생 개혁은 획기적인 성공에 이르지 못했으나 20세기 전반을 걸쳐 시정 개혁의 주요 과제로 꾸준히 실천되었다.

20세기 전후 베이징의 도시환경을 가장 크게 변화시킨 것은 교통 발전이었다. 1865년에 베이징에 영국 상인 듀란트가 중국 최초로 철도를 놓았는데, 기괴한 기계에 놀란 청조는 이를 강제로 철거했다. 그러다가 20세기 이후 본격적으로 철도가 건설되었는데, 1905년에 완공된 경한철로京漢鐵路(北京-漢口)를 시작으로 경장철로京張鐵路(北京-張家口), 경봉철로京奉鐵路(北京-奉天) 등이 개통되었다. 철도역은 서직문西直門과 전문前門에 집중되고 각 철로는 베이징성 서남부 외곽의 풍태역豐台驛에서 만났다. 철도역이 서남부에 집중된 데 따른 문제점을 해결하고자 내외성을 순환하는 환형철로를 1915년에 완성했다. 이로써 시민들은 덕승문德勝門, 안정문安定門, 동직문東直門, 조양문朝陽門, 동편문東便門, 전문 등 내외성의 주요 역 여섯 곳을 이용할 수 있게 되었다.

철도 이외에도 인력거, 공공 마차, 택시, 버스, 전차 등이 가마나 수레와 같은 기존의 인력이나 축력에 의한 교통수단을 대체해 나갔다. 1930년대에 베이징의 가마는 400대를 넘지 않았고, 공공 마차는 9400대 이상이었다. 자동차는 2200대 이상이었는데, 1700대는 개인용이었고 500대 정도가 상업용 차량이었다. 사실상 시민의 발은 10만여 대에 달하는 자전거와 4만 5000여 대에 달하는 인력거였다.[8]

철도 교통을 비롯한 새로운 교통수단의 발달이 베이징 사회에 주는 의미는 단순히 시민들에게 편리를 제공한 것 이상이었다. 성 내외를 둘러싼 교통 발달은 공간 이동을 단축시켰고, 규칙적인 배차 시간은 시민의 일상을 규율화하는 데 기여했다. 교통이 상업 발전을 촉진하자 성 내외와 교구의 생활 격차는 더 가속화되었다. 또한 철도는 전염병 전파에도 유리한 환경을 조성하여 도시환경 변화의 주역이자 도시환경을 위협하는 잠재 요인이 되었다.

20세기 베이징의 공간 지형을 변화시키고 도시민의 일상 패턴을 바꾼 대표적인 것이 공원公園이다. 공원은 말 그대로 공공의 정원을 말한다. 전통적인 화원花園이나 원림園林은 개인 소유의 정원이나 휴양지를 의미한다. 중국의 화원과 원림은 한대漢代에 등장하기 시작했고, 송대宋代에 점차 보편화되었으며, 명청대明淸代에 크게 유행했다. 청 말까지 베이징성은 황제의 공간, 귀족의 공간, 일반 주민의 공간 등으로 구분되어 있었고, 각각의 공간은 고립되어 있었을 뿐만 아니라 신분의 고하에 따라 크기와 배치도 위계성을 가지고 있었다. 청 말로 갈수록 이러한 공간적 고립성으로부터 탈피하는 경향이 없지는 않았지만, 기본적으로 내성에는 만주족이 살고 외성에는 한족이 산다는 공식은 크게 변하지 않았다. 신해혁명 발발로 1912년에 청의 마지막 황제인 선통제宣統帝가 자리에서 물러나고, 위안스카이가 임시대총통에 취임했는데, 선통제는 계속해서 자금성에 머물렀다. 1924년에 직예파直隸派와 봉천파奉天派 사이에서 군벌 전쟁이 벌어지는 가운데, 펑

위샹馮玉祥(1882~1948)의 군대가 자금성을 점령하고 선통제를 쫓아내면서 자금성과 황성은 일반에게 공개되기 시작했다.[9]

19세기까지 황실과 귀족들만이 전유한 공간(황가원림)으로는 자금성과 황성의 정원과 호수, 베이징성 서북 지역의 원명원과 이화원, 황성의 사직단과 태묘太廟, 외성의 천단天壇과 선농단先農壇, 베이징성 밖의 지단地壇, 일단日壇, 월단月壇 등이 있다. 이 밖에 도연정陶然亭, 십찰해什刹海, 서산西山 등 일반인들의 교류나 오락을 위한 공간이 없지 않았으나 도심에서 너무 멀거나 장소가 협소해 시민들에게 충분한 휴식 공간이 되지는 못했다.

베이징의 공원은 20세기 초에 청조의 신정개혁 시기에 등장했다. 베이징 서북쪽 서직문 밖에 외국 사신이나 정부 관료가 황실에 보내온 외국의 동물들을 따로 관리하는 장소가 있었다. 1908년에 서태후西太后(1835~1908)가 이 곳을 만생원萬牲園이라고 명명하고 일반에 공개했는데, 중국 최초의 동물원이자 공원이라고 할 수 있다.

1914년에 베이징성의 도시 관리를 위해 성립된 경도시정공소가 가장 역점을 둔 사업은 공원 건설이었다. 경도시정공소는 시민들의 휴식과 건강을 위한 공원의 필요성을 강조하고, 건전한 놀이 문화 육성과 범죄 예방을 위해서도 공원이 반드시 필요하다고 보았다. 그중에서도 공원 부지로 경도시정공소가 가장 먼저 주목한 곳은 사직단이었다. 베이징 중심에 위치한데다가 환수된 황실 자산을 이용해 공원으로 개조하는 데도 경제적으로 유리했기 때문이다. 베이징 최초의 근대식 공원인 중앙공원은 1915년에 이렇게 탄생했는데, 대규모 수목림과 더불어 찻집, 운동장, 당구장 등이 설치되었다. 이 밖에 외성의 선농단 공원이 1915년 일반에 개방되었고, 자금성, 황성, 북해공원北海公園 등이 1925년 개방되었으며, 이화원은 1920년대 말에 개방되었다.

20세기 초 베이징에서 공원의 등장은 단순히 시민에게 휴식 공간을 제공한 것 이상으로 도시민의 일상과 행동반경을 바꾸어 놓았으며, 공원이 정치 선전과 집회, 대중 교육 장소로 활용되면서 시민들이 열린 공간에 참여할 가능성을 열어 놓았다.

베이징성 최초의 전등 조명은 1888년에 북양대신北洋大臣 이홍장李鴻章 (1823~1901)이 서태후를 위해 자금성 서측의 서원西苑(현 중남해) 서태후의 침실에 설치했다. 조명등에 반한 서태후는 이화원에 전기 설비를 갖추도록 지시했고 1890년에 공부工部가 독일식 발전기를 구입해 설치했다. 서원과 이화원의 전등 시설은 1900년 의화단사건이 발생한 후 8개국 연합군에 진압당하는 과정에서 파괴되었다. 1904년 청 말의 대표적 관료자본가인 성선회盛宣懷(1844~1916)에 의해 서원과 이화원의 전등 시설이 복구되었고, 1907년부터는 자금성에도 전기가 공급되기 시작했다.[10] 베이징의 전등 시설은 통치자의 환영과 관심을 받았음에도 불구하고, 일반 주민과 공공을 위한 것이 아니라 통치자 개인의 기호를 만족시키는 데 한정되어 있었다.

상업 지역인 전문 동측 동교민항東交民港에는 각국 공사관이 밀집한 외교가가 형성되어 있었는데, 각 공사관이나 은행 등에 전력을 공급하기 위해 1899년 독일의 지멘스 전기Siemens Electronics가 발전소를 건립했고, 의화단사건으로 전소된 이후 1901년에 다시 재건되었다. 지멘스 전기는 외교가에 대한 독점적 전력 공급뿐만 아니라 베이징성 내의 전력 공급 독점권을 얻고자 했다. 그러나 제1차 세계대전에서 독일이 패배하면서 지멘스 전기는 도산하고 1918년 영국인이 그 설비를 인수하여 베이징전등회사北京電燈股份有限公司를 설립했다. 이처럼 초기의 전등 조명 설비는 황실과 외교가 그리고 외국인 거주 지역에 제한되어 있었다.

1905년에 베이징상인전등회사京師華商電燈有限公司 설립은 베이징시 전력 공급에서 중요한 전환기였다. 전력 공급이 일반 상업지역과 시민사회로 확대되어 나갔기 때문이다. 특히 전력 회사의 투자와 전력 공급이 중국인의 자본과 기술에 의해 제공되었는데, 주요 투자자는 부유한 상인 이외에 정부 관료들이었다. 그 덕에 베이징상인전등은 전력 공급을 베이징 전체로 확대해 나가려는 서양인들의 계획을 중단시키고, 중국 정부로부터 안정적 지원과 독점을 보장받을 수 있었다. 이 회사는 1930년대 노동자 수가 477명에 이르렀고, 평균 노동시간은 9시간에서 11시간, 월급은 15원에서 100원으로 일반 노동자에 비해 좋았다.

베이징의 가정용 전등을 사용하는 가구는 1929년에서 1945년 사이에 4배 이상 증가했는데, 이는 시 전체 인구의 3분의 1 수준이었다. 20세기 전반에 걸쳐 시내의 전기와 전등 사용 인구는 30퍼센트 이내였다. 또한 베이징에는 대규모 공업단지가 조성되지 않아 많은 전력을 필요로 하지 않았다. 전등 조명 이외에 산업용 전기의 수요가 많지 않아 산업용 전기의 발전 역시 더딘 상황이었다.

천안문과 광장의 정치

신해혁명이 가져다 준 도시 공간의 변화 중 천안문 광장이 근대 정치의 중심 무대로 등장했다는 점은 주목할 만하다. 원래 천안문 광장은 원대 이래 T자형으로 조성된 궁정 광장으로 청대까지 일반인이 출입할 수 없는 폐쇄된 공간이었다. 황성의 대문이자 자금성의 정문으로 명대에는 승천문이라고 불리다가 청대 순치 8년(1651)에 "하늘의 명을 받아 나라와 백성을 평안히 다스린다.受命於天 安邦治民"는 뜻에서 천안문이라고 칭해졌다. 청 말에 이르러 정월 초 등절 행사에 관청이 참여하면서, 관의 허용 아래 민간인들이 등을 들고 거리를 활보하는 등 제한적으로 일반에 개방되기 시작했다.[11]

1913년 중국 최초의 공화제 정부 성립을 축하하기 위한 집회 행사가 천안문에서 열렸다. 대총통은 태화전에서 수임 절차를 마친 뒤 천안문에 올라 열병을 했다. 1914년 기념식에는 학생들도 대거 참여했으나, 1915년 이후 황제권을 복위시키려는 제제운동帝制運動이 일어나고 정치적으로 혼란스러워지면서 천안문 기념식은 중단되었다.

1918년 제1차 세계대전의 전승을 기념하기 위한 행사를 개최하면서부터 천안문에서 집회 행사가 다시 크게 열리기 시작했다. 베이징시 정부가 나서서 제등회를 열고 대총통이 사열하는 열병식을 개최했다. 중요 행사와 열병식이 태화전과 천안문에서 개최되었고, 학생들은 천안문과 중산공원 등지에서 강연 대회를 개최했다.

그러나 그토록 축하해 마지않던 전승국의 전후 처리는 중국인의 기대와는 달랐다. 파리강화회담의 결과인 베르사유조약은 독일의 조차지이던 산동山東의 이권을 일본에게 넘기려 했다. 이에 분노한 지식인과 학생들이 항의를 위해 천안문 앞에 모였다. 집회 내용은 산동 권리의 회수와 매국 관료 세 명(조여림曹汝林·장종상章宗祥·육종여陸宗興) 처벌이 초점이었다. 시위대는 천안문을 출발해 남쪽으로 중화문中華門과 정양문을 거쳐 주시구珠市口까지 진출하고, 매국 관료인 조여림의 집에 난입하여 방화하고, 또 다른 매국 관료인 장종상을 찾아내 구타했다. 시위대는 체포되었지만 곧 보석으로 풀려났고, 이 사건은 전국적인 반향을 일으켰다. 1919년 5·4운동은 이렇게 시작되었는데, 결국 매국 관료들은 파면되고, 베르사유조약 조인 거부라는 성과를 얻어 냈다.

이로써 각계 민중이 천안문 광장에 모여 집회와 시위를 통해 민족주의적 역량을 결집시키고 정부의 정책 결정에 참여하는 새로운 정치 참여 방식이 등장했다. 말하자면 '광장의 정치'가 탄생한 것인데, 처음에는 대학생들이 주도했지만 점차 국민대회라는 형식으로 각계 민중을 결합시키는 방향으로 나아갔다. 신해혁명 이후 천안문 광장 왼쪽 서장안가西長安街에는 총통부가 들어섰고, 총통부의 정문인 신화문新華門이 광장 바로 옆이어서 시위 군중이 정부에 청원하기 위한 자연스러운 장소가 되었다. 정부에 청원하기 위해 천안문 광장에 모여서 집회를 개최하는 이러한 패턴은 20세기 베이징의 정치 무대에서 빈번하게 등장했다.

그러나 광장의 정치가 항시 정당성을 인정받아 활력을 가진 것은 아니었다. 정부는 대외적인 사안의 경우 천안문 집회에 방관자적인 입장을 취하기도 했지만, 집회 참가자들이 정권의 정통성을 문제로 삼는 경우는 그냥 두고만 볼 수 없었다. 또한 집회는 단순 청원에서 시위로 발전하고, 더

1989년 6·4 천안문사건

나아가 폭동으로 발전하기도 했다. 이에 따라 정부도 점차 무력을 동원한 강경 진압으로 바꿔 나갔고, 결국 천안문 집회는 위축될 수밖에 없었다.

집회가 소강상태에 접어들던 1928년 7월, 천안문 광장에는 6만 명 이상의 군중이 모인 대규모 집회가 열렸다. 장제스의 국민혁명군이 북벌에 성공해 베이징에 입성하는 것을 환영하는 승전 축하 대회였다. 천안문 광장이 정부의 정당성을 비판하던 집회의 장소가 아니라 새로운 정치권력을 경축하는 장소로 사용된 것이다.

장제스의 난징 국민정부가 수도를 난징에 수립하면서 천안문 광장이 중앙 권력에 대한 비판의 장소가 될 수는 없었다. 그럼에도 불구하고 천안문 광장은 계속해서 정치적 쟁점을 이슈화하는 대중 정치의 발화 지점이었다. 중국 근현대사에서 중요한 사건인 1935년 1·29운동을 비롯한 대일 항전을 촉구하는 집회가 천안문 광장에서 개최되었고, 이는 장제스 정부에겐 정치적 부담으로 작용했다. 1949년 10월 1일 천안문 광장에서 마오쩌둥毛澤東(1893~1976)을 비롯한 혁명 지도자들이 중화인민공화국 성립을 반포하면서 신중국이 시작되었다. 20세기 초까지만 해도 천안문 광장이 대중의 정치 참여와 근대적 정치 환경을 변화시키리라고는 아무도 상상하지 못했다.

신중국 성립 이후 천안문 광장은 중앙 권력에 대한 비판의 장이 아니라 권력과 인민이 일체화되는 공간으로 변했다. 특히 문화대혁명 시기에 마오쩌둥의 권위는 천안문과 일체화되어 신과 같은 존재로 승격된다. 마오쩌둥 사망 이후 천안문은 또 다시 광장의 봄을 맞이했다. 여기저기서 민주화에 대한 요구가 흘러나오기 시작했고, 마침내 1989년 6·4 천안문사건으로 폭발했다.

현재 천안문 광장은 전 세계적인 관광지이자 중화인민공화국 탄생을 기념하는 열병식과 축제의 장소로 활용되고 있다. 그러나 그 축제의 광장이 누구에게나 열려 있는 것은 아니다. 초대받지 않은 불청객을 걸러 내기 위해 중국 정부는 여전히 군대와 비밀경찰을 동원하고 있고, 5·4운동 이래 광장의 정치를 회복하기 위한 학생과 시민들의 열망과 도전은 계속되고 있다.

| 사합원과 천교의 도시 문화 |

천안문이 새롭게 등장한 광장의 정치를 대표한다면, 사합원과 천교는 전통

적인 베이징 시민들의 일상 공간과 도시 문화를 상징적으로 보여준다. 사합원四合院과 호동胡同은 베이징 시민들의 전통 주거 공간을 대표한다. 사합원이란 사각형의 평면 구조로 건물을 연결하여 외부로부터 폐쇄적이고 내부적으로 개방적인 독특한 가옥 형태며, 호동이란 이러한 주택가를 격자 모양으로 구획하는 가로망의 골목길을 말한다. 사합원과 호동은 과거 중상류층의 주거 형태를 대표했으나 현재는 일반 서민들의 주거 공간으로 베이징 시내 곳곳에 남아 있다.

사합원은 건물 네 동을 연결해 외부로부터 먼지나 비바람을 막기에 유리한 환경을 조성하고, 내부로는 개방성이 강해 가족 구성원의 거처를 안배하는 데 편리한 구조로 되어 있다. 중형 규모인 사합원의 경우, 들어가는 대문은 대부분 남동쪽 모서리에 위치하는데, 대문에 들어서도 담벼락이 가로막아 내부의 생활공간을 들여다 볼 수 없다. 대문에 연결된 남쪽 건물을 도좌방倒座房이라고 하는데, 객방, 남자 하인방, 작업실, 화장실 등으로 사용된다. 담벼락을 따라 서쪽으로 돌아가면 전원前院이 나오는데, 전원의 수화문垂花門(혹은 二門)은 외부와 내부를 구분하는 문이다. 수화문을 들어서면 바로 내원內院이 있는데, 내원은 정방형이거나 남북이 약간 더 긴 장방형이다. 내원은 열십자 통로로 연결되는데, 정면에 안채인 정방正房이 있고, 좌우 양측에 상방廂房이 있으며, 정방, 상방, 수화문은 회랑으로 연결된다. 정방은 대개 세 칸 규모로 사합원의 중심 공간이다. 중앙에는 조상의 위패를 모시고, 좌우에 한 가정의 최연장자가 거주하는 침실이 있다. 그 양 옆으로 주방, 잡실, 화장실이 설치되어 있다. 내원의 양측 상방에는 자녀들이 거주하며, 창문은 오직 내원을 향한다. 정방의 뒷면에는 후원이 있는데, 후원에

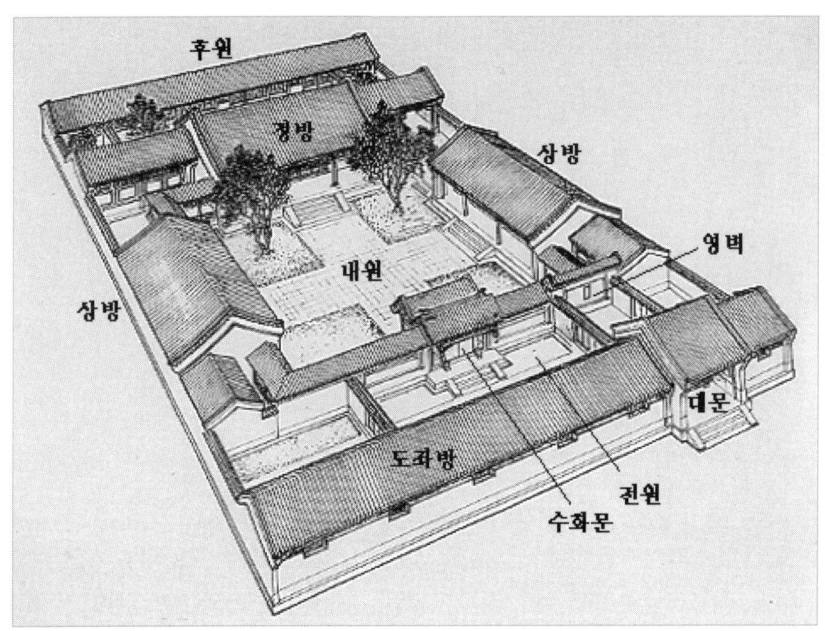

중형 사합원의 구성과 명칭[12]

는 미혼의 딸과 여자 하인들이 기거한다.[13]

    이러한 구조는 외부로부터 폐쇄적인 환경을 조성해 가부장의 통치 지위, 남존여비, 주종 관계를 확고히 하고 위계질서를 공고히 하는 데 기여했다. 장이머우張藝謀 감독의 1991년 영화 〈홍등〉은 가부장적 사회질서와 폐쇄적인 권력 구조를 상징하는 사합원을 배경으로 가장의 총애를 받기 위한 첩들의 암투와 욕망, 인간성 상실 과정을 예리하게 파헤친다.[14] 영화상의 사합원은 확장된 규모의 대저택인데, 일반적인 사합원은 중형 사합원을 기본으로 다양한 유형으로 개조되었으며, 중하류층으로 갈수록 건물 구조가 단순화되는 특징을 보인다.

　신중국 이후 사합원은 혈연적으로 아무 관계없는 여러 가구가 공동으로 거주하는 공동주택으로 변모하게 되는데, 규모가 작은 사합원에는 서넛 가구가, 규모가 큰 사합원에는 스무 가구 이상이 공동으로 거주했다.

　베이징의 사합원이 폐쇄적이며 권위적이고 상층 문화를 보여준다면, 천교天橋 광장은 개방적이고 자유로운 민중 문화를 대표한다. 천교는 북경 외성구의 천단 북면에 위치하고 있다. 천교의 민중 문화는 통속적이면서도 우아함을 함께 지닌 베이징의 도시 문화를 간직하고 있다고 여겨진다. 본래 천교는 하늘의 아들인 황제가 하늘에 제사 지내는 장소인 천단을 가기 위해서 반드시 거쳐야 하는 다리였다. 천교는 1920년대 이후 베이징에서 가장 번화한 상업지구가 되었는데, 시정부의 도시계획과는 무관하게 민중들의 필요에 따라 조성된 광장이었다. 천교에는 식품, 의류, 생활 가구 등 각종 중고 생필품뿐만 아니라 찻집, 주점, 점집 등 주민들의 일상생활과 관련해 없는 것이 없는 시장이 조성되었다. 1930년대 신문지상의 보고에 따르면 200여 점포, 430여 좌판, 115가지의 먹을거리 등이 즐비했다고 한다. 특히 천교는 단순한 시장으로서의 역할뿐만 아니라 잡기, 공연 등 상업과 오락의 중심지였다. 또한 천교 부근에 신묘神廟 10여 곳이 있어 각종 민간 제사와 민속 활동이 활발하게 전개되었다. 이에 따라 민간의 화가나 음악가 등도 이 지역에서 주로 활동했다. 이러한 천교의 민중 문화는 대체로 수공업적이고 소규모적인 전통문화를 지속하는 특성을 보여 준다. 다른 한편 7층의 천교 광장에 건립된 대규모 실내 공연장인 신세계극장新世界游藝場에서는 전통연극이나 문명희文明戲, 영화 상영 등이 빈번하게 이루어졌는데,

일본의 곡예단이나 러시아 장사들의 공연이 펼쳐질 정도로 외래문화에도 개방적이었다.[16]

　신중국 성립 이후 소강상태에 있던 천교 시장은 개혁 개방 이후 활기를 띠기 시작했고, 1990년대 이후로는 시 정부가 천교문화산업구로 지정하기도 했다. 현재는 짝퉁시장, 중고시장, 골동품시장 등이 조성되어 외국인들이 가장 많이 찾는 지역 중 하나가 되었다. 천교가 짝퉁으로 대변되는 부정적 이미지를 어떻게 극복할 것인지는 여전히 남은 과제다.

새로운 공간 정치와 도시 문화를 기대하며

베이징은 일찍부터 북방 민족의 침입을 막기 위한 군사적 요충지로서 주목받아 왔고, 금원을 거치면서 정치적 중심지로 부상했다. 명대 이래로 베이징의 전략적 중요성을 무시하고, 난징에 수도를 세웠던 정치 세력은 모두 단명했다. 명의 두 번째 황제인 건문제(재위 1398~1402), 태평천국운동(1851~1864)을 주도했던 홍수전洪秀全(1814~1864), 난징국민정부(1928~1937)를 수립한 장제스 등이다. 몇몇 역사가들은 이들이 베이징에 진출하지 않고 난징에 안주했기 때문에 천하를 얻는 데 실패했다고 말하곤 하는데, 역사적 가정법의 쓸모없음에도 불구하고, 이러한 지적은 베이징의 정치적 중요성을 잘 표현하고 있다.

　베이징은 문화적으로 상하이와는 대조적이다. 상하이가 통속적, 대중적, 상업적, 식민지적 특징을 보이는 데 비해 베이징은 전통적, 관료적, 반

상업적, 반도시적 특징을 보인다. 실제로 베이징과 상하이의 도시 문화가 다르다는 점에 대해서는 1930년대 베이징을 대표하는 경파와 상하이를 대표하는 해파 사이에 이른바 경파·해파 논쟁이 촉발되기도 했다. 그러나 20세기 근대화의 파고 속에서 누가 더 전통적이고 더 상업적이었는지를 따지는 일은 도시의 정체성을 밝혀주는 데 피상적인 논의로 그칠 우려가 있다.

그보다는 새롭게 등장한 도시 공간의 의미와 전통적인 일상 공간이 재창안되는 방식을 따져 보는 게 도시 문화의 특성을 설명하는 데 도움이 될 것이다. 천안문과 같은 새로운 정치 공간의 탄생은 폐쇄된 공간에서 축제와 청원의 공간으로 탈바꿈함을 의미했고, 대중의 정치 참여와 정치권력의 정당성을 검증하는 베이징만의 정체성을 보여 주었다. 아울러 근대적 광장의 정치에 대한 대중의 경험은 새로운 공간 정치를 열망하는 중국인들에게 중요한 역사적 자산으로 활용될 것이다. 사합원은 베이징의 폐쇄적이고 권위적인 상층 문화를 대변하며, 천교는 개방적이고 자유로운 하층 문화를 대표한다. 지금은 이 두 가지가 베이징의 하층 문화와 상업성을 대표하는 것으로 변질된 면이 없지 않다. 사합원과 천교의 복원과 재창안 문제는 당국과 시민들이 함께 풀어 나가야 할 과제로 남아있다. 베이징의 정체성과 도시 문화는 전통적인 일상 공간과 새로운 정치 공간이 중층적으로 어우러지면서 창안되었고, 향후 도시 문화의 변용도 이러한 공간 구성이 어떻게 재편되는지에 달려있다 해도 과언이 아닐 것이다.

상하이,
현대 중국의
도시 실험

김승욱

Shanghai

구도시 전통 · 조계와 현대 도시 실험 · 알라 스앙해닌阿拉上海人 · 중국의 화살촉

| 구도시 전통 |

중국에서는 지명을 한두 글자로 간략히 줄여 부르는 경우가 많다. 상하이上海의 경우는 "호滬", "신申" 등의 간칭이 사용되는데, 예컨대 상하이의 자동차 번호는 "호" 자로 시작되며 《신보申報》, 《신강복무보도申江服務導報》 등 지역신문의 이름에서는 "신" 자를 써서 상하이에 속한다는 사실을 드러낸다. 이러한 간칭 속에는 흥미롭게도 이 지역의 역사를 엿볼 수 있는 단서들이 담겨 있다.

우선 "호"라는 간칭은 호독滬瀆에서 유래했다. 이때 호는 호扈에서 출발한 글자로 "바다에 대나무를 나란히 꽂아 새끼로 엮고 해안 쪽으로 두 날개를 펼쳐 밀물, 썰물을 이용해 고기를 잡는" 일종의 어구를 상형화한 것이다. 독瀆은 독獨과 의미가 닿아 있는데, 그 본래 의미는 홀로 큰 바다로 유입하는 하천이라는 뜻이다. 호독은 하천 이름으로 그 부근에서 특별한 어구를 활용한 고기잡이가 행해졌다는 사실을 알 수 있다. 그 위치는 오송강吳淞江이 바다로 들어가는 부근으로 추측된다.

또한 "신"은 전국戰國시대 초楚나라 귀족으로 고열왕考烈王에 의해 춘신군春申君으로 봉해진 황헐黃歇이라는 인물에서 연유했다. 그는 신릉군信陵君, 평원군平原君, 맹상군孟嘗君 등과 함께 전국시대 4공자의 하나로, 그 문하에 식객이 3000명에 달하던 유력자였다. 그의 봉지封地는 오吳이고 도읍은 오늘날 소주蘇州 지역이었는데, 상하이는 그 봉지의 일부였다. 전설에 따르면 상하이를 가로지르는 황포강黃浦江은 그가 개착한 데서 이름을 붙였다는 설도 있으나(황포강은 황헐강, 춘신포, 춘신강, 춘강, 신강 등으로도 불린다) 확증은 없다. 사실 전국시대에는 황포강이 아직 형성되지 않았으며, 황포라는 이름은 송宋대에야 비로소 생겼다. 어쨌든 당시 상하이의 서쪽은 이미 육지로 변해 있었으므로 춘신군이 자신의 영지를 순시했을 가능성은 있다.

"호", "신" 등의 지명은 이곳이 원초적 어업이 행해지던 작은 어촌에서부터 점차 권력의 시선에 포착되는 지역으로 변해간 과정을 반영해 주고 있다. 양자강의 퇴적 작용으로 육지화가 진행되던 이 지역에 어업 활동과 연관한 인구가 늘고, 그 지역적 비중이 커지면서 권력에도 점차 주목을 받게 되는 일반적인 역사 진행이 이루어진 것이다.

이런 가운데 상하이라는 지명의 직접적 유래가 되는 특정 지점을 중심으로 차츰 사람들의 집거集居 공간이 본격적으로 형성되기 시작했다.[1] 북송대 문헌에는 오송강 하류 남안에 상하이포上海浦란 하천이 있고 그 옆에 따로 샤하이포下海浦가 있다고 기록하고 있는데, 상하이는 바로 이 상하이포에서 유래했다.[2] 상하이포는 오송강 하류의 많은 하포河浦 중에서도 상대적으로 인구가 몰려 있던 곳으로, 이 부근에 설치된 주무酒務는 상하이무上海務라고 지칭되었다. 상하이무는 후에 상하이진上海鎭으로 발전했다. 원元대

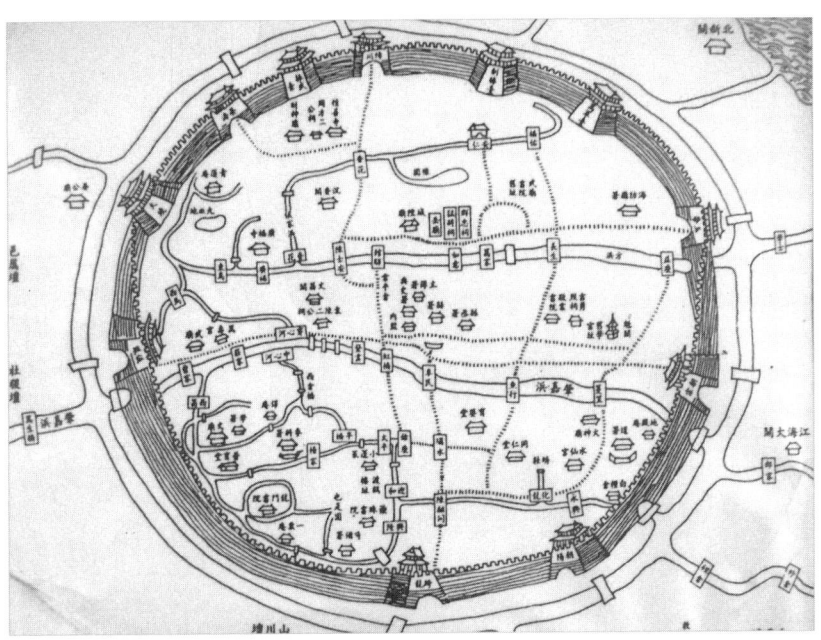

1860년대 상하이성 지도

기록에 송강부성에서 동북 방향으로 90리에 상하이포가 존재한다고 되어 있는데, 그 위치는 대체로 오늘날 상하이 외탄外灘 아래쪽에 자리 잡고 있는 십육포十六鋪 지역이다.

이 지점이 특히 부상하게 된 데는 송대 이 일대 하도河道에 발생한 변화가 결정적인 변수가 되었다. 당시 강남 최대 도시인 소주蘇州로 연결되는 오송강(이런 이유로 소주하蘇州河라고 지칭하기도 한다)의 주요 길목인 청룡항青龍港(현 청포진青浦鎭 내) 하도가 막혔던 일로, 그로 인해 오송강을 대신한 황포강의 비중이 더 중요해지면서 상하이포 부근은 선박이 기착하는 주요 항구로 부상하게 되었다. 이후 이곳은 무역항으로 빠르게 발전했고, 마침내 송나라 말경인 1267년에는 시박사市舶司(해상무역 관계 관청)의 분소分所가 설치되기까지 했다.

원대에 접어들어 상하이진은 상하이현上海縣으로 발전했다.[3] 지원至元 27년(1290) 송강부 지현知縣은 화정현華亭縣의 관할 지역이 너무 크다는 이유를 들어 상하이현을 따로 설치할 것을 제의했고, 이에 대해 조정은 화정현 동북의 장인長人, 고창高昌, 북정北亭, 신강新江, 해우海隅 등 다섯 향鄕에 상하이현을 별도로 두는 것을 윤허했다. 그에 따라 1292년 상하이현은 화정현과 함께 송강부의 한 속현으로 정식 독립했다.[4]

명明대 상하이는 이미 경제적으로 상당히 부유한 지역이었다. 따라서 이곳에는 당시 동남 해안 지대의 해구海寇들이 자주 출몰했는데, 특히 명 가정嘉靖 연간(1522-1566)에 해구의 습격이 집중되었다. 그러자 이 지역 신사紳士들이 주축이 되어 1553년 현을 둘러싸고 방어를 위한 성벽을 구축했다. 성벽의 높이는 8미터 정도였으며 동쪽에 조종문朝宗門(大東門), 남쪽에 과용문跨龍門(大南門), 서쪽에 의봉문儀鳳門(老西門), 북쪽에 안해문晏海門(老北門), 동북쪽에 보대문寶帶門(小東門), 동남쪽에 조양문朝陽門(小南門) 등 여섯 성문이 설치되었으며, 현성을 가로지르는 방빈方濱, 조가빈肇嘉濱 위 세 곳에 수문이 설치되었다. 성벽이 구축됨으로써 상하이는 비로소 하나의 도시로서 형상을 보다 분명히 갖게 되었다.[5]

현성이 구축된 뒤 상하이는 강남 수로 교통의 요충으로서 더 안정적인 위상을 갖게 되었다. 이와 관련해서 청조淸朝는 1685년 통상을 관장하는 강해관江海關을 현성으로 옮겨 오고, 1730년대는 분순소송병비도分巡蘇松兵備

道를 두어 이 지역에 대한 통제를 강화했다.[6] 또한 1792년에는 해금解禁을 완전히 폐지했다. 19세기 초, 청 도광道光 연간에 단행된 조운漕運의 변화, 즉 조량漕糧 운송을 하운에서 해운으로 전환하는 정책으로 상하이는 무역 결절점으로서 또 다른 도약의 계기를 맞이하게 된다.

이러한 일련의 진행은 상하이가 근대 개항 전에 이미 도시로서 독자적인 발전 과정을 경험하고 있었다는 사실을 말해준다. 상하이는 육지화된 땅 위에 형성된 작은 어촌에서 출발하여 점차 지역적 비중이 높아지면서 권력에 의해서도 포착되어 무, 진, 현으로 성장해 갔다. 이를 통해 상하이는 이미 강남의 주요 무역 결절점으로서 자리를 잡아가고 있었다. 다시 말해서 이 도시는 외적 강박에 의한 개항이 아니더라도 무역 도시로서 지속적으로 성장해 갈 수 있는 내적 동인을 이미 갖고 있었다.

그런데 오늘날 상하이에서 개항 이전 시기의 역사적 자취를 찾기는 쉽지 않다. 상하이현의 성벽은 신해혁명 직후인 1912년 호군도독滬軍都督 진기미陳其美의 명에 따라 철거되고 그 자리에 도로가 수축되었다. 도로명은 중화민국의 건립을 축하하는 의미에서 남쪽은 중화로中華路, 북쪽은 민국로民國路라고 붙였다. 1949년 중화인민공화국이 수립된 뒤 민국로는 인민로人民路로 개명되었다. 현재 대경각大慶閣의 노성상老城廂박물관에 가면 현성의 모습을 조금이나마 볼 수 있는데, 그곳은 철거 사무소가 설치되었던 장소였으며 관제묘關帝廟(관우를 모시는 사당)가 있는 까닭에 철거되지 않고 잔존되었다. 하지만 이러한 전통적 도시 공간의 의미를 주목하는 사람은 그리 많지 않다.

| 조계와 현대 도시 실험 |

1842년 남경조약에서 규정된 다섯 개항장 가운데 하나이던 상하이는, 1843년 11월 정식 개항되었다. 개항장은 곧 자본주의 진출의 주요 창구였던 바, 우선 무역과 금융업을 중심으로 한 서구의 경제적 진출이 진행되었다. 이화양행怡和洋行, 기창양행旗昌洋行을 비롯한 무역회사와 회풍은행滙豊銀行(HSBC) 등 외국 은행들이 본격적으로 활동하기 시작했다. 그와 함께 에이전시인 매판買辦과 금융 거래의 파트너로서 전장錢莊 등 중국 상인들의 활동도 활발해졌다. 이 과정에서 무역, 금융 결절점으로서의 위상은 전보다 더욱 강화되었다. 왜냐하면 이미 국내 무역의 주요 결절점으로서 성장하고 있던 상하이는 외국 무역 회사, 은행들의 진출로 인해 국제무역과도 연결됨으로서 무역도시로서의 기능이 더욱 제고되었기 때문이다. 청일전쟁(1895) 이후에는 상품뿐만 아니라 자본의 진출도 이루어지면서 상업, 금융업뿐만 아니라 공업 부문에서도 발전했다. 영국, 일본 등 외국자본에 의해 건설된 공장, 기업들이 늘어났고, 한편에서 중국자본의 공업 발전도 진행되었다.

이러한 과정을 거쳐 상하이는 이미 20세기 초에 국내, 국제무역을 연결하는 주요 무역도시로서 자리 잡았고, 중국 연해와 장강 유역뿐만 아니라 동아시아와 세계 주요 항구를 연결하는 물류, 교역 네트워크의 중요한 중심이 되었다. 이러한 도시 기능은 기본적으로 오늘날까지도 이어지고 있다.

그런데 개항 이후의 도시 건설은 도시 성장의 기존 토대 위에 구축되지 않았고, 오히려 단절된 면이 강했다. 왜냐하면 개항 이후 도시 건설은 주로 현성 지역과 격리된 공간인 조계租界를 중심으로 진행되었기 때문이다. 화

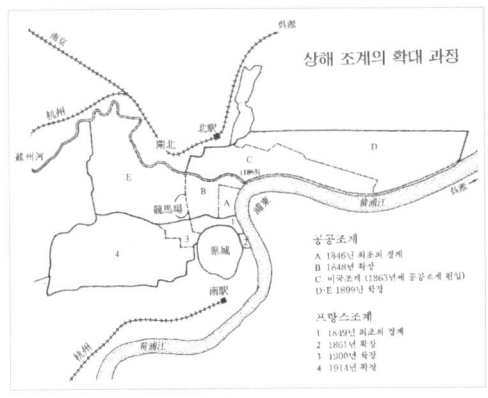

상하이 조계의 확대 과정(斯波義信, 《중국도시사中國都市史》, 東京大學 出版會, 2002)

계華界와 조계의 공간적 단절은 도시 성장의 방향을 굴절시키는 요인이 되었다.

조계는 1845년 영국인 거류 지역으로 처음 개설되었다. 영국조계는 남쪽으로 양경빈洋涇濱이라는 작은 하천(현 연안동로 延安東路), 북쪽으로 이가장李家場(현 북경동로北京東路), 동쪽으로 황포강(즉 외탄)까지를 경계로 했으며 서쪽 경계는 조계 건설이 진행되는 가운데 1846년 계로界路(현 하남중로河南中路)로 획정되었다. 이어 1848년에는 홍구虹口에 미국조계가 건설되었으며, 1849년에는 상하이현성과 영국조계 사이 지역에 프랑스조계도 건설되었다. 영국조계와 미국조계는 1862년 합병되어 공공조계公共租界(Shanghai International Settlement)가 되었다. 그 뒤 조계 지역은 지속적으로 확장되어, 공공조계는 정안사靜安寺 일대까지(3만여 무畝), 프랑스조계는 서가회徐家滙까지(1만여 무) 영역을 넓혀 갔다.

조계는 물론 서구가 무력으로 중국을 압박한 결과로 얻어 낸 전리품이었다. 그렇지만 중국 권력의 입장에서 전통적 세계관이나 대외 정책과 완전히 배리背離되는 것도 아니었다. "화양별거華洋別居", 즉 중국인과 서구인을 따로 떼어 놓아 접촉하지 못하도록 하는 원칙에서 서구인들에게 중국인들의 거주 영역인 현성 밖의 빈 땅을 내준 것이었다. 침략자에게 땅을 양보하는 가운데도 중화中華와 만이蠻夷를 구분하는 중화적 세계관은 여전했다. 그들에게 조계는 만이의 영향이 중화에 미치는 것을 차단하는 격리 공간이었다. 이 점에서 조계와 화계의 공간적 단절이 서구 세력의 요구만을 반영하고 있는 것은 아니었다.

　중국 권력에게 이 격리된 공간에서 벌어지는 일은 처음에는 관심의 대상이 되지 못했다. 그러나 외국인들에게 격리 공간은 독점 공간이 되었다. 조계는 중국 권력의 무관심 속에서 외국인들의 손에 의해 독점적으로 관리되었다. 각 조계는 독자적으로 구성한 시정 관리 기구들을 갖추었다. 공공조계의 최고 시정 기구는 공부국工部局(Shanghai Municipal Council of International Settlement of Shanghai)이었다. 그 안에는 7~14명으로 구성된 의결 기구인 동사회董事會가 있었고, 실무 행정은 행정 수반인 총재Secretary General와 그 아래 설치된 총판처總辦處(Secretariat)가 담당했다. 총판처 아래에는 경무, 위생, 교육, 재무 등으로 분화된 하부 행정부서가 놓였다. 공부국이 행정을 담당했다면 사법은 각국 영사들이 주재하는 회심공해會審公廨가 담당했다. 회심공해는 자체 구류 시설과 감옥을 갖고 있었다. 입법 기능은 외국인 거류민들로 구성된 납세인 회의에서 담당했다. 프랑스조계의 시정은 공동국장公董局長인 총판總辦이 지휘했다. 사법은 별도로 세워진 프랑스조계 회심공해가 담당했고, 프랑스 총영사의 지휘 아래 사법실이 사법 행정기관의 역할을 담당했다. 이와 같이 조계는 행정, 입법, 사법 등 시정 체계를 갖추고 중국 권력이 제공한 빈 공간 위에서 자유로운 배타적인 공간을 형성했다.

　이들 조계가 황포강, 소주하蘇州河, 양경빈洋涇濱 등 하천을 기반 축으로

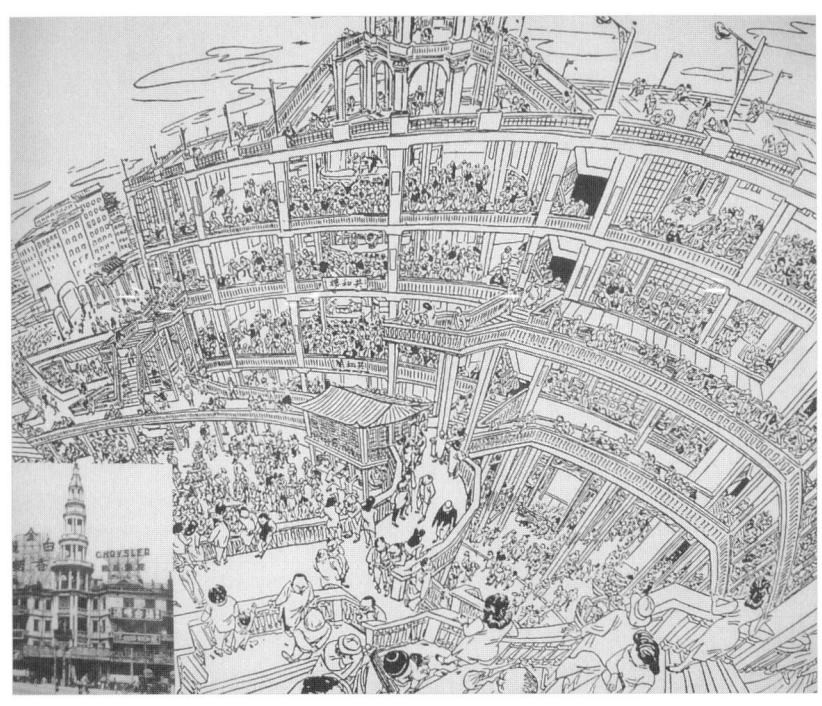

1930년대 대세계 극장
1917년 개장한 "대세계"는 다양한 문화, 소비 활동이 함께 펼쳐졌던 종합적인 여가·오락 공간이었다. 이는 상하이들이 '현대'의 새로운 문화와 물성(物性)을 체험하는 대표적인 도시 공간이 되었다.

자리 잡은 것은 물류, 교역의 도시 기능이 중요했기 때문이다. 하천을 연해서 선박 통항을 위한 부두 시설이 들어서고 그와 가까운 곳에 해운 기업, 양행洋行, 금융기관, 무역 관련 기관, 통관 업무 회사 등 연관 기업, 기구 그리고 자국민 보호와 통제를 위한 각국 영사관 등이 들어섰다.

그 가운데 황포강, 소주하를 끼고 있던 공공조계 지역에서 서구식 건축들이 일렬로 위용을 뽐냈던 외탄外灘과 제1마로第1馬路 남경로南京路를 뼈대로 하는 지역이 금융과 상업 기능을 중심으로 새로운 도심을 형성했다. 남경로, 하비로霞飛路(현 회해중로淮海中路), 사천북로四川北路는 대표적인 상업 거리였다. 그중에 남경로는 가장 중심지에 위치하면서 광범위한 지역을 포괄하는 최대의 상업 구역을 형성했다. 남쪽으로 연안로延安路, 북쪽으로 북경로北京路, 서쪽으로 서장로西藏路, 더 서쪽으로 남경서로를 따라 정안사靜安寺에 이르는 이곳에는 선시先施(1927), 영안永安(1918), 신신新新(1926), 대신大新(1936) 등 "4대 백화점"을 비롯해서 다양한 상업 시설들이 즐비하게 늘어섰다. 또한 사마로四馬路로 불린 현 복주로福州路에는 서점, 출판사, 극장, 다관茶館, 주점 등 새로운 문화, 소비, 여가·오락 양식이 밀집해 있었다.[7] 도시 서쪽에 자리 잡은 경마장과 대세계大世界, 신세계新世界 등은 대표적인 소비와 여가·오락 공간이었다.[8] 도시경관 면에서 이곳에는 고층 빌딩과 호화 건축들이 특히 집중되어 화려함을 뽐냈으며, 가로등과 네온등은 도심의 야간 경관을 더욱 화려하게 만들어 "밤이 없는 도시不夜城" 상하이의 상징이 되었다.[9]

도심 주변으로 부가적인 도시 기능이 분산, 배치되었다. 서남부 외곽(현 서회徐滙, 장녕長寧 두 구와 정안구靜安區 서부)의 공공조계 서구, 프랑스조계 서구와 공공조계 동구의 홍구 등지에는 고급 주택지가 형성되었다. 민국 초에 새로 개발된 이 지역에는 양방洋房, 고층 아파트, 신식 이롱里弄 등 고급 주택이 건설되어 외국 교민과 중국인 중상류층의 거주지가 되었다. 이곳에는 도로 등의 사회간접시설뿐만 아니라 공원, 운동장, 수영장, 학교, 병원, 영화관, 카페, 클럽 등 공공 문화시설도 비교적 많았다.

공업시설은 주로 양수포楊樹浦와 홍구 지역에 건설되었다. 청일전쟁 이후 이 지역에는 방직업, 면포업, 제분업 등 다양한 업종의 공장들이 들어서면서 공업지대를 형성했다. 양수포의 황포강 연안 지역은 도심과 부두에 가까운 지리적 이점이 있어, 상하이 최대의 공업지역으로 성장했다. 공업지대는 조계의 외곽 지역과 조계에 근접한 중국인 지역(화계)에 위치했는데, 이 지역은 공장 노동자들이 집중 거주하는 지역이기도 했다.[10]

조계는 전적으로 외국 권력과 자본에 의해 조성된 공간으로, 기본적으로 서구적 표준에 맞춰진 도시 공간이었다. 조계 간에 통치 방식, 문화 배경, 관리능력 등에 따라 차이가 있었지만, 이는 기존 전통도시와 구별되는 서구 도시를 이식한 것이었다. 직선으로 구획되고 포장된 도로, 고층 빌딩과 '웅장한' 건축, 밤거리를 환히 밝혀 주는 가스등, 전기등 등 조명시설, 상수도와 하수도 등 사회간접시설, 전차, 마차, 자전거 등 근대적 교통수단, 백화점, 극장, 주점, 경마장, 댄스홀 등 문화, 소비, 여가·오락 양식 등 서구에서 현대도시를 구성하는 요소들이 이곳에 이식移植되었다. 그동안 중국인들이 봐 오던 어떤 전통 도시와도 구별되는 새로운 도시의 출현이었다.

조계는 현성으로부터 떨어진 빈 공간에 새로이 세워졌으며 기존 도시로부터 자유롭게 구획, 건설된 계획도시였다.[11] 특히 이는 기존과 완전히 대비되는 도시 형상을 보여줌으로써, 중국인들에게 새로운 도시 유형을 제시해주었다. 이 점에서 개항 이후 새로운 국제 환경에 적응해 중국 땅에서 이루어진 대규모 도시 실험이었다고 할 수 있다.

하지만 이 실험에서 중국인들은 주도적인 입장에 설 수 없었다. 왜냐하면 조계는 외국인을 격리시키려는 공간이었지만, 중국인은 역으로 그로부터 격리될 수밖에 없었기 때문이다. 조계에 거주하는 중국인 수가 계속 늘어나 다수를 점하게 되었음에도 불구하고, 이들은 조계 주민으로서 시정에

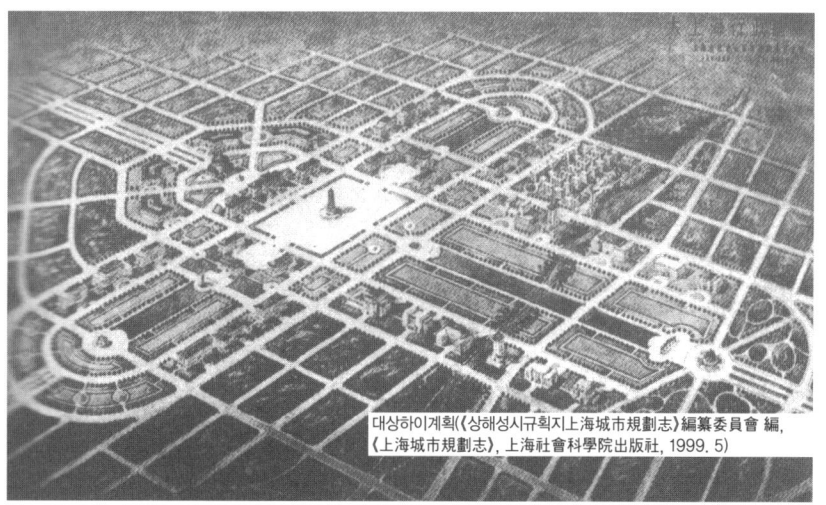
대상하이계획(《상해성시규획지上海城市規劃志》編纂委員會 編,
《上海城市規劃志》, 上海社會科學院出版社, 1999. 5)

적극적으로 권리를 행사할 수 없었다. 또한 화계는 조계에 대해 상대적으로 위상이 약화되고 시정의 주도권을 상실했다. 현성은 공간적으로 조계에 의해 포위되었으며, 두 조계의 위쪽에 위치한 갑북閘北, 강만江灣 지역과 황포강 너머의 포동浦東 지역 등 다른 화계 지역과 분리되어 있었다. 시정 기구도 1927년 상하이특별시 정부 성립 전에는 상하이시공소上海市公所, 상하이현청장국上海縣淸丈局, 호북공순연국滬北工巡捐局, 포동당선공후국浦東塘工善後局, 송호상부위생국淞滬商埠衛生局 등으로 나뉘어 있었다.[12] 송대 이래 경제 활동의 중심이던 현성은 중심이 현성(남시南市)에서 조계(북시北市)로 옮겨 가면서 점점 낙후한 모습으로 변해 갔다.

중국인들은 조계와의 편차를 줄이기 위해 화계 공간을 개선하려 노력했다. 먼저 갑북 지역에서는 1899년 확장한 공공조계와 동, 서, 남 3면을 마주 보는 형국에 직면하자 그에 대응해 해당 지역에 상장商場을 열고 도로, 교량을 건설하고 갑북공정총국閘北工程總局을 조직해 자치적 건설 사업을 추진했다.[13] 또한 현성 지역에서는 1905년 이평서李平書 등을 중심으로 상하이성상내외총공정국上海城廂內外總工程局이라는 자치 조직을 결성해 다양한 건설 사업으로 현성의 도시 면모를 개선시켰다. 그렇지만 개별적이고 분산적으로 추진된 건설 사업은 조계 중심의 상하이 시정 구도를 변화시킬 수 있을 만큼은 아니었다.

중국인에 의한 통합적인 도시 실험은 상하이특별시하에서 비로소 시도되었다. 1927년 7월 성립한 상하이특별시는 강만 지역의 7000여 무畝 토지 위에 새로운 시 중심을 건설하고 그 위에 갑북, 남시, 용화龍華, 포동, 오송 등 더 넓은 지역을 포괄하는 신도시 건설 계획을 수립, 추진했다. 이른바 "대상하이계획大上海計劃"이다.[14] 당시 새로운 시 중심이 위치한 곳은 현 복단대학復旦大學에서 가까운 오각장五角場 지역이었다. 당시 그들은 오송에 새로운 항구를 건설해 도시의 물류, 교역 기능을 확보하면서, 그 인접 지역에 조계와 떨어진 별도의 신도심을 건설하여 이 도시에 대한 중국인의 주도적 입장을 확보하려고 했다. 이 계획은 실제로 상당히 진척되었지만 '애석하게도' 일본과 전쟁을 겪으면서 많은 부분이 파괴되고 결국 중단되었다. 중산북로中山北路, 기미로其美路(현 사평로四平路), 황흥로黃興路, "국國"자, "정政"자가 들어가는 도로들, 홍강마두虹江瑪頭, 강만체육관 등은 이 도시계획의 흔적을 볼 수 있는 유산들이다.

1990년대에 추진되던 포동 개발도 조계를 중심으로 한 기존 도심을 극복하기 위한 신도시 건설의 한 실험이라고 할 수 있다. 중국 정부는 포동신

상하이 포동의 현재

구浦東新區를 설립하고 육가취금융무역구陸家嘴金融貿易區, 금교출구가공구金橋出口加工區, 장강고과기원구張江高科技園區, 외고교보세구外高橋保稅區 등 중점 개발 지역을 형성했다. 아울러 포동공항 건설 등 이 지역의 물류, 교역 환경을 개선했다. 당시까지 상하이에는 "포동에 집 한 채를 얻을 수 있다면 침상 하나라도 차라리 포서에 있는 것이 낫다寧要浦西一張床, 不要浦東一間房"는 말이 있을 정도로 황포강 양안의 격차는 매우 심각했다. 이 역시 조계가 남긴 도시 공간의 파행적 모습으로, 이를 극복하기 위한 도시 실험이 근래까지도 필요했음을 보여준다.

오늘날 상하이에는 이와 같이 서로 다른 역사적 기억을 담고 있는 도시 공간들이 펼쳐져 있다. 개항 이전 오랜 도시 성장과 퇴락의 역사를 간직한 구 현성 지역, 개항 이후 새로운 도시 성장을 주도해 온 공공조계와 프랑스

조계 지역, 국민정부 아래 조계를 극복하는 신도시 건설이 추진된 강만 지역, 개혁 개방 이후 현 중국 정부가 개발해 온 포동신구 지역 등 다양한 지역에 서로 다른 시기에 형성, 전개되어 온 공간들이 존재하고 있다. 이러한 도시 공간들은 함께 상하이의 도시상을 구성하면서, 아울러 분절적인 구도를 남겨 놓고 있다. 상하이는 중국의 어떤 도시보다 "상척각上隻角"과 "하척각下隻角"을 구별하는 심리가 강하다고 지적받곤 하는데, "상척각"은 과거에 조계 지역을 지칭하던 것으로 후에 부자들이 거주하는 지역을 지칭하는 용어로 사용되곤 한다. "하척각"은 그에 상반되는 개념이다. 이러한 공간 구별 심리는 조계 시기를 거치는 동안 생장해서 오늘날 빈부격차가 심화되는 가운데 고착화되는 경향도 있다. 구 현성 지역이나 강만 지역 등의 "하척각"에 거주하는 사람들이 돈을 벌어 조계 시기부터 고급 별장 지구가 형성된 홍교虹橋 일대 또는 포동신구 등 이른바 "상척각"으로 이사하는 모습은 흔히 볼 수 있는 행태다. 이 점에서 상하이는 아직 공간적으로 유기적인 통합을 이루지 못했다고 할 수 있고, 이에 따라 도시 실험도 계속될 것이다.

| 알라 스앙해닌阿拉上海人 |

상하이에서 진행된 도시 실험은 하드웨어보다 소프트웨어 측면에서 더욱 활발했다. 도시 공간이 대부분 기존 기반이 약한 상태에서 새롭게 형성된 만큼, 그 공간을 채운 많은 사람 역시 토착민이 아니었다. 1843년 개항 당시 상하이 인구는 20만 명 정도였고 1949년 현 중국 정권이 수립되었을 때

는 546만 명으로 늘었다. 100년이라는 짧은 기간 동안 인구가 20배 이상 증가했다. 이는 거의 모든 인구가 비교적 근래에 다른 지역에서 이곳으로 옮겨 온 외래 인구라는 사실을 말해 준다. 상하이는 여타의 현대 도시들에 비해서도 극단적인 이민 사회로, 이주 인구들의 상호 관계 속에서 다양한 도시 실험이 이루어질 수밖에 없었다.

개항 이전에도 상하이는 토착 사회의 뿌리가 강하지 않았다. 당시 상하이인에게는 어떤 분명한 문화적 특성이 발견되지 않는다. 이 지역은 문화적으로 소주蘇州의 영향권 아래 놓여 있었다. 문화적 의미에서 상하이인이라는 관념은 아직 출현하지 않았다. 설사 서광계徐光啓가 상하이인이다, 동기창董其昌이 상하이인이다는 식으로 표현하는 경우에도 관적貫籍의 의미에 불과했다. 주객主客 관념이 강하지 않았다는 점도 지적된다. 광주廣州, 성도成都, 소주蘇州 같은 다른 유서 깊은 도시들이 토착인과 외래인의 구분이 비교적 분명했던 데 반해 상하이는 구별 의식이 강하지 않았다.[15]

개항 이후 도시 공간이 외국인 주도로 이루어졌지만, 인구의 절대 다수는 중국인이었고 외국인 이민자의 비중은 높지 않았다. 1843년 26명으로 시작한 외국인 수는 1865년 2757명, 1910년 2만 924명, 1934년 7만 8308명, 1942년 15만 931명으로 정점을 이루다 1949년에는 2만 8683명으로 급감했다. 국가별로 1915년 이전에는 영국인이 많았고, 이후에는 일본인이 많았다. 외국인들은 국적, 인종, 언어 등에서 모국에의 귀속 의식이 강해 상하이인으로서의 정체성은 약했다고 지적된다. 실제로 1949년 이후 그들 대부분은 자신의 모국으로 돌아갔다.

중국인 인구는 크게 세 차례의 이민 홍수를 거치면서 증가했다. 첫 번째는 태평천국 시기로 태평천국이 일으킨 전란의 피해를 직접 받은 양자강 중하류 지역 특히 강소성江蘇省, 절강성浙江省 일대의 난민들이 대거 상하이로 유입되었다. 1855~1865년 상하이의 인구는 일약 11만 명이 순증가했다. 두 번째는 항일전쟁 시기로, 두 조계의 인구는 78만 명 증가했다. 세 번째는 국공내전 시기로, 당시 상하이 인구는 208만 명이나 늘었다.

많은 외지 인구가 흘러들어 오면서, 상하이의 인구 구조는 비상하이적非上海籍 인구가 상하이적上海籍 인구보다 압도적으로 많은 극단적인 이민 사회로 변모한다. 1885년 이래의 인구통계를 보면, 공공조계의 비상하이적 인구는 대체로 80퍼센트 이상, 화계의 비상하이적 인구는 75퍼센트 이상을 점했다. 조계가 회수된 이후인 1946년 비상하이적 인구는 79퍼센트, 상하이적 인구는 21퍼센트 정도였다. 중화인민공화국에 접어든 1950년에는 그 정도가 더 심화되어서 비상하이적 인구가 85퍼센트, 상하이적 인구는 15퍼센트에 불과했다.

이민자의 출신 지역은 강소, 절강, 안휘安徽, 복건福建, 광동廣東, 산서山西 등 거의 모든 성에 걸쳐 있었다. 공공조계와 화계 인구의 관적별 통계를 보면, 공공조계는 강소, 절강, 광동, 화계는 강소, 절강, 안휘 순으로 많았다. 조계가 소멸된 뒤인 1950년 1월 통계로는 강소성 출신이 200만 이상, 절강성 출신이 100만 이상, 광동, 안휘, 산동 등이 10만 이상 그 외 호북湖北, 복건, 하남河南, 강서江西, 호남湖南 등으로 분포되었음을 확인할 수 있다.[16]

다양한 국적, 지역의 이민자들이 구성하는 상하이 사회는 마치 만화통이나 인종 전시장과 같은 모습이었다. 서구와 중국, 중국 각지의 다양한 문화들은 한 도시 공간에서 접촉하고 소통했다. 특히 토착 문화 기반이 상대적으로 약한 상황에서 문화적 융합은 격렬히 진행될 수밖에 없었다. 이 가운데 조계의 서구 문화는 이 융합의 방향을 이끌어 주는 역할을 했다.[17] 조계는 서구의 현대 문명을 압축적으로 보여주는 "모던modern"의 공간이었다. 당시 상하이의 문화적 지향은 중국어로 "모떵摩登"이라고 표현되었는데, 이는 현대의 가치 지향을 내포하고 있던 개념으로 항상 사용되지는 않았다. 간단히 말하자면 그것은 "새로운 것新", "기이한 것奇", "다른 것異"을 막연히 추종한 측면이 있었으며, 그 점에서 현대성modernity보다는 유행의 의미에 더 가까웠다고도 할 수 있다.[18] 어쨌든 이 속에서 현대 중국에서 주목되는 커다란 문화적 실험들이 행해진 것은 분명하다.

다양한 이민자들이 상호 충돌, 협상을 통해서 공적 영역과 규범을 찾아가는 과정도 주목되는 실험이었다. 상하이는 국가, 민족, 인종, 지역, 문화, 자본, 기술, 이데올로기 등 여러 차원에서 다른 기원과 성격을 갖는 집단들이 공존하는 공간이었다. 이러한 사회적 분절의 현실에도 불구하고 상하이가 하나의 도시로서 나름대로 통합을 유지하면서 성장해 갈 수 있던 사실은 결코 평범하지 않다. 그 속에는 이들이 서로 이해관계와 행위 양식을 조정하며 찾아간 공존의 방식이 있었다.[19] 상하이에서 진행된 사회적 실험은, 지구화 아래 경계를 넘어선 연계와 이주가 확산되는 가운데 다양한 집단 간의 공존이 절실해진 오늘날의 상황에서도 되돌아볼 만한 의미 있는 사례였다고 할 수 있다.

상하이의 중국인들은 조계의 외국인이 상하이 사회를 주도하는 가운데 오래도록 이 도시의 주체로서 자리 잡지 못했다. 이들은 조계가 보여 주는 물질문명과 금전적 풍요에 압도되어, 이 도시의 미래를 스스로 꿈꾸지 못했다. 오히려 물질과 금전을 향한 상하이인의 열망은 윤리적 판단 기준까지도 바꿔 놓았다. 당시 상하이에는 "가난은 조롱해도 몸을 파는 것은 조롱할 수 없다笑貧不笑唱"는 말이 있었다. 이렇게 배금주의, 물질만능주의에 빠진 신여성新女性의 모습은 지식인들이 비판적으로 자주 풍자하는 모습이었다. 하지만 그러한 비판에도 불구하고 이들은 상하이를 이익을 도모할 사회적 기회가 펼쳐진 역동적 공간으로 받아들이고 있었고, 그러한 기회를 그대로 지나치는 것은 어리석다는 생각을 보편적으로 갖고 있었다.

이러한 '경박함'은 상하이인이 스스로의 형상에 자부심을 갖지 못하게 만드는 측면이기도 하다. "당신은 상하이 사람 같지 않군요."라는 말은 특히 북방 지역에서 칭찬의 의미로 자주 사용된다고 한다. 사실 부와 물질적 가치만을 추종하는 듯한 상하이인의 모습은 전통적인 중국인의 눈에 신뢰하기 힘든 모습으로 비쳐졌다. 현재 상하이에서 "올드 상하이老上海"는 하나의 큰 화두가 되었는데, 이들이 과거 역사 속에서 드러내던 '경박함'을 벗으면서 그 장점을 계승하고 어떻게 "신상하이新上海"와 "신상하이인新上海人"의 정체성을 확립할 것인지는 관심거리가 아닐 수 없다. 이 도시가 향후 중국이 취할 발전 전략에서 중요한 지위를 점하고 있는 만큼, 이는 특히 주목되는 대목이다.

상하이인이 도시의 미래를 스스로 설계하기를 기대하려면, 이들이 이민자에서 주민으로 정착해 가는 과정을 기다려야 했다. 이민자들이 곧바로 그 지역에 대한 귀속감을 갖기를 기대할 수는 없다. 이민자들은 상하이가 전란을 피하고 돈을 벌기 위한 곳이며, 언젠가는 고향으로 돌아갈 것이라는 생각(여호의식旅滬意識)을 강하게 갖고 있었다. 공공조계, 프랑스조계, 화계가 각기 다른 시정 체계를 구성하고 있었으며, 화계도 남시, 갑북, 호서滬西 등 여러 지역으로 분할되어 있었다. 시 중심에서 떨어진 포동 또는 강만 등지에 거주하던 주민들은 도심에 갈 때 "상하이에 간다."고 할 정도로 상하이인으로서의 지역 정체성이 약했다.

이들의 지역 정체성은 오히려 자신의 출신 지역에 연결되어 있었다. 동향회는 상하이 주민들에게 가장 친숙한 조직이고 동향은 가장 친근한 관계의 하나였다. 개항 이전에 상하이로 온 절강인, 안휘인, 복건인, 광동인 등은 각기 절소공소浙紹公所, 휘령회관徽寧會館, 천장회관泉漳會館, 조주회관潮州會館 등의 동향 회관, 공소를 조직해 활동하고 있었다. 개항 이후 이민자가 증가하면서 회관, 공소는 더욱 늘었다. 사명공소四明公所, 삼산회관三山會館, 광조공소廣肇公所, 평강공소平江公所, 석금공소錫金公所, 강녕회관江寧會館, 경강공소京江公所, 산동공소山東公所, 휘주회관徽州會館, 호남회관湖南會館, 초북회관楚北會館 등은 대표적인 회관, 공소였다. 1911년 그 수는 60여 개에 달했다. 이러한 조직들은 동향인들이 일거리를 찾고 분쟁을 해결하고 억울함을 호소하고 관혼상제 등을 처리하는 일을 도왔다. 특히 중시되던 일 가운데 하나는 의총義冢, 빈사殯舍 등을 설립해 객지에서 죽은 동향의 시신을 고향으로 돌려보낼 수 있도록 한 것으로, 이는 동향인들이 객지에서 편히 생업에 종사할 수 있도록 도와주었다. 또한 거의 모든 회관, 공소는 각지의 향토신에 대해 제사를 모셨는데 이러한 동향 조직의 활동은 해당 동향인들이 집단으로서 귀속감과 정체성을 갖는 데 중요한 역할을 했다.

개항 이후 40, 50년 동안 상하이 주민들은 정주 의식과 지역 정체성을 확고히 갖지 못한 것으로 보인다. 이 시기 발생한 주요 사건을 보면 그들이 상하이인으로서가 아닌 동향 집단으로서 대처하는 경향이 강했음을 알 수 있다. 예를 들어 1853~1855년 상하이에서 태평천국의 여파로 소도회기의小刀會起義가 발생했는데 주로 광동인, 복건인이 참여했다. 당시 상하이 주민들도 이 사건을 광동인, 복건인이 연관된 일로 보는 경향이 강했다. 1870년대 사명공소四明公所 사건이 발생했을 때도 사람들은 상하이인의 일이 아니라 단지 영파인寧波人과 프랑스조계 당국 간에 발생한 분쟁으로 바라보았다.[20]

20세기 초 상하이 주민들이 상하이인으로서 지역 정체성을 갖게 되었음을 보여주는 지표들이 점차 나타났다. 갑북, 남시 지역 중국인들의 자치적 건설 사업은 이들이 점차 도시 주민으로서 자기 인식과 지역 정체성을 획득해 갔음을 보여주었다. 1911년 신해혁명 당시, 이 지역을 통괄하던 군정 기관인 호군도독부의 성원 대다수도 토착인이 아니었다. 도독 진기미는 절강, 참모장 황부黃郛는 절강, 외교총장 오정방伍廷芳은 광동, 재정부장 심만운沈縵雲은 강소, 교통부장 왕일정王一亭, 갑북민정장閘北民政長 우흡경虞洽卿은 절강 출신이었다. 이는 호북, 호남, 광동, 안휘, 섬서陝西, 귀주貴州 등 다른 지역의 군정부가 완전히 토착인에 의해 구성된 것과 구별된다. 하지만 그들은 상하이인 신분으로 상하이의 이익을 대표하고 있었으며 당시 그들을 상하이인이 아니라고 하는 사람은 없었다.

또한 상하이상무인서관上海商務印書館 등 출판사를 통해 《상해지남上海指南》, 《상해유람지남上海遊覽指南》 등 이 지역을 소개하는 책들이 출판되기 시작했다. 그 가운데 《상해지남》은 1909년부터 1912년까지 총 7판版을 찍었는데, 여기에서는 상하이의 명승고적, 상점, 숙박 시설, 기원妓院뿐만 아니라 상하이인의 일상생활과 상하이 말 등 이곳을 여행하거나 거주할 때 필요한 상식들을 소개하고 있다. 이는 이 시기에 상하이, 상하이인이 이미 비교적 확정된 형상을 이루었으며 나아가 상하이 주민에게 행위 방식의 규범을 구체적으로 제시하기 시작했음을 설명해 준다.

상하이 주민들이 정주 의식과 지역 정체성을 어느 정도 갖기 시작했다고 해도, 20세기 중반까지도 "여호의식旅滬意識"과 본래 관적에 대한 귀속감은 여전히 강했다. 말하자면 당시 이들의 지역 정체성은 이중적이었다고 할 수 있다. 거리에서는 상하이 말을 쓰고 집으로 돌아가서는 고향 말을 썼으며, 적당한 때가 되면 다시 고향으로 돌아갈 것이라고 생각하는 사람이 많았다.

중화인민공화국으로 접어들어 이러한 이중적 지역 정체성은 점차 단일화되어 갔다. 특히 1958년 실행된 호적관리제도는 큰 계기로 작용했다. 1949년 신정권이 수립된 뒤 수년 동안 상하이에 대한 인구 진출은 엄격히 통제되지 않았다. 1951년에서 1954년까지 상하이 인구는 매년 21만씩 증가했다. 그런데 1958년 호적관리제도가 실행되면서 인구의 이입移入은 불가능해졌다. 인구 유입의 통로가 완전히 막히면서, 상하이인은 고정적인 집단이 되었고 신분적으로 고정적인 함의를 갖게 되었다. 상하이 주민들은 고향으로 돌아갈 경우 다시 돌아올 수 없었기 때문에 풍요로운 도시 생활, 도시 문화를 향유할 수 있는 상하이인으로서 신분을 갖고 있다는 사실을 스스로 귀하게 여기기 시작했다. 외지인에 대한 우월감도 나타났다. 이런 가운데 이들은 점차 이 도시에 대한 정주 의식과 지역 정체성을 확고히 했다.

상하이 말(상하이 한화上海閒話)은 이들의 지역정체성이 형성되는 과정에서 중요한 역할을 했다. 상하이 말은 소주, 영파, 광동 등 다양한 지역 방언들이 혼합되어 형성된 것으로, 19세기 말에 그 윤곽이 어느 정도 잡힌 것으로 판단된다. 예를 들어 1892년 상하이에서 출판된 한방경韓邦慶의 소설《해상기서海上奇書》는 상하이 말로 쓰였으며 당시 6판이 출판될 정도로 환영받았다. 1958년 이후 도시 인구의 유동이 정체되면서 상하이 말도 점차 통일화되었다. 특히 방송 프로그램과 연극(호극滬劇) 등에서 상하이 말이 사용되면서 그 규범화를 이끌었다. 상하이 말은 상하이인의 지역 정체성과 타지인에 대한 우월감을 나타내는 중요한 수단이라고 할 수 있다. "알라 스앙해닌阿拉上海人"은 "우리 상하이 사람"이라는 뜻으로 이러한 상하이인의 행태를 풍자적으로 묘사하는 데 사용되기도 한다.[21]

상하이인들이 지역 정체성을 획득하는 데는 다음과 같은 원인이 작용했다고 할 수 있다. 첫째는 거주 기간이다. 일반적으로 이민자가 정착지에 갖는 소속감은 거주 기간에 정비례한다. 상하이의 중국인 주민은 19세기 말 태평천국 이후 급증했다. 이민자들은 이후 자손을 가지면서 정착 단계로 접어들었고, 이들과 자손들은 점차 이 지역에 대한 귀속감을 강하게 가질 수밖에 없었을 것이다. 둘째는 도시 형상의 완성이다. 상하이는 개항 이전 현성에서부터 시작해 개항 이후 공공조계, 프랑스조계의 건설, 화계의 자치 건설 사업, 국민정부의 "대상하이계획", 중화인민공화국의 포동 개발 등을 거치면서 도시 형상을 완성해 왔다. 이에 따라 구성원도 자연스럽게 도시 주민으로서 신분을 받아들이게 되었다고 할 수 있다. 셋째는 지역 문화 형성이다. 처음에 상하이 주민들의 문화적인 공유 영역은 제한적이었다. 그들은 각기 상하이로 이주하기 전에 갖고 있던 문화적 특성을 그대로 유지하고 있었다. 그렇지만 그러한 요소들은 점차 교류, 융합하면서 문화적 공유 지대를 만들어 갔다. 서구와 중국, 중국 내 각 지역의 문화적 요소들이 교류, 융합하면서 지역적 특색을 갖는 문화적 형상을 형성해 갔다. 이러한 지역 문화 형성은 주민들이 상하이인으로서 자기 인식을 갖는 데 중요한 역할을 했다고 할 수 있다.

| 중국의 화살촉 |

어떤 이는 현 중국에서 상하이가 점하고 있는 위상을 화살촉에 비유한다. 그에 따르면 발해만渤海灣의 대련大連을 기점으로 상하이와 홍콩香港을 지나 복건성의 천주泉州까지 선을 그으면 활 모양이 되고, 상하이의 포동에서 무한武漢을 지나 중경重京에 이르는 양자강 경제벨트는 화살 모양이며, 베이징에서 광주, 홍콩 구룡九龍까지 가는 두 철도는 활시위가 된다. 서부 대개발이 진행되면서 이제 활시위가 서쪽으로 당겨질 것이고, 이렇게 한껏 당겨진 활시위가 튕겨지면 화살은 태평양을 향해 쏘아질 것이다. 여기서 화살촉에 비유되고 있는 곳이 바로 상하이다. 이는 현 중국에서 상하이가 점하고 있는 위치를 그럴 듯하게 설명해주고 있다.[22]

역사상 이 도시를 보는 시각에는 상반된 두 이미지가 겹쳐 있다. 우선 상하이는 중국이 영국과의 전쟁에서 패한 뒤 개항장이 되었으며 이후 중국에 진출해 온 제국주의 열강의 주요 거점 역할을 담당했다. 이 점에서 상하이는 중국인에게 근현대 중국이 겪은 치욕의 역사를 보여 주는 상징이라고 할 수 있다. 그러나 반대로 그 이후 이 도시가 보여준 역동성과 화려함은 중국인들로 하여금 자부심을 갖게 만드는 상징이기도 했다. 특히 1930년대를 전후해 현대도시로서 전성기를 보낸 상하이는 "동방의 진주", "동방의 파리", "동방의 뉴욕" 등으로 찬미되었다. 대국大國으로 굴기崛起를 꿈꾸는 현 중국에서, 후자처럼 상하이가 지닌 과거의 영화를 미래상과 연결시키려는 경향이 점차 강화되고 있다.

상하이는 입지적 장점이 많은 도시다. 양자강 하류 경제권(강소, 절강, 안휘 등)과 양자강 유역 도시(호남, 호북 등) 등 배후지와 경제적, 인적 네트워크로 긴밀히 연결되어 그 성장의 동력을 흡수해 왔으며, 양자강 유역 경제벨트(상하이-구강-무한-중경)의 끝에 위치하면서 양자강 유역과 동부 연해, 해외의 자원을 연결해 주는 무역도시로 성장해 왔다. 물류, 교역에서의 이러한 입지적 장점은 상하이가 발생하면서부터 오늘날까지 기본적으로 유지된 부분이다.

상하이는 이러한 입지적 장점을 도시 기능으로 발전시켜 왔다. 개항 이전 현성을 중심으로 한 도시 성장은 바로 이러한 장점 위에 무역도시로서의 위상을 강화해 온 과정이었다. 개항 이후 조계를 중심으로 한 도시 건설 역시 변화한 국제 환경에 대응해 이 도시가 자신의 장점을 도시 기능으로 더 발전시킬 수 있을 것인지를 묻는 커다란 실험이었다. 그 결과는 꽤 성공적인 듯했다. 무역, 금융업 등을 중심으로 다양한 도시 기능이 체계적으로 배치되면서 상하이는 외연적으로 화려한 현대도시로 자신의 모습을 뽐낼 수 있게 되었다.

당시 상하이는 식민 도시로서의 문제를 안고 있었다. 도시 성장의 중심이 조계와 외국인에 놓여 있는 상황에서, 중국인들은 그 성장을 추동하는 수요와 논리를 스스로 만들어 내지 못했다. 외연적으로는 도시가 성장했지만, 도시 성장의 수요와 논리는 외부에서 제공되었다. 결국 중국인들은 현대 도시를 향유하고 그 속에서 사회적 학습을 진행하면서, 스스로 도시의 미래를 꿈꿀 수 있는 주체적 입지를 확보하지 못했다.

이를 극복하기 위해서는 상하이인이 도시 발전을 주도할 내적 역량과 활력을 축적하기를 기다려야 했다. 이들이 스스로 도시 발전 수요와 논리를 갖지 못했던 것은, 이들 대부분이 상당 기간 동안 이민 인구로서 지역 정체성과 책임 의식을 갖지 못한 데도 원인이 있었다. 이들은 현대 도시 상하이의 도시 공간을 채워 갔지만 그 도시를 만들어 가는 주체로서 자리 잡지는 못했다. 20세기를 거치면서 이들 사이에 점차 정주 의식과 지역 정체성이 나타났으며, 오늘날의 상하이인들은 본격적으로 이 도시의 미래에 대한 스스로의 꿈을 꾸고 있는 듯하다.

상하이인이 역사적 경험 속에서 교훈을 얻을 수 있을지 흥미롭다. 경제적으로 상하이는 엄청난 속도로 부상하고 있으며, 이런 가운데 이들에게 조계 시기에 물질문명과 금전적 풍요에 압도되던 '경박함'이 재연될 여지도 있는 듯하다. 이들이 스스로 도시 성장의 수요와 논리를 만들어 가는 주체로서, 그 '경박함'을 벗어나서 도시와 도시인의 삶에 대한 근본적 성찰을 통해 이 도시를 인간적 삶이 보장되고 인간적 가치와 의미가 구현되는 공간으로 만들어 갈 수 있을지에 대해 관심을 가질 필요가 있다. 상하이뿐 아니라 동아시아의 많은 도시들이 식민주의의 그림자를 걷어 내는 데 이러한 성찰의 태도가 무엇보다 필요할 것이다.

런던,
두 세기의 풍경

이영석

London

변방에서 중심 도시로 · 새뮤얼 존슨의 런던 · 도시의 팽창 · 지리적 양극화 · 제국 도시와 이민 · 밀레니엄 축제, 그 이후

| 변방에서 중심 도시로 |

오늘날 런던은 영국의 수도이자 유럽의 관문으로 그리고 국제적인 금융·문화 중심지로 널리 알려져 있다. 이 도시가 영국 경제를 넘어 세계경제에서 차지하는 비중이 유럽의 다른 도시보다 월등하게 높아진 것은 18세기의 후반의 일이다. 물론 그 이전만 하더라도 런던의 도시 규모나 인구는 대륙의 경쟁 도시를 크게 앞지르지 못했다. 18세기 이전 런던의 인구 증가율은 매우 미미했으나 18세기에 접어들면서 산업화와 영제국의 확대 그리고 국제무역의 번영에 힘입어 급속하게 높아진 것으로 보인다.[1]

원래 런던은 제정 로마시대에 브리튼 섬에 주둔하는 로마군의 주요 병참기지였다. 로마군이 여기에 주둔한 것은 런던이라는 이름의 어원에서 나타나듯이 템스 강 하구에 위치한 지리적 이점 때문이었을 것이다.[2] 라틴어 'civitas'는 도시라는 뜻 외에 도시민 자격과 조건 또는 도시민의 권리라는 추상적인 의미도 가진다. 브리튼 섬에서는 오직 런던만이 이런 의미를 충족할 수 있는 도시였다. 현재 구 런던 시를 가리키는 '시티the City'라는 표현이 바로 이를 말해 준다.

그렇다고 해서 런던이 중세 초기부터 정치적 수도였던 것은 아니다. 노르만왕조와 그 뒤를 이은 플랜태지닛Plantagenet왕조의 왕들은 전국을 순행하면서 통치하는 관행을 지켰다.

1572년 런던 지도

왕과 신하들이 상당 기간 머무는 장소로는 런던뿐 아니라 브리스톨이나 요크 같은 지방 도시들도 포함되었다. 그러나 백년전쟁 이후 왕의 통치는 주로 웨스트민스터 궁Palace of Westminster을 중심으로 이루어졌고 의회 또한 같은 장소에서 열리기 시작했다. 15세기에 이르러 런던은 상업 중심지 시티와 행정 중심지 웨스트민스터 시구를 포함하는, 명실상부한 수도가 되었다.

런던의 성장은 근대국가 영국의 발전과 동일한 궤적을 그리며 전개되었다. 17세기 후반 이래 영국은 경쟁국 네덜란드와 프랑스를 제치고 국제무역과 해외 식민지 경쟁에서 우위를 차지했다. 이러한 발전 과정은 금융혁명, 산업혁명, 영제국 형성으로 이어졌다. 바로 이 같은 변화가 런던의 도시 풍경에 그대로 각인되었다. 1660년대에 '대역병Great Plague'이나 '대화재Great Fire' 같은 재앙을 겪기도 했지만,[3] 런던은 영국의 발전과 병행해 급속하게 성장했다.

새뮤얼 존슨의 런던

런던 '시티'의 가프 스퀘어Gough Square 17번지. 이 3층 벽돌집은 1740, 50년대에 새뮤얼 존슨이 《영어사전Dictionary of the English Language》 원고를 집필하며 지낸 곳으로 널리 알려져 있다. 존슨은 런던에 살고 있다는 사실을 항상 자랑스러워 했다. 그는 특히 시티를 중심으로 이루어지는 무역 거래와 상업 활동을 높이 평가했다. 더 나아가 런던이야말로 전 세계의 모든 지식이 집대성되는 곳이었다. "런던의 삶이 얼마나 행복한 것인지 거기서 살아가는 사람들은 알지 못한다. 반경 10마일 이내 우리가 지금 자리한 이곳에 여타 세계가 가진 것보다도 더 많은 지식과 학문이 있지 않은가." 그러므로 런던에 진저리 치는 이가 있다면 그는 말하자면 인생 자체에 지쳐 버린 사람이다. 왜냐하면 "런던은 삶이 가져다 줄 수 있는 모든 것"을 갖추고 있기 때문이다.[4]

존슨이 가프 스퀘어에 머물던 18세기 중엽 런던 인구는 대략 67만 명, 세기 말에는 90만 명선에 이르렀다.[5] 존슨 시대만 하더라도 런던의 경제활동 중심지는 시티였다. 해외무역으로 돈을 벌기 위해서는 도심에서 세계시장에 관한 여러 활동 정보를 모을 필요가 있었으므로, 그들의 사업장과 거주지는 멀리 떨어질 수 없었다. 시티 주민의 정점은 해외무역 분야에서 영업하는 사람들이었다. 이들 무역 상인 외에 국채와 주식 투자, 보험, 해운, 금융 등의 분야에서 새롭게 화폐 자산을 축적한 이들이 나타났다. 이들 '금전적 이해관계'를 가진 사람들은 화폐 신용을 다루기도 하고 운송 중인 화물과 선박의 보험 업무에도 뛰어들었다.

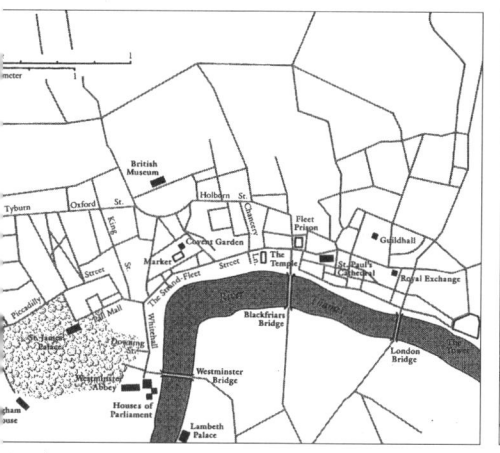 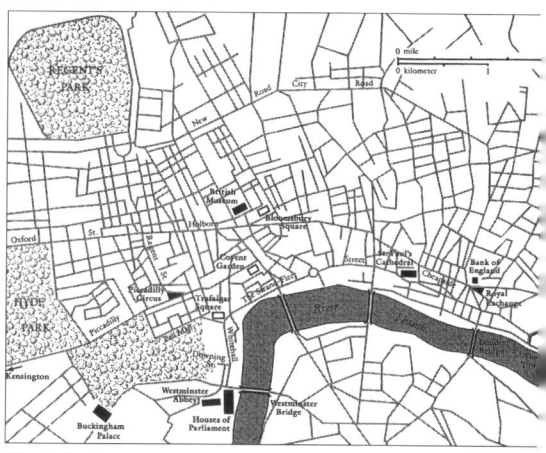

Johnson's London　　Victorian London

18세기 중엽과 19세기 중엽 런던

　　18세기 후반에 인구가 이전보다 밀집되면서 도심 환경은 더욱 악화되었다. 불량한 하수 시설과 더러운 도로는 주민들에게 매우 혐오스러운 것이었다. 당시 런던은 사실상 생태적 위기에 직면했으며 그 타개책은 도심과 인접 지역을 재개발하거나 또는 그곳을 탈출하는 것뿐이었다. 환경을 개선하기 위해 도심을 재개발하는 과정에서 스퀘어 가든이나 코번트 가든 같은 이탈리아풍의 광장이 조성되었다. 이와 함께 교외도 확대되기 시작했다. 물론 시티와 웨스트민스터 구의 좁은 도심을 벗어나면 아직도 빈민층 거주지가 도시의 팽창을 가로막았지만, 런던의 확대는 시대적 추세였다. 18세기 후반에는 주로 강북 지역의 서쪽 방향으로 새로운 주거지가 개발되었다. 웨스트엔드라 불리는 이들 지역에 캠버웰, 클래팜, 홀본, 패딩턴, 켄징턴, 첼시, 케닝턴 같은 새로운 시구와 주거지가 조성되었으며 주로 부르주아와 미들클래스 상층이 이곳으로 몰려들기 시작했다.

| 도시의 팽창 |

19세기 런던은 이전 세기와는 달리 급속한 인구 증가를 보인다. 19세기 초 100만 명에 근접했던 런던 인구는 1851년 268만 명, 1901년에는 658만 명에 이르렀다.[6] 주변 지역으로부터 지속적으로 인구가 유입된 결과였다. 한 연구에 따르면, 런던의 인구 유입은 대체로 19세기 중엽을 분기점으로 대조적인 양상을 보인다. 즉 세기 전반에는 주로 에식스, 서리, 켄트 등 런던에 인접한 지역에서 단거리 이주가 주류를 이루었다. 그러나 1860년대 이후 잉글랜드 북서부, 웨일스, 스코틀랜드, 아일랜드, 동유럽 등 원거리 이주민이 급증했다.[7]

급속한 인구 유입은 도시의 지역 구성에 커다란 변화를 가져왔다. 이전 세기에 중간계급이 주도한 교외 개발 사례가 있기는 하지만, 런던의 전반적인 풍경은 전통적인 '도보 도시'의 면모를 그대로 보여 주었다. 즉, 18세기에는 좁은 도심과 빈민층이 거주하는 교외의 이분 구조가 도시의 성장을 가로막고 있었던 것이다.[8] 그러나 새로운 이주민들은 여러 이유 때문에 도심에 근접한 지역에 자리를 잡기 시작했다. 이와 대조적으로 대대적인 교외 개발은 중간계급의 주도 아래 전개되었다. 물론 19세기 중엽에는 과도기적 현상이 남아 있었다. 빈곤한 이주민과 부유층이 공존하는 공간이 도심 지역 여러 곳에 있었다. 이러한 현상은 같은 세기 후반에 점차로 사라졌고 부유한 중간계급 중심의 교외와 도심 근처 빈민층 거주 지역이라는 지리적 구분이 분명해졌다. 왜 이러한 현상이 나타난 것일까?

먼저, 19세기 전반 산업혁명기에 런던은 산업 기반이 취약했지만 무역·금융 분야는 물론 그 밖의 각종 서비스 부문과 소비재공업이 밀접하게 결합되어 있었다. 그뿐만 아니라 고한제sweating system를 바탕으로 하는 싸구려 의류 제조업이 빠른 속도로 성장했다. 이와 아울러 가구, 양장, 피혁 등 소규모 자영업 또한 번창했다. 말하자면 런던 경제는 북서부 공업지대 못지않게 농촌 과잉인구와 젊은 세대를 흡인할 수 있는 경제적 기반을 가지고 있었다.[9] 18세기 말 이래 런던 도심은 새로운 이주민의 압력을 더 이상 감내할 수 없는 상태에 이르렀다. 이전의 부유한 도심과 빈곤한 교외라는 구분은 점차 희미해졌다.

다음으로, 교외 개발과 중간계급의 도심 탈출은 좀 더 복합적인 요인들이 작용한 결과였다. 이 경향은 도심의 과밀화와 새로운 가족 윤리의 대두가 서로 맞물려 전개되었다. 로런스 스톤Lawrence Stone에 따르면, 그 윤리는 '감성적 개인주의affective individualism'에 바탕을 둔 '가정 중심의 핵가족' 출현과 밀접하게 관련된다. 부부 관계 또는 부모와 자식 관계는 이전과 달리 애정에 토대를 두었다. 17세기 이래 중간계급 가정은 대체로 감성적 유대가 강했으며 가족 자체가 이전의 개방성 대신에 폐쇄성의 특징을 나타냈다. 여기에서 문제는 도심의 개방성과 새로운 가족 윤리가 양립하기 어려웠다는 사실이다.[10] 더욱이 빈민층이 도심까지 몰려들자 중간계급은 그들과 공간적으로 떨어지려는 경향을 강하게 나타냈다. 그 해결책은 도심을 떠나 교외에 가족의 보금자리를 새로 만드는 것이었다.

18세기 복음 운동 또한 중간계급의 도심 탈출에 적지 않은 영향을 미쳤다. 복음 운동은 평화로운 기독교 가정에서 구원의 길을 찾았다. 복음 운동가들은 도심의 불결함과 쾌락에서 격리된 가정을 중시했다. 자녀들의 오염을 막기 위해서라도 부모는 런던 도심의 위험들에서 벗어나야만 했다. 19세기에 들어서면서 복음 운동과 새로운 가족 윤리는 중간계급은 물론, 고급 직종의 숙련 장인들 사이에도 널리 퍼졌다.

그렇다면 런던의 교외 개발은 구체적으로 어떻게 이루어졌는가? 18세기 후반 클래펌에 복음 운동가들의 집단 주택단지가 들어선 이후 여러 곳에서 부르주아지의 교외 주택단지가 잇달아 건설되었다. 템스 강 북쪽에는 햄스테드, 하이게이트, 혼지, 월섬스토에서, 남쪽에는 덜리치, 월워스, 캠버웰 등지에서 새로운 교외 주택단지가 조성되었다. 이들 지역은 도로를 따라 띠처럼 집들이 들어서는 리본식 개발의 특징을 보여준다. 여기에서 눈에 띄는 것은 지주나 건축업자가 다 같이 개발의 적절성과 인근 지역과의 조화를 고려하면서 계획을 세웠다는 점이다. 이튼학교 소유지 챌코츠 개발 사례는 이를 잘 보여준다.[11]

1822년 건축가 존 쇼John Show는 약 230에이커의 택지를 분할해 독립주택 34채를 지었다. 그 후 개발은 그의 아들이 이어받았다. 존 쇼 2세는 도로와 주택군의 패턴을 미리 밝히고 특히 일부 지역을 공적 개방 공간으로 유지할 필요성을 강조했다. 3개의 도로변에 주택단지를 조성하면서 교회와 주점pub house 등을 먼저 세웠다. 이튼학교 측은 이 지역을 전형적인 중간계급 거주지로 개발할 생각을 가지고 있었다. 따라서 그들은 주택업자들에게 적용할 엄격한 지침을 마련했다. 챌코츠의 택지는 저밀도 주택단지를 염두에 두고 분할되었다. 주택의 형태는 단독 이층집detached house 외에 한 지붕 아래 두 가구가 붙어 있는 '두 가구 이층집semi-detached house'이 주류를 이뤘다. '두 가구 이층집'의 출현이야말로 중간계급을 대상으로 하는 교외 개발의 성격 변화를 반영한다. 이러한 주택 패턴은 건축가 존 내시John Nash가 리전트파크에 대규모 '파크 빌리지'를 조성한 이래 널리 퍼져 나갔다.[12]

'두 가구 이층집'은 한 지붕 아래 두 가구가 병존하면서도 각 가구의 전면과 후면에 1~3에이커의 정원과 후원을 덧붙인 형태였다. 19세기 후반에 지방자치단체의 조례를 통해 주택에 대한 표준 규제 조항이 만들어졌고, 새로운 건축 기준과 위생 기준을 적용한 집들이 노동계급 상층에게까지 대량으로 공급되었다. 이 주택 형태에는 '두 가구 이층집'도 있었지만, 여러 가구가 연이어 있는 '연립 이층집terraced house'이 대부분이었다. 이 경우도 가구별로 전후면에 정원을 덧붙이는 원칙은 그대로 준수되었다.[13]

런던에서 교외의 발전은 아파트 위주의 도심 재개발을 통해 내포적 발전을 거듭한 파리의 경우와 대조적이다. 이 원인을 밝히기는 쉽지 않지만,[14] 도시 행정조직 차이를 주목해야 한다. 앞에서 언급한 대로, 런던은 18세기 후반부터 웨스트엔드와 강북 지역 그리고 19세기에 템스 강 남쪽 지역까지 교외가 급속하게 확대되었지만 이 개발의 주체는 일정하지 않았다. 19세기 런던에서 유일한 행정조직인 런던 시청City Corporation은 시티의 90여 농업조합들이 선임한 참사회court of aldermen에서 시장을 뽑는 중세적 전통을 그대로 유지하고 있었다. 런던 시청의 권한은 국왕으로부터 받은 인허장charter에 근거를 두었지만, 그것도 시장Lord Mayor, 집행관sheriff, 참사회 등 위계 구조가 복잡했다. 1835년 자치도시법Municipal Corporation Act에도 런던은 포함되지 않았다. 말하자면 19세기 중엽까지도 시티 이외의 런던 지역 전체를 관할하는 어떠한 행정조직도 존재하지 않았다. 그리하여 런던의 교외 팽창은 개별 토지 소유자, 특히 왕실의 의도에 따라 자의적으로 진행되었다.[15] 통합된 행정조직의 부재가 이 시기 비정상적인 교외 팽창을 더 가속시켰다고 볼 수 있다.

19세기 런던의 서부, 북부 그리고 남부 지역까지 교외 지역이 확대된 데는 철도의 역할이 컸다. 19세기에 증기기관차는 근대성의 새로운 표지였다. 산업화시대 수도의 팽창 과정에서 철도의 역할은 매우 중요하다. 어느 나라든지 수도가 철도망의 중심축으로 자리 잡았기 때문이다. 수도권을 중심으로 철도망이 방사선형으로 형성될수록 수도로의 인구 집중을 자극했다. 사실 철도는 산업화의 시차와 관계없이 유럽 주요 국가에서 거의 동시에 도입되었다. 철도혁명이 영국 산업화의 종착역이었다면 대륙의 다른 나라에서는 산업화의 시발역이었던 셈이다. 런던에서 철도가 처음 등장한 것은 1836년이다. 파리에서도 1842년에 이미 북부 노선의 일부가 개통되었다.

런던이나 파리에는 독일을 비롯한 후발 산업국가 도시에서 흔히 볼 수 있는 중앙역Hauftbahnhop이 없다. 런던에서는 개별 철도 회사들이 이미 조성된 도심의 근교에 터미널을 세우고 철도 노선을 깔았다. 당시만 하더라도 철도란 근거리보다는 원거리 교통을 겨냥한 것이었다. 당시 철도사업가들은 터미널이 도심에서 멀리 떨어져 있다는 점을 별로 심각하게 생각하지 않았다. 사실 귀족 지주와 구 런던시의 금융가들 또한 철도가 초래할 무질서 때문에 도심에 터미널을 세우는 것을 좋아하지 않았다. 런던과 버밍엄Birmingham을 연결하는 노선의 터미널은 지금의 유스턴Euston 역에서 11마일 떨어진 교외의 해로Harrow에 그리고 대서부철도 노선의 경우도 지금의 패딩턴Paddington 역에서 6마일 떨어진 일링Ealing에 세워졌다.

그러나 당대에 앞날을 내다본 도시계획가들은 철도역이 제멋대로 분산되어 있다는 사실을 개탄하기도 했다. 그들의 우려는 곧바로 현실로 나타났다. 런던 전체의 철도 수송 체계라는 점에서 보면 제멋대로 분산된 철도역은 아주 비효율적이었다. 유럽 대륙에서와 같은 중앙역을 건설해야 한다는 주장이 제기되기도 했지만, 각 노선을 운영하는 여러 철도 회사의 이해를 조정하기에는 너무 늦은 감이 있었다. 1850년대 중엽 런던의 철도망은 버밍엄, 미들랜드, 북부, 이스트 앵글리아, 남부 해안, 브리스톨 등 전국 각 지방과 연결되었는데, 같은 세기 말 런던에는 유스턴 역, 패딩턴 역, 킹스크로스King's Cross 역, 세인트 팬크라스St Pancrass 역, 채링크로스Charing Cross 역, 빅토리아Victoria 역, 워털루Waterloo 역 등 모두 열다섯 곳의 역이 자리 잡았다.

| 지리적 양극화 |

18세기 후반에 웨스트민스터 시구 서쪽으로 옥스퍼드 가, 리전트Regent 가, 패딩턴, 켄징턴Kensington, 세인트 존스 우드St. Jone's Wood 등 이른바 웨스트엔드 지역이 그리고 19세기에 들어 이스트엔드와 템스 강 남쪽 지역이 개발되었지만, 이 개발의 주체는 구 런던 시 당국이 아니었다. 19세기 런던의 도심 개발은 토지 소유자인 귀족이나 특히 왕실의 주도 아래 이뤄졌다. 이를테면 리전트 가와 트라팔가 광장 지구는 시당국이 아니라 왕실의 산림담

당관Commissioner of Wood and Forests이 개발했다.[16]

런던에서 도시 전체를 총괄하는 행정기관의 필요성이 높아진 것은 콜레라 창궐 이후였다. 1832년의 콜레라 이후 공중위생, 상하수도 시설 개선, 도로 정비 등에 대한 관심이 높아졌으며, 에드윈 채드윅Edwin Chadwick의 주도하에 제정된 1848년 공중보건법Public Health Act은 이러한 여론을 반영한 것이었다. 그러나 1849년 콜레라가 다시 내습했을 때 런던의 모든 지역은 무방비 상태였다. 1855년 수도지역정부법Metropolis Local Government Act은 런던의 각 지역별로 이뤄지던 행정을 조정하고 계획하기 위한 법이었다. 물론 이 법에서도 런던 전 지역을 총괄하는 집중적인 행정기관에 대한 언급은 없다. 다만 당시까지 각 지역의 행정을 맡은 250여 동업조합과 단체들을 권역별 위원회 조직으로 재편하여 행정의 효율화를 추구한 조치에 지나지 않았다. 그러나 여기에서 획기적인 것은 상하수도, 도로 개설과 포장, 가로등 설치 등의 업무를 총괄하는 통합된 기구 설치를 제안한 점이다. 이에 따라 수도건설국Metropolitan Board of Works이 설립되었으며, 1850~1860년대에 대대적인 상하수도 정비와 도로포장 등 도시환경을 개선하기 위한 공사가 진행되었다.[17]

이 무렵 런던 사람들은 자기들의 도시가 세계에서 가장 규모가 크다는 사실에 자부심을 느꼈다. 19세기 중엽 런던은 뉴욕과 파리를 합친 크기였고, 세기말에도 다른 도시들에 비해 절대적인 우위는 변함이 없었다. 당시 영국인들은 런던을 당연히 세계의 중심이라고 생각했다. 런던 외곽의 그리니치 천문대를 본초자오선의 기점으로 정한 것도 어쩌면 그들에게는 당연한 일이었다. 영국인들은 문화적으로 런던의 우월성을 확인하려는 노력도 기울였다. 예컨대 도심에 독자적인 문화 공간을 조성하려는 노력이 눈에 띈다. 이 시대에 런던 도심은 이른바 빅토리아풍의 대형 석조 건물로 채워지기 시작했다. 이들 건축물은 고급문화의 공연 또는 전시를 위한 대형 공간이었다. 영국박물관 신축은 물론, 로열앨버트홀, 빅토리아앨버트 박물관, 자연사박물관, 국립미술관National Gallery 등은 모두 이 시기에 세워졌다.

귀족들의 사유지도 공원이나 광장 형태로 개발해 일반에게 문을 열었다. 블룸스베리 광장, 레스터 광장, 켄징턴파크 등이 이에 해당한다. 이러한 움직임은 런던 도심의 고급문화를 상징했다. 이와 함께 도심을 벗어나면 철도 노선을 따라 리본식으로 개발된 교외가 사람들의 눈길을 끌었다. 두세 형태의 이층집들로 단조롭게 형성된 주택단지가 숲과 공원을 경계로 이곳저곳에 들어섰는데, 그 풍경은 세계 최대 규모를 자랑하는 도시에 어울리지 않게 전원적인 분위기를 풍겼다. 존 러스킨John Ruskin을 비롯한 영국의 지식인들이 강조한 '잉글랜드 정원England garden'이라는 말은 거대도시 런던에도 부분적으로 적용될 수 있었다.

한편, 시티, 웨스트민스터 구, 웨스트엔드 지역과 구별되는 런던 동부 지역East End은 19세기 중엽 이래 사회조사의 선구자라고 할 수 있는 헨리 메이휴Henry Mayhew나 찰스 부스Charles Booth 등의 각별한 관심을 끌었다. 이들이 이 지역에 관심을 둔 것은 런던의 대표적인 빈민가였기 때문이다. 사실 영어에서 도시 빈민가를 뜻하는 '슬럼slum'이라는 말의 기원은 실제로 대도시와 관련이 없다. 영어에서 이 말은 1820년대에 처음 나타나는데, '물기가 있는 수렁wet mire'의 뜻을 지닌 고영어 'slump'에서 나왔다. 독일어나 덴마크어에서도 'slam'은 수렁을 뜻한다. 이 말은 점차 산업도시에서 배

19세기 말 이스트엔드 슬럼

수로 어려움을 겪는 구역 또는 그 열악한 상태를 가리키는 말로 쓰였다. 이 말이 19세기에 도시 빈곤 지역을 가리키게 된 것은 영국 산업화의 특수한 경험과 밀접하게 관련된다. 초기 산업화 단계에서 영국의 면공장은 수력을 이용하는 데 편리한 산간 지방에 자리 잡았다. 그 후 증기기관을 동력으로 사용하면서 공장은 석탄을 나르기 쉬운 강변과 운하, 즉 저지대에 세워졌다. 특히 랭커서 면업지대 공장들은 주로 운하 옆 낮은 지대에 위치해 있었고 그에 따라 그 주위에 노동자들의 거주 지역인 공장촌이 들어섰다. 처음에 슬럼이라는 말은 우기에 배수가 잘 되지 않는 주거지, 즉 면업지대의 공장촌을 가리켰다. 그러나 철도의 시대에 이르러 그 말은 좀 더 다른 의미를 갖게 되었다. 공업도시들이 성장하고 공장 주변 여기저기에 대규모 노동자 주택단지가 들어섰을 때, 이 말은 이전과 달리 가난한 빈민과 하층민이 살고 있는 열악한 주거지를 상징하게 된 것이다.

이스트엔드는 구체적인 행정단위가 아니기 때문에 그 경계도 일정하지 않다. 19세기 전반까지만 하더라도 이스트엔드라는 지명은 오직 스텝니 구만 뜻했다. 그러나 1880년대 부스가 사회조사를 시작했을 때 조사 대상에는 스텝니 외에 화이트채플, 마일엔드, 세인트 조지, 베스널 그린, 포플러, 소어디치, 해크니 구 등이 포함되었다. 18세기에도 이들 지역은 전원적인 풍경을 간직하고 있었고, 마일엔드나 베스널 그린을 중심으로 섬유 분야의 수공업 장인, 특히 견직공들이 집단적으로 거주했을 뿐이었다.

그렇다면 19세기에 왜 도심에서 비교적 가까운 이 지역이 빈민가로 변모했을까? 전통적인 도시에서 상인과 부유층은 도심에서 살았고, 빈민은 도시 외곽에 머물렀다. 런던의 경우 18세기 말부터 이 구조에 변화가 일었다. 우선 빅토리아시대에 런던 도심과 웨스트엔드 지역에 대형 석조 건물과 대형 전시 공간이 잇달아 세워졌는데, 이 공사장을 따라 건축 노동자들이 떼를 지어 런던 도심에 몰려들었다. 공사장 인부들은 자연스럽게 시티 인근의 싸구려 숙박 시설에 머물렀다. 대형 석조 건물은 그 규모만큼이나 공사 기간이 길었으며 그만큼 공사 인부들도 급증했다.

다음으로 런던 항의 부두 증설과 더불어 하역 작업에 종사하는 부두 노동자 수도 급증했으며 이들은 대부분 이스트엔드에 주거지를 마련했다. 하역량이 증가함에 따라 부두 노동자들 외에 하역 작업과 직간접으로 관련된 분야의 고용 또한 늘었다. 통메장이, 밧줄제조공, 목공 등이 정규적인 일감을 맡았고 그들 밑에는 여러 날품팔이 노동자들이 있었다. 1887년 비어트리스 포터Beatrice Potter(1858~1953)는 웨스트-이스트 인디아 부두를 비롯한 주요 선창 회사를 방문해 부두 노동자 실태를 조사했다. 주요 선창 회사만 하더라도 정규·비정규 노동자 6199명을 고용하고 있었다. 중소 규모의 선창 회사를 감안하면 그 수는 훨씬 더 많았을 것이다.[18] 부두 노동자 대부분이 이스트엔드, 그중에서도 화이트채플에 거주하고 있었다.

또 다른 한 요인으로 동유럽 이민 증가를 지적할 수 있다. 이민자들 상당수가 이스트엔드에서 삶을 꾸려 나갔다. 19세기 전반에는 아일랜드 이민이 그리고 1880년대 초부터는 폴란드와 러시아의 유대인 이민이 이스트엔드로 몰려들었다. 1880년대 러시아 정부가 임시규제법을 제정해 유대인을 속박하고 추방하려는 정책을 폈고 이에 부응해 해운업자들이 해외로 이주하려는 유대인을 부추겼다. 당시 동유럽 난민이 우선 생각할 수 있는 목적지는 런던이었는데, 이는 서유럽 국가 가운데 영국만이 이민자에게 별다른 규제 조치를 취하지 않았기 때문이다. 1880년대부터 제1차 세계대전 이전까지 200만 명의 동유럽 유대인이 이민 대열에 합류했으며, 그 가운데 적어도 15만 명 이상이 영국에 자리를 잡았다.[19]

마지막으로, 의류·제화·가구 제조 분야에서 성행한 고한제sweating system가 이 지역의 인구 유입을 자극했다. 고한제란 도매상이나 중매상의 하청 일감을 맡은 생산자가 좁은 작업장에서 저임 노동력을 이용해 제품을 생산하는 방식을 가리킨다. 이 방식은 새로운 생산기술, 시장 수요의 변화 그리고 저임 노동인구 증가라는 새로운 환경의 산물이었다. 재봉틀과 동유럽 이민 그리고 기성복을 비롯한 싸구려 제품 수요 증가가 바로 이런 환경에 해당한다. 예컨대 양복업의 경우 기존의 고급 정장 외에 싸구려 기성복 수요가 늘면서 이러한 수요 변화에 유연하게 대처할 만한 새로운 생산 조직이 필요했던 것이다.

| 제국 도시와 이민 |

19세기 말 영제국은 다시 제2의 팽창 국면에 들어섰다. 1880년대 이후 백인정착지와 결속을 강화하는 한편, 인도 대륙 전역과 아라비아반도 일부,

아프리카의 여러 지역과 지브롤터나 키프로스 같은 지리적 요충지를 제국에 편입시켰다. 물론 최초의 산업국가라는 이름에 걸맞지 않게 제조업 분야는 다른 경쟁국에게 추월당했다. 그러나 공산품 수입 증가에 따른 무역적자는 해운, 금융 등의 무역외수지로 메울 수 있었는데, 런던의 시티가 여전히 국제 무역 중심지이자 일종의 '어음교환소'로서의 지위를 계속 유지할 수 있었기 때문이다.[20] 적어도 제1차 세계대전 이전까지 런던은 1차 생산물의 교역 창고이자 모든 상품의 중개와 매매, 단기 신용대부의 중심지였다.

　19세기 말 런던에는 영제국의 수도라는 위상에 걸맞게 무수한 제국적 상징물과 조각과 기념물이 자리 잡고 있었다. 나이츠브리지가와 브럼턴가의 교차점에는 시리아와 인도에서 전공을 세운 휴 로즈Hugh Rodhes 장군의 기마상이 자리 잡았고, 템스 강변 임방크먼트에는 이른바 '클레오파트라의 바늘'로 알려진 68피트 높이의 오벨리스크가 두 스핑크스를 거느리고 아래를 굽어보고 있었다. 제국의 상징이자 기념물로 가장 유명한 것이 트라팔가 광장이다. 수도의 중심부에 자리 잡은 이 광장에는 널리 알려져 있듯이 넬슨 제독 기념비가 높이 솟아 있었고 그 주위의 네 마리 흑사자는 바로 영국의 권능을 상징하는 것이었다. 1900년 이 광장에는 네 기념물이 더 세워졌는데, 조지 4세를 비롯해 세 명의 제국 군인들을 기념하기 위해서였다.[21]

　이 시기 런던은 다문화가 서로 경쟁하는 경연장이기도 했다. 시티의 경제, 웨스트민스터의 정치 그리고 웨스트엔드까지 연이어 있는 문화적 상징물들은 다 같이 국제도시로서 런던의 위상을 여실히 보여주었다. 제러드 스테드먼 존스J. Stedman Jones가 강조했듯이, 영제국의 절정기에 특히 런던 주민의 대다수는 제국의 열렬한 지지자들이었다. 그들은 제국의 성취와 제국의 존엄에 자긍심을 가졌으며 그만큼 해외 문화에 개방적일 뿐만 아니라 익숙해 있었다. 이런 점에서 이 시기 런던이야말로 근대 세계 최초의 코스모폴리스라고 할 수 있다. 이러한 분위기가 런던 시민의 정체성에 어떤 영향을 미쳤는지 정확하게 파악하기란 어려운 일이다.

그러나 제국의 중심 도시라는 특징은 19세기 말 이래 급증한 이민의 물결에서 오히려 더 분명하게 나타났다. 1880년대 이래 제1차 세계대전 이전까지 적어도 20만 명 이상의 유대인들이 영국 그중에서도 런던에 정착했다. 다른 나라로 이민한 유대인이 독신의 젊은이 위주였던 데 비해 런던에 정착한 유대인들은 가족이 함께 건너왔다는 특징을 보여준다. 영국으로 이민한 유대인 가운데 여성과 어린이의 비중이 높은 것도 이 때문이다. 소규모 상업이나 수공업에 종사하던 동유럽 이민들이 런던, 특히 이스트엔드에 정착해 생계를 유지하기란 쉽지 않았다. 당시 의류와 제화업 분야는 고한제 생산 방식이 지배적이었다. 이러한 생산이 가능했던 것은 재봉틀과 같은 새로운 기계를 도입함으로써 미숙련 노동자들을 광범하게 고용할 수 있었기 때문이다.

19세기 말 이스트엔드의 의류업 분야는 유대인 이민자들로 넘쳐났다. 이들은 원래 수공업이나 상업 분야에 종사하던 사람들이기 때문에 고한제야말로 그들의 여건에 가장 적합한 일거리였다. 그들이 이스트엔드에 정착한 초기에는 고한제 작업장에서 일을 배우다가, 시간이 지나면 독립하는 사례가 흔했다. 1887년 비어트리스 포터는 이스트엔드 지역의 고한제 작업장을 세밀하게 조사했다. 작업장은 주로 화이트채플, 마일 엔드, 세인트 조지 등 좁은 지역에 집중되어 있었다. 1평방마일에 지나지 않는 이곳의 의류 작업장에서 수만 명의 유대인이 일했다. 이 지역을 답사하면서 포터는 거리 곳곳에 히브리어나 이디시Yiddish어로 쓰인 간판들이 내걸린 것을 목격했다.22

1880년대 이후 동유럽 유대인들은 이스트엔드 지역이 빈곤의 대명사로 불리는 데 커다란 영향을 미쳤다. 그러나 이스트엔드의 유대인 사회는 20세기에 들어와 급속하게 변모한다. 이민 2세대는 부모 세대와는 달리 영국화에 적극적이었으며, 근면과 성실성을 바탕으로 사회적으로나 경제적으로 더 나은 위치로 올라설 수 있었다. 도시 슬럼가에서는 대체로 빈곤의 세습과 재생산이 문제가 되곤 한다. 그러나 유대인 사회에서 빈곤은 세대에서 세대로 이어지기보다는 단절되는 경우가 더 많았던 것 같다. 이스트엔드에서 웨스트엔드로, 또는 미국으로 유대인의 이주는 항상 활발하게 전개되었다. 전통적인 견해에 따르면, 이스트엔드 유대인들의 이동은 제1차 세계대전 이후에 급속하게 진행된다. 이 엑소더스에 참여한 사람들은 대부분 이민 2세 또는 3세라고 알려져 있다. 그러나 최근 연구는 이스트엔드 유대인들의 25퍼센트가 1880~1914년 사이에 2차 이동했다는 사실을 알려준다. 이민 1세대의 일부도 노동시장 주변에서 중심으로 진입하는 데 성공할 수 있었다는 것이다.23 어쨌거나 유대인들이 떠난 자리에는 주로 인도계 벵골인과 카리브해 출신 흑인들이 들어섰다.

이스트엔드 이민의 역사에서 흥미로운 점은 종교적 다양성이다. 18세기 북부 프랑스와 네덜란드의 신교도Huguenot들은 종교 박해를 피해 이스트엔드의 스피탈필드에 정착해 견직업에 종사했다. 이들이 도입한 새로운 직기가 곧바로 영국 섬유공업을 자극했다는 사실은 잘 알려져 있다. 19세기 후반 유대인의 이민 이후, 다음 세기 후반에는 벵골인을 중심으로 무슬림 이민자들이 급속하게 증가한다. 굳이 막스 베버Max Weber나 리처드 토니R. H. Tawney의 테제를 거론하지 않더라도 자본주의 발전기에 종교적 소수자들이 부의 축적에 매진하는 경향이 강했다는 사실은 잘 알려져 있다. 북부 프랑스에서 이주한 칼뱅파 신교도나 19세기 말의 유대인들은 이민 세대 당대에 2차 이동을 하거나 또는 다음 세대에 빈곤 지역을 벗어나는 경향을 보여준다. 그렇다면 벵골인의 경우는 어떤가?

벵골인의 이민은 20세기 중엽 이후의 일이지만, 기원을 따지면 18세기까지 거슬러 올라간다. 당시 동인도회사는 인도 동북부, 특히 실허트Syhert 출신 젊은이를 회사 무역선 선원lascar이나 잡역부로 고용했다. 이들은 이스트엔드의 싸구려 여인숙에 기거하면서 동인도회사 선박에서 하역 작업을 하거나 승선하기도 했다. 18세기 말에는 이스트엔드에 동인도회사 소속 아시아계 선원들이 투숙하는 정기 숙박 시설이 세워졌다. 동인도회사의 무역활동이 위축되면서 이들의 진출은 더 이상 확대되지 않았다. 1920년대 실허트 출신의 어느 인도인이 벵골식 식당을 열기도 했고, 2차 대전 중에도 벵골인들이 이스트엔드의 고한제 작업장에서 피혁업과 재봉일에 종사했지만, 이 당시만 하더라도 전후에 벵골인이 이스트엔드 최대의 이민 집단으로 대두하리라고는 아무도 예견하지 못했다.[24]

2차 대전 이후 영제국의 해체와 더불어 영연방에 속했던 지역 출신 소수인종들이 대거 영국으로 몰려들었다는 사실은 잘 알려져 있다. 이는 영국이 제국 지배의 경험으로 유럽 국가 가운데 개방적인 이민정책을 폈고,

1950년대 경제 부흥기에 저렴한 해외 노동력을 필요로 했던 당시 노동시장의 상황 때문이었다. 특히 그 이전에도 제국 경영의 부산물로 적지 않은 인도, 카리브해 연안국 출신 소수인종들이 영국에 거주하고 있었으며, 이들의 다양한 연결망을 통해 더 많은 이민자들이 영국으로 유입되었다.

1950~1960년대에 실허트 출신 젊은이 상당수가 런던으로 들어왔는데, 이들은 단기간 영국에 거주하면서 돈을 모아 고향으로 돌아가려는 뜻을 품고 있었다. 이들은 실허트 지방에서도 극빈층이 아니라 "미래의 보상을 위해 현재의 노동력 상실을 감내할 수 있는 집안" 출신들이었다.[25] 실허트의 여력이 있는 부모들은 자식을 런던에 보내기 위해 허리끈을 졸라매고 여비를 마련했다. 이런 열풍은 마을에서 마을로 번졌으며, 런던에 온 젊은이들은 몇 년 고생 후에 금의환향을 꿈꿨다. 당시 런던에 진출한 벵골인 이민자들은 운 좋게도 영국행 비자를 받은 사람들이었다. 이민에 개방적인 정책을 취했다 하더라도 해외 취업을 바라는 사람 가운데 소수만이 이민의 물결에 올라탈 수 있었다. 1950년대 초기 이민자들은 이스트엔드의 피혁, 섬유, 봉제 분야의 고한노동에 종사하면서 고향 마을의 가족에게 송금하는 데 열심이었고, 약간의 돈을 저축하면 미련 없이 고향으로 돌아갔다. 이들이 고향에 보내는 돈으로 가족들은 소작지를 구입하거나 땅을 넓혀 독립적인 농민으로 살아갈 수 있었다. 해외송금으로 넉넉해진 실허트 주민들은 그곳에서 '런더니Londoni'로 불리기도 했다.[26]

그렇다면 1950년대까지만 하더라도 소수인종에 지나지 않던 벵골인이 오늘날 이스트엔드 최대 이민 집단이 된 원인은 무엇인가? 우선, 1962년 영연방이민법이 큰 영향을 미친 것으로 보인다. 이 법은 전후 해외 이민 중가와 함께 고용 시장이 악화되고 인종 갈등이 심화되는 것을 막기 위해 제정되었다. 이 법은 해외 이민을 억제하기 위해 노동부의 취업확인서를 가진 영연방 국적자에게만 이민을 허용하는 내용을 담고 있었다. 그러나 원래 의도와 달리, 이 법의 도입과 제정 과정에서 오히려 실허트 지역 출신이 대량으로 이민을 오는 사태를 맞았다. 실허트 지역 곳곳에서 이민법이 시행되기 전에 영국으로 이주하려는 사람들이 들끓었다. 단기간 취업확인서는 이미 이스트엔드에 자리 잡은 친척이나 동향 출신 거주자로부터 쉽게 구입할 수 있었다. 이를 제공해 주는 중매인도 성업을 이뤘다. 물론 이때까지만 하더라도 런던에 몰려든 벵골인들은 단기간 체류하면서 목돈을 마련한 다음에 고향으로 돌아가려는 꿈을 버리지 않았다. 그러나 1960년대 이후 그들의 꿈은 실현되기 어려웠다. 경기후퇴와 더불어 도시경제에 익숙하지 않은 벵골 출신 젊은이들은 저축이 아니라 거의 생존을 하기 위해 고투하지 않으면 안 되었다. 이제 이들은 고국에 돌아가기보다는 고향에 남아 있던 다른 가족을 불러들이는 데 노력을 기울였다.

다음으로, 1971년 동파키스탄 분쟁이 이 지역 사람들의 유입을 더욱 더 자극했다. 정치 불안을 피해 대대적인 이민 물결이 일었다. 방글라데시에서 자신의 농토를 갖지 못한 사람들, 소작인들은 사회적으로 멸시를 받았으며 비천한 계급으로 간주되었다. 이스트엔드의 벵골인 젊은이들이 고향에 송금한 것도 토지를 마련하기 위한 목적이었다. 파키스탄 분쟁 이후 특히 소작인 출신 난민들이 대규모로 영국에 몰려왔다. 정치적인 이유 때문에 영국 정부는 이들의 유입을 인정할 수밖에 없었다. 현재 이스트엔드에서 실허트 출신은 최대 인종 집단이다. 이들은 1961년 6000명에서 1991년

16만 명으로 급증한다.[27] 지금은 카리브해 연안국 이민자들이 이들의 뒤를 잇고 있다.

현재 이전의 이스트엔드 지역은 1971년 행정 개편 이후 두 곳 시구, 해크니 구와 타워 햄리츠Tower Hamlets 구로 설정되어 있다. 해크니구는 종래의 해크니와 쇼어디치를 합친 시구고 타워 햄리츠는 베스널 그린, 마일 엔드, 포플러, 스텝니, 화이트채플 등 나머지 이스트엔드 지역을 포함한다. 해크니 구의 인구는 1891년 36만 9209명을 정점으로 다음 세기에 급격하게 줄어 2001년 현재 20만 2819명에 지나지 않는다. 2005년 이 지역의 인종 구성을 보면, 백인 59.9퍼센트(영국 출신 47.1퍼센트, 아일랜드 2.6퍼센트, 기타 백인 11.2퍼센트), 벵골인 2.8퍼센트, 카리브해 흑인 9.2퍼센트로 나타난다. 한편, 타워 햄리츠의 인구 변화는 1891년 58만 4936명, 1901년 57만 8143명에 이르렀으나 2001년 19만 6121명으로 줄었다. 2005년 이 지역의 인구 구성을 보면, 백인 53.9퍼센트(영국 출신 44.2퍼센트, 아일랜드 1.8퍼센트, 기타 7.9퍼센트), 벵골인 30.5퍼센트, 카리브해 흑인 2.2퍼센트다.[28]

| 밀레니엄 축제, 그 이후 |

대도시 슬럼 지역은 급격한 산업화 이후 인구 집중 과정에서 불가피하게 형성된다. 19세기 이스트엔드의 슬럼화는 영국 사회의 내적 구조와 밀접하게 관련된다. 18세기 말 19세기 초의 의회 인클로저에 따른 이농민 증가, 도심 개발, 런던 항 확대 등 여러 요인들이 구 런던 시 외곽 이스트엔드 지

재개발 후 독 섬 전경

역에 노동인구 유입을 자극했다. 그러나 여기에서 더 중요한 사실은 제국의 중심 도시라는 런던의 위상이 또한 이 지역의 변화에 크게 영향을 주었다는 점이다. 런던은 영제국의 심장부였고, 제국의 네트워크를 통해 해외의 저렴한 노동력을 끊임없이 흡수해 왔다. 이러한 흡인력이 작용하는 연결선을 타고 영국 본국만이 아닌 외부 세계에서 새로운 이민자들이 몰려온 것이다. 18세기 위그노, 19세기 전반 아일랜드인, 19세기 후반과 20세기 초 유대인 그리고 같은 세기 후반 벵골인과 카리브해 흑인이 대표적이다.

2000년 밀레니엄 축제를 앞두고 영국 정부는 런던 낙후 지역에 대한 대대적인 재개발 사업을 벌였다. 템스 강 양안을 끼고 연이어 있던 구 런던항 부두 인근 지역의 슬럼가가 사라지고 새로운 현대식 건물들이 들어섰다. 일부는 전시 공간과 공연장으로 자리를 잡아 런던 도시 문화에 활력을 가져오기도 했다. 낙후 지역 재개발은 여러 형태로 진행되어왔다. 가장 대표적인 방식은 정부투자회사가 주도하는 재개발이다. 1981년 영국 정부는 도크랜즈Docklands 개발을 위해 런던부두지역개발회사London Docklands

Development Company=LDDC를 설립했다. 이 회사는 밀레니엄 축제 직전까지 거의 19년간 존속하면서 약 22평방킬로미터 면적을 재개발해 도시 외관을 바꿔 놓았다. 이 밖에 독 섬Isle of Dogs의 웨스트 인디아 부두와 밀월 부두가 있던 자리에 대규모 빌딩, 쇼핑몰, 컨벤션센터 등을 조성해 런던의 스카이라인을 바꿨다는 평을 듣고 있다. 오늘날 이 지역은 런던에서 가장 높은 빌딩들이 밀집된 곳 가운데 하나다. 런던 종합무역센터인 엑셀전시관이 위용을 자랑하고 있고 2012년 올림픽을 위해 타워햄리츠에 대규모 올림픽공원을 조성 중이다.

영제국 해체 이후 영국 경제가 쇠퇴의 길로 접어들면서 런던은 오랫동안 침체되어 있었다. 그러나 1990년대 이후 영국 경제의 회복과 함께 런던은 주목받는 도시로 재탄생했다. 세계적인 금융 중심지로서 시티의 위상은 유로화 도입 이후에 오히려 더 높아졌으며, 오늘날에는 유럽을 포함해 서구 문화의 추세를 가장 먼저 가늠할 수 있는 문화 중심지가 되었다. 디자인, 의상, 공예, 공연, 전시 등 각종 문화 활동이 활발하다. 그러나 베스널 그린에서 스텝니에 이르기까지 템스 강변에서 떨어진 이스트엔드 지역 상당 부분은 지금도 대표적인 빈민 지역으로 남아 있고 벵골계 이민과 카리브해 흑인들이 거주자 인종 집단의 주류를 이룬다. 런던 도심과 대비되는 오늘날의 이스트엔드는 여전히 제국 지배의 유산을 간직한 셈이다.

파리,

혁명과
예술의 도시

민유기

Paris

파리로의 초대 · 고대부터 절대왕정까지 파리의 역사 · 혁명의 도시와 오스만의 근대적 도시
정비 · 문화 예술의 도시, 사회연대의 도시 만들기 · 20세기의 5월 신화와 조화로운 도시

| 파리로의 초대 |

16세기 전반기 신성로마제국의 황제인 카를 5세Karl V는 "파리는 하나의 도시가 아니라 세계다.Lutetia non urbs, sed orbis"라고 말했다. 모든 대도시가 하나의 소우주이지만 특히 파리에는 인간이 꿈꾸는 모든 것이 존재한다. 1969년에 나온 샹송 '샹젤리제'는 "태양이 빛날 때나 비가 내릴 때나, 한낮이나 한밤이나, 여러분이 원하는 모든 것은 샹젤리제에 다 있답니다."고 노래한다. 그리고 이 샹송은 "어제 저녁에 모르던 두 사람이 오늘 아침 거리에서는 긴 밤 지새우며 완전히 마음을 빼앗긴 두 연인이 되었지요."라며 낭만의 도시 파리의 이미지를 각인시킨다. 두아노Robert Doisneau가 1950년에 찍은 사진 〈파리 시청 앞 광장의 키스하는 연인〉처럼.

벤야민W. Benjamin이 파리를 '근대성의 수도'라고 부르며 온갖 스펙터클이 넘치던 19세기 파리의 도시 문화를 비평할 때 환상과 꿈을 얘기한 것처럼 파리는 모든 것을 꿈꾸게 한다.[1] 1968년 5월혁명의 슬로건 중 하나인 "모든 불가능한 것들을 요구하라"라는 구호도 파리에서는 그리 낯설지 않다. 2004년 한국의 트렌디 드라마 마니아들을 열광시킨 '파리의 연인'은 파리에서 시작된 사랑이 현실인지 환상인지를 명확히 가르쳐 주지 않고 끝났다. 파리에서는 늘 환상과 현실이 교차하는 걸 감안하면 무리가 아닐 수도 있지만, 낭만의 파리에서 일상의 현실로 귀환하길 늦추고자 하는 누리꾼들은 한동안 무수한 갑론을박을 이어 갔다.

1867년 파리에서 개최된 만국박람회 관광객을 위해 프랑스의 주요 작가와 예술가들은 파리 가이드 책을 출간했는데, 위고Victor Hugo는 파리를 예루살렘, 아테네, 로마를 한곳에 모아놓은 곳이자 "문명의 돛"이라고 예찬했다.[2] 전 세계 도시 가운데 파리만큼 많은 이의 사랑을 지속적으로 받은 도시는 없을 것이다. 서로마 몰락 이후 오랜 혼란기를 겪은 유럽에서 다시금 도시들이 번성하기 시작한 12~13세기 이래로 파리가 서구 문명의 주요 순간들을 증언하고 있기 때문이다. 세계 최초로 열기구를 실험했고, 아케이드와 백화점이 등장했고, 영화가 탄생한 도시가 파리다. 작가, 미술가, 음악가, 건축가, 신학자, 철학자, 수학자, 화학자, 패션 디자이너, 혁명가, 민주주의자, 자유주의자, 사회주의자, 노동운동가, 빈민운동가, 그 어떤 직업을 가진 이도, 그 어떤 사상을 가진 이도 파리에서 기억하고 숭배할 위인의 흔적을 찾아낼 수 있다.

프랑스인뿐 아니라 수많은 국적의 문인, 예술가, 과학자가 파리에서 활동했다. 아일랜드인 사무엘 베케트, 에스파냐 출신 피카소, 폴란드 출신 쇼팽과 퀴리 부인, 체코 출신 밀란 쿤데라, 미국 출신 조세핀 베이커 등. 1906년에 세인트루이스에서 태어난 흑인 재즈 가수 조세핀 베이커Josephine Baker는 파리에서 활동하면서 1931년에 대표작 '내겐 두 개의 사랑이 있어요'를 히트시켰다. "내겐 내 나라와 파리라는 두 개의 사랑이 있어요"라고 노래한 그녀는 자유를 위해 제2차 세계대전 기간 나치 독일에 저항하는 레지스탕스 활동에 적극 가담했다. 그리고 파리는 자유와 평등을 고민하던 마르크스, 레닌, 트로츠키의 망명지였고, 저우언라이周恩來, 덩샤오핑鄧小平, 호치민胡志明 등 아시아의 젊은 지식인과 노동자들이 공부하고 일하고 프랑스의 좌파 활동가들과 교류하면서 새로운 세상을 꿈꾼 곳이다.

시인 아폴리네르Guillaume Apollinaire는 1913년에 발표한 '미라보 다리'에서 "미라보 다리 아래로 센 강은 흐르고 / 우리들의 사랑도 흐른다"고 말한다. "날이 가고 달이 가고 / 지나간 시간도 사랑도 돌아오지 않지만 / 미라보 다리 아래로 센 강은 흐른다 / 해는 저물어 종이 울린다 / 세월은 흘러가도 나는 남는다." 센 강은 과거에도 현재에도 미래에도 흘러갈 것이고 '날카로운 첫 키스의 추억'을 남기고 떠난 열정적 사랑도, 평생을 함께 한 노부부의 친구 같은 사랑도 시간과 더불어 흘러가겠지만 파리에는 2000여 년 역사의 숨결이 고스란히 남아 있다. 그리고 그 역사는 파리가 문화의 도시, 예술의 도시 그리고 혁명의 도시였음을 생생히 증언하고 있다.

우리는 이제 2000여 년 파리의 역사 기행을 시작할 것이다. 공자는 《논어》에서 "아는 이는 좋아하는 이보다 못하고, 좋아하는 이는 즐기는 이만 못하다.知之者 不如好之者 好之者 不如樂之者"라고 했다. 파리의 도시 역사 기행은 파리에 남겨진 문화의 향기와 역사의 숨결을 알아 가며 좋아하기 위해서며, 파리의 낭만이 주는 환상 속에만 머무르지 않고 자유, 평등, 우애, 관용, 연대의 실천을 일상에서 보여준 파리지앵과 파리지엔느들의 삶의 방식을 우리 삶 속에 녹아들게 할 즐거운 실천을 모색하기 위함이다. 넉넉하지는 않지만 정겨운 이웃들에게 사랑과 희망의 바이러스를 전파시킨 2001년 영화 '아멜리에'의 여주인공처럼.

| 고대부터 절대왕정까지 파리의 역사 |

고고학 유적지와 유물을 통해 기원전 8000년경에 파리 지역에 사람이 살았다는 사실을 알 수 있다.[3] 하지만 파리에 대한 최초의 문헌 기록은 기원전 52년 카이사르의 《갈리아 전기》에 등장한다. 베르생제토릭스Vercingetorix가 이끄는 골족이 로마군에 저항하면서 벌어진 뤼테스Lutèce 전투에 대한 기록이다.[4] 뤼테스를 장악한 로마는 5000~6000명이 거주할 만한 중간 규모의 로마식 도시를 건설하며 원형경기장, 공동묘지, 신전 등을 건설했다. 오늘날에도 시내 중심지 5구에 1860년대 발굴되어 1883년에 역사유적지로 지정된 원형경기장Arènes de Lutèce이 남아 있다. 뤼테스는 2세기에 파리라는 명칭으로 바뀌었는데 이는 이 지역에 살던 골족의 이름인 파리지Parisii에서 유래한다.

파리는 두 개의 종교적 신화를 가지고 있다. 파리 노트르담 성당 벽면의 수많은 성인 가운데서 잘린 목을 들고 서 있는 생드니Saint Denis는 골족에게 크리스트교를 전하다 250년에 '순교자의 언덕'을 의미하는 파리 북쪽 몽마르트에서 처형되었다. 자신의 잘린 목을 손에 들고 파리의 북쪽으로 사라져 갔다는 전설 속의 생드니는 크리스트교인들뿐 아니라 일반인에게도 양심의 자유와 신념의 화신이다. 또 다른 신화는 파리의 수호성인인 생트주

파리 노트르담 성당 벽면의 생드니

느비에브Sainte-Geneviève다. 451년 훈족 아틸라가 파리 인근까지 도달하자 그녀는 파리를 지켜 줄 것을 기도했고, 아틸라는 파리를 공격하지 않고 남쪽으로 진격해 갔다. 그녀가 기도를 한 언덕 위에는 502년에 세상을 떠난 그녀를 위해 생트주느비에브 수도원이 건립되었고 언덕 이름도 생트주느비에브 언덕이 되었다. 이 수도원은 16세기에 생테티엔뒤몽 교회로 바뀌어 현재에 이른다. 18세기에 루이 15세가 하느님에게 봉헌한 성당이었다가 대혁명기에 위인들의 납골당으로 변한 팡테옹이 바로 옆에 있다. 팡테옹에는 현재 계몽사상가 볼테르, 루소, 문인 위고, 졸라, 사회주의자 조레스 등 프랑스가 인정하는 위인 75명의 유해가 안치되어 있다.

훈족의 공격을 막아 내고 프랑크왕국 메로빙거왕조를 창시한 이의 손자 클로비스Clovis는 생트주느비에브의 권유로 496년에 크리스트교로 개종했고 508년에 파리를 프랑크왕국의 수도로 삼았다. 하지만 메로빙거왕조의 뒤를 이은 8~9세기 카롤링거왕조의 성립과 몰락기에 파리는 프랑크왕국의 중심지가 아니었다. 게다가 센 강을 통해 침입해 온 바이킹의 공격이 845

년 이후 한 세기가 넘게 이어졌다. 바이킹의 침입을 막아 낸 이후 위그 카페Hugues Capet가 987년에 프랑스왕국 카페왕조를 열면서 파리는 프랑스왕국의 수도가 되었고, 12세기 초부터 점점 안정화되어 간 왕권과 함께 발전하기 시작했다. 12세기 초 루이 6세는 20세기 중반까지 파리의 중앙 시장으로 기능한 레알Les Halles 시장을 조성했고, 그의 아들 루이 7세는 1163년에 노트르담 성당의 주춧돌을 놓았으며, 필리프 2세는 13세기 초 자신의 이름을 딴 성곽을 조성했다. 교회로부터 사후에 성인에 시성諡聖된 성왕 루이 9세는 13세기 초에 파리대학을 탄생시켰다. 파리대학의 신학부는 신학자 로베르 드 소르봉의 이름을 따 소르본이라 불리며 서유럽 중세 학문의 중심지로 기능했다.[5] 파리는 14세기 중반 흑사병으로 인한 인구 감소 직전에 인구 20만 명을 가진 유럽에서 가장 큰 도시로 성장했다. 당시 런던의 인구는 4~5만에 불과했다.

카페왕조는 1328년에 발루아왕조로 교체되었다. 이는 카페왕조의 모계 혈통을 내세우는 잉글랜드 왕 에드워드 3세의 왕위 계승 요구로 이어지며 백년전쟁(1337~1453)이 발발하는 계기가 되었다. 백년전쟁 초기 프랑스 왕 장 2세가 잉글랜드 군에 포로로 끌려가자 몸값 지불과 전쟁 자금 마련을 위한 삼부회가 개최되었다. 이 때 부르주아 대표이던 파리 시장 에티엔 마르셀이 삼부회에 의한 과세권과 정부 통제권을 주장하며 봉기를 일으켰으나 실패하고 말았다. 14세기 후반 휴전 기간 동안 샤를 5세(1364~1380)는 루브르 성 개축, 바스티유와 뱅센 성 건축, 파리 성곽 확장을 통해 파리를 왕국의 수도로 일신했다. 15세기 전반기에 전쟁이 재개되어 파리를 포함한 프랑스 북부 대부분이 영국에 장악되었으나 잔다르크의 등장과 더불어 프랑스는 영국 군을 몰아내고 백년전쟁은 종식된다.

15세기 후반과 16세기 초에 파리는 중앙집권화되어 가는 왕국의 수도로서 입지를 굳혀나가지만, 르네상스 군주인 프랑수아 1세는 즉위 초에 루아르 강변에 새로운 성들을 축조하고 이곳으로 거처를 옮겼다. 그러나 그는 1528년에 파리로 거처를 다시 옮기고 인문학을 확산하기 위해 인문학자 뷔데로 하여금 왕립대학을 건립하게 했다. 이것이 오늘날 모든 이에게 강의 수강이 허용되는 프랑스 최

중세 에티엔 마르셀의 도시 봉기

고의 고등교육기관인 콜레주 드 프랑스 Collège de France다. 16세기 말 파리는 종교적 불관용으로 인한 수천 명의 학살을 지켜보았다. 프랑스의 신교인 위그노와 가톨릭의 평화를 위해 샤를 9세는 여동생을 위그노인 나바르 왕과 결혼시켰는데, 1572년 8월 22일 가톨릭 측이 결혼식에 참가한 위그노들을 죽인 생바르텔레미 학살이 그것이다. 샤를 9세와 그의 동생 앙리 3세로 이어지던 발루아왕조는 남자 후손이 없이 종언을 고하고, 프랑스의 왕위는 1589년에 위그노인 나바르 왕에게 계승되었는데 그가 부르봉왕조의 창시자인 앙리 4세다.

앙리 4세는 프랑스를 통치하기 위해 가톨릭으로 개종했고 1598년에 관용선언으로 알려진 낭트칙령으로 위그노의 신앙을 허용했다. 앙리 4세는 빈민 구제와 왕권 강화를 위해 파리의 도시 정비에 힘썼다. 센 강 최초의 석재 다리로 당시 유럽의 어떠한 다리나 도로보다 넓은 폭 20미터와 길이 238미터의 퐁네프가 완공되었다. 퐁네프 한가운데는 1610년에 암살당한 앙리 4세의 청동 기마상이 1614년에 설치되었다. 앙리 4세는 재위 기간 내내 도로 확장, 광장 정비, 루브르 궁 확장 등 도시 정비 사업을 전개했고, 이는 17~18세기의 왕들도 마찬가지였다. 절대주의를 추구한 프랑스 왕들은 파리의 지적이고 창조적인 힘을 제어하고 원하는 방향으로 이끌기 위해 도시 엘리트를 포섭하는 전략을 추구했다. 루이 13세의 모후는 튈르리 정원에서 센 강을 따라 직선으로 '여왕의 산책로'를 뜻하는 쿠르라렌Cours la Reine을 정비해 17세기 귀족과 부르주아 상류층의 산책과 마차 나들이 여가 문화를 만들어 냈다.[6] 루이 13세 시기에는 성당 60여 곳이 건립되거나 증축되었고, 루이 14세 시기에는 상이군인 병원인 앵발리드가 건립되고 샹젤리제가 조성되었다.

어린 시절 절대왕정에 도전한 귀족과 부르주아들이 일으킨 프롱드의 난 때문에 파리에서 도피하기도 했던 루이 14세는 파리를 좋아하지 않았다. 그는 1682년에 베르사유궁으로 거처를 옮겼고 이후 1789년 대혁명 발발까지 프랑스의 왕들은 베르사유에 머물렀다. 권력의 중심이 베르사유에 있을 때도 파리의 도시 미화와 정비는 지속되었다. 루이 15세 시기인 1760년대에 센 강변에 화폐주조소가 지어졌는데 기능에 비해 지나치게 웅장했던 건물 정면 장식은 국가의 부유함을 상징한 화폐주조소의 의미를 표현하

20세기 초 파리의 카페

기 위해서였다.[7] 루이 15세 시기에는 오데옹 극장, 육군사관학교가 건축되었고, 1774년에 왕위에 오른 루이 16세는 입시세入市稅 징수를 위한 성곽을 완성했다. 절대왕정은 17~18세기 궁전 증축, 왕권을 뒷받침한 성당 건설, 웅장하고 화려한 관청들과 군 관련 건물들, 새로 정비된 대로와 상류층을 위한 산책길, 광장에 건립된 왕의 동상을 통해 파리 곳곳에서 자신의 위엄을 드러냈다.

    권력의 시각에서 보면 도시들은 왕국의 번성에 유용했지만 잠재적으로 위험한 곳이기도 했다. 사람들이 자유롭게 생각하고, 쓰고, 인쇄할 수 있는 권리를 가졌다는 생각 그리고 왕권신수설을 부정하는 생각은 모두 도시에서 시작되었다. 18세기 귀족과 상층 부르주아의 살롱 문화에서 오간 자유로운 토론과 예술비평은, 보다 급진적인 부르주아 사상가들이 민중들과 만날 수 있던 카페에서 광범위한 사회 비판으로 발전했다. 파리에 최초의 카페가 문을 연 것은 1672년이지만 이탈리아인 프로코피오가 1680년에 낸 카페가 성공을 거두며 대거 생겨나 1723년에는 380곳이 되었다. 메르시에 Louis-Sébastien Mercier는 1781년에 펴낸 《파리의 풍경》에서 카페 600~700곳에서 "학문적 토론이 벌어지고 연극에 대한 비판이 열을 뿜는다."고 적고 있다.[8] 왕들이 베르사유 궁에 거주하던 18세기 파리의 수많은 카페에서는 새로운 사회에 대한 열망이 비등점을 향해 끓어오르고 있었다. 카페는 19세기에도 노동운동과 사회주의 투사들의 사랑방이었다. 20세기 초반의 몽파르나스 그리고 20세기 중반 생제르맹데프레의 카페들은 예술가, 망명객, 지식인의 회합과 토론, 글쓰기 장소이자 사르트르와 보부아르가 그랬던 것처럼 연애장소이기도 했다.

혁명의 도시와 오스만의 근대적 도시 정비

1789년 7월 12일 팔레루아얄 근처 카페에서 데물랭Camille Desmoulins은 시민들에게 무기를 들 것을 호소하는 웅변을 했고 이틀 뒤 무장한 파리 시민은 바스티유를 함락시켰다. 프랑스혁명의 주역은 상퀼로트sans-culotte라 불린 급진적인 파리 시민들이었다. 바스티유 함락 다음 날 구별로 구성된 코뮌은 파리 시장을 직접 선출했고, 파리의 여성들은 10월 초에 빵을 요구하며 베르사유로 행진해 왕과 왕비를 파리의 튈르리 궁으로 옮겨오게 했다. 1792

년 봄 대외전쟁이 시작된 후로 혁명 프랑스를 수호하려는 의지를 보이지 않던 루이 16세의 왕권을 정지시킨 것도 1792년 8월 10일 튈르리 궁을 공격한 시민들이었다. 이들은 부르주아 온건 혁명가들이 만든 1791년 입헌왕정 헌법과 입법의회를 종식시키며 국민공회와 제1공화정을 탄생시켰다. 1789~1799년에 일어난 대혁명은 혁명의 도시 신화에서 시작에 불과했다. 이 신화는 1830년 7월혁명과 1848년 2월혁명의 바리케이드 신화가 더해지며 19세기 전반기 내내 강화되었다.

나폴레옹 1세가 몰락한 이후 수립된 복고왕정의 두 번째 왕 샤를 10세는 반자유주의적이고 억압적으로 통치했고, 이에 파리 시민들은 1830년 7월 27일부터 29일까지 파리의 도심에서 바리케이드 투쟁을 통해 7월혁명을 성공시켰다. 이 혁명은 7월왕정이라 불린 자유주의적 입헌왕정을 탄생시켰고, 왕 루이-필리프는 1840년 바스티유 광장에 7월혁명 기념비를 건립했다. 7월혁명은 의회의 권리와 언론의 자유를 요구한 부르주아 자유주의자들에 의해 촉발되었으나 거리에 바리케이드를 치고 싸웠던 이들은, 들라크루아의 회화 〈민중을 이끄는 자유의 여신〉에서 볼 수 있듯 수공업 장인과 노동자들이었다. 높이 52미터인 청동 기념비의 기반부에는 "1830년 7월 27, 28, 29일 기념적 나날들에 공공의 자유를 위해 무장하고 싸운 프랑스 시민의 영광에 바친다"라는 문구가 새겨졌다. 이 기념비는 바스티유 함락이 점화시킨 대혁명이 나폴레옹의 제정과 복고왕정을 거쳐 7월혁명으로 비로소 안정되었다는 점을 선전하려는 것으로 바스티유 광장에 대한 파리 민중의 기억과 장소성에 대한 의도적 전유 행위였다.[9]

7월혁명으로 탄생한 자유주의적 입헌왕정은 갈수록 시민들을 만족시키지 못했고, 1830년대 본격적으로 시작된 프랑스의 산업화가 초래한 사회문제는 초기 사회주의 사상의 확산과 함께 다시금 혁명의 날들을 예견했다. 납세액을 기준으로 선거권을 부여한 7월왕정에서 투표권이 없던 중하층 노동자들은 보통선거권을 요구하는 정치연회 개최가 금지되자 1848년 2월 바리케이드 투쟁으로 제2공화정을 탄생시켰다. 보들레르Charles Baudelaire는 1848년에 쓴 시에서 "꿈이 현실이 될 수 없는 세상이란 집어 치워버리겠어."라고 말한다. 2월혁명은 제2공화정, 보통선거권, 언론·출판·집회의 자유를 얻어 낸 민주주의 혁명이면서 동시에 노동권의 보장을 요구한 사회적 혁명이었다. 파리의 노동자들은 실업 대책으로 만들어진 국민작업장이 보수파의 반대로 6월 중순에 폐쇄되자 또다시 바리케이드 투쟁을 벌였으나 군에 의해 진압되었고 12월의 대통령 선거에서는 나폴레옹 3세가 선출되었다. 그는 1851년에 쿠데타를 일으켜 제2공화정 헌정 질서를 파괴했고 이듬해 제2제정을 선포해 황제가 되었다.

　19세기 파리 인구는 꾸준히 증가했다. 인구조사 결과에 따르면 파리 인구는 1801년 약 55만 명에서 1851년 약 100만 명으로 50년 동안 두 배가 늘었고, 1861년 170만, 1876년 200만, 1891년 250만, 1901년 270만, 1921년 290만 명이었다. 1920~1930년대 약 300만 명으로 정점에 달하다 20세기 중반부터 서서히 감소해 1968년 260만, 1975년 230만, 2010년 220만 명이다.[10] 면적은 105제곱킬로미터로 서울의 6분의 1 정도다. 19세기 전반기 좁은 면적에 밀집된 인구는 가난한 이들의 삶의 조건을 열악하게 만들었다. 파리 도심의 좁은 거리와 공동주택 건물 내에서 부르주아, 수공업 장인과 숙련 노동자, 막 이주해 온 가난한 날품팔이 노동자들이 모여 살았는데, 1830~1840년대 부르주아들은 도시의 노동인구를 위험한 계급으로 인식했다.[11] 이는 도시에서 발생하는 범죄, 매춘, 집단 폭력과 일상의 소란스러움, 비위생적 환경의 원인을 노동자와 빈민들에게 돌리는 것이었다. 이웃에 살고 있는 노동인구를 위협시하는 부르주아의 공포감은 바리케이드와 전염병에 대한 공포 때문이었다. 19세기의 가장 큰 전염병이던 콜레라는 1832년 파리에서 1만 8402명의 목숨을 앗아갔는데, 콜레라와 각종 전염성 질병은 노동자 밀집 구역에서 크게 확산되었다.[12]

나폴레옹 3세는 1853년 오스만E. Haussmann을 센 지사에 임명했고, 그는 예산 남용으로 의회의 비판을 받아 1870년 1월 사임할 때까지 파리의 도시 정비를 주도했다. 오늘날 파리의 모습 대부분은 1850~1860년대 도시 정비의 결과며, 그의 이름을 딴 '오스만화'는 이후 세계 도처에서 근대적 도시 정비 모델로 수용되었다. 오스만화가 가져온 도시 구조 변화는 크게 네 가지다. 먼저 도시 소통망의 확충이다. 대로를 신설해 도시의 구도심과 새로운 외곽 지역을, 센 강의 오른쪽과 왼쪽을, 도시의 남북과 동서를 체계적으로 연결했다. 대로나 기존 도로의 확대 정비는 동서축과 남북축이 만나는 지점에서 이뤄졌으며, 서쪽의 개선문에는 방사형 도로 12개를 연결했다. 둘째, 상하수도망과 녹지 공간을 확대했다. 상수도는 오스만화 이전 약 750킬로미터에서 약 1550킬로미터로 확대되었고, 1854년 약 160킬로미터이던 하수도는 1870년 약 540킬로미터로 늘었다. 맑은 공기를 제공할 녹지 공간으로는 동쪽과 서쪽 끝에 불로뉴 숲과 뱅센 숲이 정비되었고, 도심 곳곳에 많은 공원이 조성되었다. 셋째, 여러 공공건물이 건설되고 확충되었다. 기차역, 경마장, 병원, 상업재판소, 고급 호텔, 극장, 경찰서, 구청 청사들, 학교, 교회, 센 강의 다리, 여러 시장 등이 건립되고 증축되고 정비되었다. 넷째, 1860년 1월 1일자로 도시 주변 소읍 18곳을 파리시에 편입시켜 오늘날의 파리 영역을 형성했다. 이로 인해 이전의 구 12곳은 오늘날과 같이 20곳으로 확대되었다.[13]

파리의 대대적인 도시 정비는 부르주아에게 이중의 공포였던 전염병과 도시 폭동을 예방하기 위한 것으로, 바리케이드를 쉽게 만들지 못하게 하고 군대의 진입을 원활하게 할 대로 건설과 교통망 정비 그리고 위생 설비 확충을 최우선으로 하였다. 도심의 노동자 밀집 주거 공간은 대로와 공공건물 건설을 이유로 정부에 수용되고 파괴되었다. 도심 부동산의 대대적인 수용은 한몫 잡아 보려던 이들의 투기를 부추겼고, 인프라 시설이 확충된 정비 지역 주위의 수용되지 않던 땅 가격도 대폭 상승했다. 오스만화는 계급 계층에 따른 도시 공간의 사회적 분화를 심화시켰다. 상하수도 설비는 도시의 서쪽 부르주아 구와 도심에 집중되었고, 도심에 거주하던 노동자들이 비싼 임대료를 감당하지 못하고 내몰려 간 주변부 구들에서는 듬성듬성했다.[14] 제2제정기인 1852년에는 세계 최초의 백화점인 봉마르셰Bon Marché가 문을 여는 등, 파리의 상업적 성장이 두드러졌다. 이 시기 파리는 부유한 도심과 서쪽, 가난한 동쪽으로 명확히 구분되는 이중도시였다.

| 문화 예술의 도시, 사회연대의 도시 만들기 |

1870년 프랑스-프로이센 전쟁에서 나폴레옹 3세가 패배하자 공화파는 시

민들의 환호 속에 파리 시청 앞 광장에서 제3공화정을 선포했다. 프로이센 군대의 파리 포위 속에서 파리의 급진적 시민들은 휴전에 반대하며 1871년 3월 18일 자치정부를 세웠다. 파리코뮌이라 불린 자치정부는 고립된 속에서도 '사회적 공화국'의 이상을 구현하기 위한 다양한 조치를 취했다. 코뮈나르Communard들은 대혁명기에 상퀼로트들이 광장에 건립된 구체제 왕의 동상을 철거한 것처럼 방돔 광장의 나폴레옹 전승기념비와 나폴레옹 1세 동상을 철거하면서 나폴레옹 3세의 제2제정에 대한 극적인 단절 의식을 거행했다.[15] 파리코뮌은 오스만화로 사라져 간 도심의 공동체적 민중 문화를 축제처럼 복원해 냈으나 5월 21~28일 1주일 내내 펼쳐진 정부군의 유혈 진압으로 약 3만 명의 사망자를 낸 채 72일 만에 무너졌다. 동북쪽 페르라쉐즈Pére-Lachaise 공동묘지에서 최후까지 저항하던 코뮈나르들은 즉결 처형을 당했고 '살아남은 자의 슬픔'은 감옥과 남태평양의 유배지 누벨칼레도니에서 지속되었다.

랭보Arthur Rimbaud의 시처럼 "상처 없는 영혼이 어디 있으랴"마는, 코뮌을 겪은 이들에겐 너무나도 큰 트라우마가 남았다. 불타 버린 시청은 1882년에 재건되었으나 코뮌의 신화와 함께 파리가 지닌 혁명의 도시 이미지는 한층 강화되었다. 제3공화국의 상하원 다수와 대통령직을 차지한 왕당파와 보수파 세력은 공화파가 상하원 다수와 대통령직을 차지한 1879년부터 세가 약해졌다. 이때부터 파리가 가진 혁명의 도시 이미지 탈색과 공화정의 안정화 그리고 사회 개혁 노력이 이어졌다. 1889년 대혁명 100주년에는 동북쪽에 위치한 레퓌블리크 광장에 '공화정' 기념물이, 1899년에는 동쪽의 나시옹 광장에 '공화정의 승리' 기념물이 건립되었다. 이 두 기념물은 19

세기의 혁명들과 공화정을 온건한 상징과 기호로 표현하면서 혁명과 공화정이 지닌 급진적 이미지를 제거했다.[16]

1880~1914년에는 문화 예술가와 과학기술자들의 동상이 대거 건립되었다. 오늘날 파리의 거리, 광장, 공원 등에 세워진 위인 동상 약 350여 개 가운데 절반을 넘는 동상이 이 기간에 세워졌는데, 동상의 주인공은 문인과 예술인이 약 53퍼센트, 과학기술자와 자선가가 약 25퍼센트, 정치가와 군인이 약 22퍼센트였다. 제3공화정 이전까지 공공장소에 건립된 동상의 주인공은 왕과 황제, 성직자 그리고 군인이었다. 이들 동상은 대혁명기와 이후의 정치체제 변화 속에서 파괴와 복구를 되풀이했다. 제3공화정은 공적인 위인 숭배의 민주화를 추구하며 문화 예술가와 과학기술자들의 동상 건립을 통해 근대사회의 형성과 발전을 이끌어 온 개인주의를 찬양했다. 거리와 광장에서 마주치게 되는 동상을 통해 일상에서 기억되고 숭배되는 미술가, 음악가, 문인, 문명에 이바지한 과학기술자들은 파리가 얼마나 문화와 예술을 사랑하는지를 보여주며 문화 예술의 도시라는 정체성 형성에 기여했다.[17]

파리 만국박람회는 문화 예술의 도시 이미지를 크게 확산시켰다. 1851년 런던에서 세계 최초의 만국박람회가 개최되었고, 파리에서는 1855년에 만국박람회가 열렸다. 이후 파리에서는 1867년부터 1900년까지 매 11년마다, 즉 1867년, 1878년, 1889년, 1900년에 만국박람회가 개최되었다. 제2제정기의 박람회는 사치품 산업과 예술 작품뿐 아니라 오스만화를 통해 나날이 변해가는 근대적 파리의 모습을 과시했고 1878년 박람회도 마찬가지였다. 대혁명 100주년에 열린 1889년 박람회와 '세기의 결산'을 슬로건으로 내건 1900년 박람회는 이전 박람회보다 더 화려했고 더 많은 이를 매혹시켰다. 에펠탑은 1889년 박람회 주 장소의 출입구였다. 1920년대 미국에서 마천루 빌딩이 건설되기 전까지 세계 최고의 높이를 지닌 조형물이던 320여 미터의 에펠탑은 프랑스 철강 산업의 생산성과 건축 기술의 우위를 과시했다. 1900년 박람회를 계기로 센 강 다리에서 가장 아름답다고 평가되는 알렉상드르 다리, 전시관인 그랑팔레, 프티팔레 등이 건립되었고 지하철이 개통되었다.[18]

문화 예술의 도시 이미지를 확대시켜 가면서 파리의 부유한 서쪽과 혁명적 동쪽의 간극을 메우려는 노력도 동시에 전개되었다. 오스만화로 도심의 노동자 밀집 지구가 파괴된 데다가 지속적인 인구 유입으로 동쪽 가난한 구들에서는 주거난이 심각했다. 1880년대 초 서민주택의 임대료가 대폭 상승해 주택 위기가 발생하자 파리 시의회의 급진공화파와 시정사회주의자들은 서민주택 개혁을 위한 무수한 논의를 진행했고 이는 1894년 최초의 사회주택 관련법이 제정되는 데 기여했다. 이후 1906년, 1908년에 관련법이 계속 제정되었으나 건설되는 사회주택은 많지 않았다. 파리 시의회는 시의 직접적인 사회주택단지 건설을 요구해 1912년 법으로 이를 허가받았다. 시의 사회주택 건설은 소규모로 시작되었으나 두 차례의 세계대전 사이에 크게 확대되어 서민 주거 개혁에 공헌했다.[19] 사회주택 건설은 주거환경 개선, 공화정 체제의 안정화와 사회적 평화 유지, 당시 사회악으로 간주되던 결핵과 알코올 중독 퇴치, 저출산 극복 등 다양한 배경에서 추진되었으며, 다른 다양한 사회입법들처럼 사회연대의 이름으로 강조되었다.

파리에는 1919년까지 성곽이 존재했다. 이 성곽은 1840년대 초에 시 외

1889 파리만국박람회

곽에 건설되었지만 1860년에 시 영역이 확장되면서 시의 경계가 되었다. 성곽 주변은 무허가 판자촌이 들어서고 비행 청소년들이 몰려다니던 파리의 가장 암울한 곳이었다. 20세기 전환기에 급진공화파와 사회주의자 그리고 위생주의자와 환경운동가들은 서로 다른 목적에서 성벽 철거와 주변 부지 활용을 주장했으나 공유지의 투기성 개발을 막고 공공 개발을 하기 위해 협력했다. 그 결과 1920~1930년대에 성곽이 철거된 자리에 사회주택단지, 공원과 녹지대, 스포츠 시설, 대학 기숙사촌 등이 들어섰다.[20]

| 20세기의 5월 신화와 조화로운 도시 |

문화 예술의 도시, 사회연대의 도시라는 이미지는 20세기에도 계속 확산되었다. 1929년 대공황의 여파로 1930년대 유럽 각국에서 파시즘 세력이 확산되면서 파리에서도 파시즘 단체와 이에 반대하는 민주주의자, 사회주의자, 공산주의자들의 시위가 연이었다. 독일에서 히틀러가 민주적 바이마르

공화국 체제를 무너뜨리고 전권을 행사하던 1936년 5월 프랑스인들은 총선에서 급진당, 사회당, 공산당이 연대하고 전국적 노동조합이 가담한 인민전선Front populaire에 승리를 안겨 주었다. 선거 승리에 기뻐한 파리 시민들은 '빵과 평화와 자유'를 외치며 거리를 행진했고 노동자들은 공장을 점거해 평화적 파업을 하며 대공황이 야기한 경제 위기와 파시즘이 야기한 민주주의 위기를 극복하기 위한 집단 토론을 벌였다. 사회당의 레옹 블룸Léon Blum은 정부를 구성하자마자 노조와 협상에 들어가 임금 인상, 파업가담자 제재 금지와 향후 노조의 준법 약속을 규정한 마티뇽Matignon 협정을 체결했고, 이후 인민전선의 강령이던 주 40시간 노동, 년 2주 유급휴가, 14세까지 의무교육 등을 입법했다. 하지만 에스파냐 내란에 대한 지원 문제 등으로 좌파 정당 사이에 틈이 벌어지다가 1938년에 인민전선은 와해되었다.[21]

1939년 독일의 폴란드 침공으로 제2차 세계대전이 시작되고, 나치 군대가 1940년 5월에 프랑스로 진격해 오자 프랑스는 6월에 항복했고 7월에 작은 온천휴양도시 비시에서 친독 정부가 수립되었다. 이에 나치에 저항하는 레지스탕스 운동이 조직되기 시작했고 파리에서는 12월에 레지스탕스 대원이 처음으로 처형되었다. 파리의 레지스탕스들은 1944년 6월 연합군의 노르망디 상륙 이후 더 조직적으로 움직여 8월 19일에 시가전을 전개했다. 히틀러는 파리 점령군 사령관 폰 콜티츠von Choltitz에게 파리를 파괴하라고 명령했으나 그는 이 무모한 명령을 거부했고, 8월 25일 시민들의 환호 속에 '자유 프랑스'를 이끈 드골과 프랑스군이 파리를 해방시켰다. 드골이 르클레르Leclerc 장군을 미군보다 앞서 파리로 진격하도록 하면서 파리를 프랑스인의 힘으로 해방시키려 한 것처럼, 파리 시민들은 레지스탕스 봉기를 통해 스스로 해방에 참여했다는 자부심을 가지고 있다. 파리는 제2차 세계대전 기간에 거의 파괴되지 않았다. 연합군의 폭격이 도시 외곽에만 가해졌기에 연합국 참모부에서 문화 예술의 도시 파리를 파괴하는 것이 죄악이라며 도심 폭격을 허용하지 않았다는 이야기가 떠돌았다.

1871년 파리코뮌의 5월은 1936년 인민전선의 5월로, 1968년 5월혁명으로 그리고 1981년 5월 사회당의 미테랑 대선 승리로 이어지며 파리의 5월을 하나의 신화로 만들어 나갔다. '68혁명'은 프랑스와 파리만의 것이 아니었다. 미국, 서독, 이탈리아, 체코슬로바키아와 유고슬라비아 그리고 일본과 파키스탄까지 전 세계 주요 도시와 대학에서 세계적 운동으로 전개되었다.[22] 하지만 68혁명을 얘기하는 모든 이들은 파리의 5월을 주목한다. 그 이유는 학생들에 대한 100만 노동자의 연대 총파업 때문이기도 하고, 5월의 위기를 하원 선거 승리로 넘긴 드골 대통령이 1969년 국민투표에서 자신의 정책이 불신임되자 하야했기 때문이기도 하고, 68년의 목소리였던 '삶을 바꾸자'라는 슬로건으로 1981년 대선에서 사회당이 승리했기 때문이기도 하고, 오늘까지도 68정신을 일상에서 실천하는 이들이 존재하기 때문이기도 하다.

전후 케인즈주의적 수정자본주의 체제를 유지해 오던 자본주의 세계경제는 1970년대 중반 오일쇼크를 기점으로 본격적인 불황 국면에 접어들었다. 이에 '시장의 자율적 질서'를 강조한 하이에크 경제학에 영향을 받은 영국 보수당의 대처가 1979년에 수상이 되고 미국에서는 공화당의 레이건이 1980년에 대통령이 되어 사회보장을 축소하고 시장중심주의를 내세우는 신자유주의 정책을 본격화했다. 하지만 프랑스인들은 사회당의 미테랑을 선택해 반대 방식으로 위기를 극복하려 했다. 미테랑은 주요 기업을 국유화하고 지방분권을 적극 추진하며 사회보장 체제를 지켜 냈다. 미테랑은 1988년 5월에 재선에 성공해 1995년까지 14년 동안 집권했다. 총선에서 승리한 우파가 내각을 꾸린 두 차례의 '동거정부'(1986년 3월~1988년 5월, 1993년 3월~1995년 5월) 시기에 일부 국영기업의 민영화가 재추진되기도 했지만, 사회당 집권 기간에 프랑스는 신자유주의의 거센 물결을 전면적으로 수용하지 않았다. 1995년 대선에서 승리한 우파 시라크 대통령과 쥐페 총리가 사회보장 축소를 추진하며 신자유주의를 적극 받아들이려 하자 사회학자 부르디외를 비롯한 지식인들과 학생, 노동자, 예술가들이 1995년 겨울 총파업을 벌여 이를 저지했다.[23] 프랑스인과 파리 시민은 신자유주의적 세계화에 맞서 '인간의 얼굴을 한 세계화', '대안적 세계화' 운동에 가장 적극적이다.[24]

프랑스인과 파리 시민은 무엇보다 불관용에 저항한다. 2002년 4월 말 대선 1차 투표 결과 재임에 도전한 우파 시라크 대통령이 19.88퍼센트로 1위를 차지해 결선투표에 진출했고, 그 다음으로 이민자를 배척하는 극우 정치인이 16.86퍼센트의 득표로 16.18퍼센트를 얻은 사회당 후보를 제치고 결선 투표에 진출했다. 이에 파리 시민의 절반이 넘는 이들이 '수치'라며 거리로 쏟아져 나와 극우 정당 반대를 외쳤다. 5월 초 결선 투표에서 우파 시라크는 82.21퍼센트 지지로 재선에 성공했다. 물론 2005년 가을 파리 교외에서 시작된 이슬람 이민자 청년들의 폭동이 보여주듯이 프랑스 사회가 이상적인 사회는 아니다. 이민자의 사회 통합에 대해서는 프랑스의 사회 통합적 다문화 정책이 앞으로 어떻게 전개될지 지켜봐야 할 것 같다.

다시 20세기 후반 파리의 도시 변화로 돌아와 보자. 1969년 드골의 대통령직 사임으로 치러진 대선에서 당선된 퐁피두 대통령과 1974년 퐁피두 사망으로 치러진 대선에서 당선된 지스카르 데스탱 대통령은 1970년대 파리 도심의 낙후된 레알과 인근 보부르 지구를 정비해, 12세기에 생긴 레알 시장을 현대적 쇼핑몰로 바꾸었고 퐁피두센터를 건립했다. 퐁피두 사후인 1977년에 완공되었으나 계획을 추진한 대통령의 이름을 딴 이 복합문화센터 내에는 공공정보도서관, 국립현대미술관, 음향음악연구소와 영화관, 전시와 강연 홀, 서점, 레스토랑, 카페 등이 자리해 파리 시민들과 관광객들의 발걸음이 끊이지 않는다.[25]

1980~1990년대는 신자유주의적 흐름 속에 세계적으로 도시 재생 사업이 왕성하게 진행되었다. 영국과 미국 도시에서 전개된 거의 모든 도시 재생 사업은 낙후된 도심을 재개발해 고급주택화gentrification하거나 쇼핑몰이나 문화 공간으로 바꾸더라도 사업에 참여한 자본의 이익을 보장하는 방식으로 운영되어 자본의 이윤 추구 논리가 크게 작동했다. 하지만 같은 기간 파리에서 진행된 도시 재생 사업은 시와 사회당 정부의 강한 의지로 공공사업 성격을 띠었으며 문화 예술 공간의 확충으로 특징지어졌다. 도심에는 루브르 박물관이 정비되고 버려진 기차역 건물을 활용해 오르세 미술관이 건립되었다. 가난하고 낙후된 지역들이던 19구에는 라빌레트 과학 공원과 음악원이, 13구에는 국립도서관이 건립되었다. 도시 재생 사업을 통해 조성된 각종 문화 공간은 문화도시 파리의 오랜 이미지와 정체성 강화에 이바지했다.[26]

파리에서는 다양한 문화 행사와 축제가 정부와 시의 후원으로 개최되고

퐁피두 센터

있다. 미테랑 대통령 시절 두 차례(1981~1986, 1988~1992) 문화부 장관을 지낸 사회당의 랑Jack Lang은 1982년부터 매해 6월 중순에 여름을 알리는 음악 축제를 열어, 유치원 아이들에서부터 노인까지 전문 연주자건 아마추어건 음악을 사랑하는 모든 이들이 클래식부터 힙합까지 모든 음악을 각종 공연장, 광장과 공원, 거리의 한 구석에서 즐기도록 지원했다. 이 행사는 프랑스 전역을 넘어 유럽 주요 도시까지 확산되었다. 파리는 1999년부터 매해 봄의 시Printemps des Poètes 행사를 통해 시 낭송회와 관련 문화 활동을 후원하고 있고, 2001년부터는 매년 여름이나 가을에 일주일 동안 영화 축제를 열어 영화 관람료 대폭 할인을 실시하는 대신 영화관의 세금을 감면해 주고 있다. 그 외에도 무수한 문화 예술 축제가 연중 파리를 들썩이게 한다.

파리는 1871년 파리코뮌의 기억 탓에 이후 오랫동안 직접선거로 선출된 시장을 갖지 못하고 시의원들이 시의회를 통해 지방자치를 해오다가 1976년부터 선출직 시장을 갖게 되었다. 2001년 지방선거에서 세 번째 시장으로 선출된 사회당의 들라노에Bertrand Delanoë는 이전 시장보다 활발하게 문화 정책을 펼치며 문화 예술의 도시 인프라와 콘텐츠를 더욱 확대시키고 있다. 2002년에 여름휴가를 떠나지 못하는 가난한 이들과 관광객을 상대로 일을 해야 하는 이들을 위해 센 강변에 야자수 나무와 모래사장을 만들고 비치파라솔을 설치한 '파리 해변Paris Plages'은 대성공을 거두며 매년 되풀이되고 있다. 친환경을 외치며 2006년부터 파리 외곽 내부 순환도로 일부 구간에 20세기 초에 사라졌던 전차를 다시 운영하고 있고, 2007년에는 누구라도 신청만 하면 파리 전역에 설치된 공중 자전거를 이용할 수 있는 '자유 자전거 Vélib'를 도입했다. 공중 자전거는 30분은 무료고 이후 아주 적은 사용료를

라빌레트 과학 공원

교통카드로 지불하며 시내 곳곳에 마련된 무인 보관소에서 자유롭게 빌리고 반환할 수 있다. 공중 자전거 사용자가 나날이 늘어나면서 파리의 교통난은 많이 해소되었고 공기도 더욱 좋아지고 있다.

유엔 산하 기구로 주거 문제를 논의하는 해비타트UN-Habitat는 2008~2009년 세계도시 보고서에서 '조화로운 도시' 개념을 제시하며 공간적 조화, 사회적 조화, 환경적 조화 그리고 조화로운 도시 개발을 위한 도시계획을 강조했다.[27] 어쩌면 파리는 조화로운 도시에 근접해 가고 있는지 모른다. 문화와 예술을 사랑하고, 사회연대 활동이 활발하고, 친환경 도시정책을 실시하고 있는 파리를 어찌 사랑하지 않을 수 있을까? 이런 파리의 모습은 파리지앵과 파리지엔느들의 일상의 작은 실천을 통해, 민주주의와 인권을 옹호하고, 관용에 도전하는 세력에 적극적으로 반대하는 행동을 통해, 역사와 문화를 즐기고 아끼고 보존하고 더욱 발전시키려는 노력을 통해 가능했다. 인간다운 도시, 조화로운 도시, 문화 예술의 도시, 사회연대의 도시를 만들어 가는 것은 결국 시민의 몫일 것이다.

베를린,
냉전의 상징에서 유럽의 중심으로

최호근

Berlin

변방의 도시, 프로이센의 수도가 되다 · 독일 최대의 도시 · '세계의 수도 게르마니아' 건설 계획 · 홀로코스트의 흔적 · 베를린 봉쇄와 대공수 작전 · 베를린장벽 건설과 붕괴 그리고 통일 · 베를린의 도시 풍경

1991년 6월 20일. 본Bonn에 있는 독일 연방 하원 의사당에서는 무려 의원 104명이 앞에 나와 소견을 밝히는 가운데 치열한 토론을 펼쳤다. 행정부와 의회의 소재지를 지금처럼 본에 둘 것인가, 아니면 베를린으로 옮길 것인가? 이것이 이날 토론의 쟁점이었다. 11시간의 마라톤 토론이 끝난 후 드디어 투표가 이뤄졌다. 338표 대 320표. 베를린이 이겼다. 이로써 1년 전 통일이 이뤄질 때 베를린을 수도로 삼기로 했던 합의가 최종 결실을 보게 된 것이다.[1] 그로부터 10년 후인 2001년 5월. 베를린 중심부에 총리 공관이 개관되면서 역사적인 베를린 천도遷都는 마무리되었다.

베를린이라는 지명이 문헌에 본격적으로 등장한 것은 12세기 말 13세기 초지만, 주목을 끌기 시작한 것은 1701년 프로이센왕국의 수도로 결정되면서부터였다. 이때는 아직 독일이라는 나라가 존재하지 않았다. 독일은 애국주의 작가들의 시에나 등장하는 염원의 대상이었을 뿐이다. 프로이센도 독일의 통일을 꿈꾸는 여러 영방국가 가운데 하나에 불과했다.

그로부터 170년이라는 시간이 흐른 1871년, 비스마르크가 이끄는 프로이센이 독일을 통일하면서 베를린은 비로소 신생 독일제국의 수도가 되었다. 바로 제2제국이다. 그 후 베를린은 제1차 대전의 개전과 패전, 바이마르공화국의 동요, 히틀러의 집권을 차례로 목격했다. 히틀러가 제3제국의 탄생을 선포했을 때도 베를린은 여전히 독일의 수도였다. 그러나 1945년 5월 8일 무조건 항복과 더불어 독일의 수도로서 베를린이 누려왔던 영광도 채 한 세기를 채우지 못하고 사라져 버렸다. 승전 연합국인 미국, 영국, 프랑스, 소련의 군대가 분할 통치하면서 베를린은 위기에 처했고, 그 위기는 3년 만에 베를린 분할로 이어졌다. 동베를린은 동독의 수도가 되었지만, 서독은 서베를린이 아닌 본을 수도로 택했다. 신생국가 서독의 수상 아데나워Konrad Adenauer가 표방한 친親서방정책 때문이었다.[2] 이후 서베를린은 1990년 동서독이 다시 통일될 때까지 동독이라는 거대한 호수 한가운데 고립된 섬처럼 남아 있었다. 따라서 독일의 통일은 곧 베를린의 통일이자, 수도로서 베를린의 위상 회복을 뜻했다.

오늘날 베를린의 인구는 약 340만 명. 인구는 서울보다 훨씬 적지만, 면적은 더 넓다. 서울 면적이 605제곱킬로미터인데 반해, 베를린은 891제곱킬로미터다. 물론 베를린이 서울처럼 모든 분야의 중심은 아니다. 베를린이 정치의 수도라면, 경제의 수도는 프랑크푸르트며, 법제의 중심은 헌법재판소가 위치한 칼스루에Karlsruhe다. 그러나 통일 이후 경제와 법 분야의 무게 중심도 서서히 베를린으로 이동하고 있다.

| 변방의 도시, 프로이센의 수도가 되다 |

1871년 프로이센이 독일을 통일하기 전까지 베를린의 역사는 프로이센의 역사이자, 이 영방국가를 통치한 호엔촐레른Hohenzollern 가문의 역사라고 할 수 있다. 베를린이 호엔촐레른 가문과 직접 관계를 맺은 것은 1440년, '강철 이빨'이라는 별명으로 유명한 이 가문 출신의 프리드리히 2세[3]가 베를린을 브란덴부르크 변경백령의 수도로 삼으면서부터였다. 호엔촐레른 가문의 후계자들은 처음에는 브란덴부르크Brandenburg의 선제후選帝侯로서, 그 후에는 프로이센의 왕으로서, 마지막에는 독일제국의 황제로서 이 지역을 통치했다.

수도라고는 하지만 아직 변방의 중심에 불과했던 베를린은 30년전쟁(1618~1648) 동안 큰 피해를 입었으나, 종교적 관용과 적극적인 이민 수용 정책을 통해 성장의 잠재력을 확보해 나갔다. 프랑스에서 종교적 관용을 보장해 주었던 낭트칙령[4]이 폐지되어 위그노파가 국외로 대량 탈주를 감행하자 프로이센은 1685년 발 빠르게 포츠담칙령Edikt von Potsdam을 선포한다. 신앙의 자유만이 아니라 향후 10년 동안 면세의 특권까지 부여한다는 파격적 제안에 힘입어 위그노파 6000여 명이 베를린에 정착하게 되었다. 이로써 베를린에서는 상공업이 발달했을 뿐만 아니라, 프랑스의 선진 문화도 널리 확산되었다. 이러한 개방적 분위기에 힘입어 보헤미아, 폴란드, 잘츠부르크 출신의 이주민까지 대량 유입되면서, 베를린은 인구와 규모가 성장하며 서서히 국제적 성향을 띤 도시로 탈바꿈하기 시작했다.

1701년 쾨니히스베르크 출신의 프리드리히 1세가 프로이센의 왕이 되

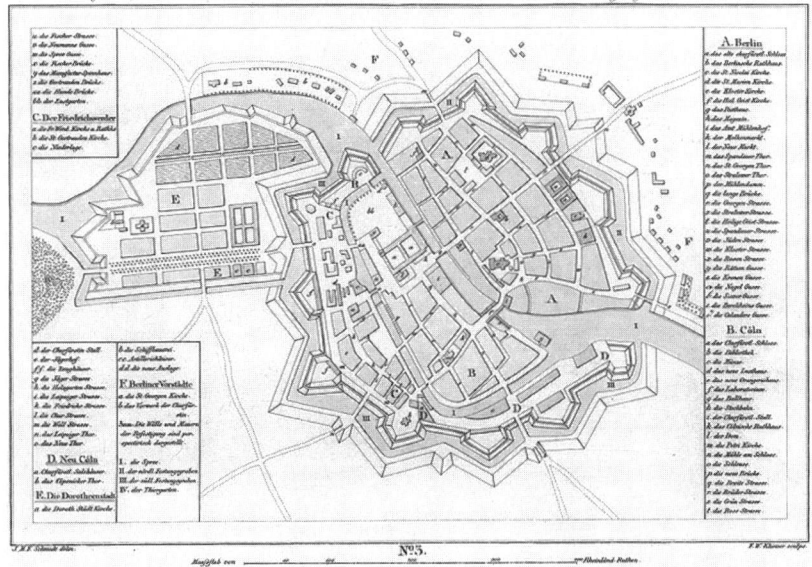

1688년의 베를린 지도

면서 베를린은 쾨니히스베르크를 대신해 프로이센왕국의 수도로 격상되었다. 이어서 베를린은 계몽전제군주로 유명한 프리드리히대왕Friedrich der Grosse(1712~1786)이 1740년 왕좌에 오르면서 파리와 더불어 18세기 유럽을 휩쓴 계몽사상의 중심지로서 여러 국가의 주목을 받기 시작했다.

베를린은 1806년 유럽 대륙을 석권한 나폴레옹 1세에게 점령당했지만, 그가 직접 통치하는 대신 자치권을 부여했기 때문에 과거의 위상이 흔들리지는 않았다. 1871년 프로이센의 수상 비스마르크가 주도해 통일의 위업을 이루면서 베를린은 독일제국의 수도로 급격하게 위상이 높아졌다. 이와 함께 영국과 프랑스에 이어 뒤늦게 시작된 산업혁명의 물결도 베를린을 빠르게 변화시켰다. 경제 발전과 더불어 인구가 급격하게 늘면서, 베를린은 독일의 경제 중심이자 산업혁명에서 중추를 이룬 철도망의 허브로 탈바꿈했다. 이러한 변화에 힘입어 베를린은 행정적으로도 브란덴부르크 지역에서 완전히 독립했다.

독일 최대의 도시

1920년에 공표된 베를린 대도시법Groß-Berlin-Gesetz[5]은 도시 성장에 기폭제가 되었다. 이 조치를 통해 슈판다우Spandau와 샤를로텐부르크Charlottenberg 등 주변의 여러 도시와 지역을 통합하면서 베를린 전체 면적은 66제곱킬로미터에서 883제곱킬로미터로 13배 이상 확대되었다. 인구도 190만 명에서 400만 명으로 두 배 이상 늘었다.

동서로 분리된 1960년대와 1970년대에도 이주 장려 정책과 전향적인 망명 정책 덕분에 베를린에는 이주의 물결이 쇄도했다. 이러한 정책의 최대 수혜자는 터키인들이었다.[6] 그 결과 현재 베를린에는 25만 명 정도의 터키인이 살고 있는데, 이들은 대부분 베를린 중심부에 있는 크로이츠베르크Kreuzberg, 노이쾰른Neukölln, 베딩Wedding 구에 밀집 거주하고 있다. 베를린은 터키 국외에 있는 최대의 터키인 공동체로 일컬어진다.

이러한 개방 정책의 기조는 통일 후 현실 사회주의 진영의 붕괴와 더불어 더욱 강화되어, 1990년대에는 해외교포법Aussiedlergesetze을 통해 구소련으로부터 이민이 합법적으로 허락되었다. 물론 이 시기에 들어온 이민자들은 거의 모두 독일 교포였지만, 언어는 러시아어를 썼다. 이들은 베를린 내에서 러시아어를 사용하는 공동체 중 가장 많은 부분을 차지한다. 현재는 서유럽 국가 출신이 많이 이주하고 있는데, 이들 중에는 유럽연합 소속 국가 출신의 젊은이들이 많다.

    2008년 12월을 기준으로 하면, 베를린에 살고 있는 사람 가운데 14퍼센트에 해당하는 47만 명이 외국 국적 소지자다. 이들의 국적은 매우 다양해서, 모두 합하면 195개국에 이른다. 독일 국적 소유자 중에서도 약 12퍼센트에 해당하는 시민 40만 명가량이 외국 출신 이민자의 후손이기에, 베를린시에 거주하는 인종은 통계보다 훨씬 다양하다고 느껴진다. 베를린의 외국인 가운데는 터키인이 가장 많다. 그 뒤를 폴란드인(4만 3700명), 세르비아인(2만 2251명), 이탈리아인(1만 4964명), 러시아인(1만 4915명), 미국인(1만 4186명), 프랑스인(1만 3113명), 베트남인(1만 2494명), 크로아티아인(1만 752명), 보스니아–헤르체고비나인(1만 556명), 영국인(1만 196명)이 따르고 있다.[7] 아랍인도 많이 살고 있지만, 무국적자가 많기 때문에 정확하게 통계를 파악하기는 어렵고 대부분은 팔레스타인과 이라크 출신으로 알려져 있다.

| '세계의 수도 게르마니아' 건설 계획 |

1933년 아돌프 히틀러가 이끄는 나치당이 정권을 장악하면서 베를린 시도 전무후무한 변화를 겪게 되었다. 베를린 시 전체를 개조해 '세계의 수도 게

르마니아Welthauptstadt Germania'로 만들고자 하는 엄청난 계획이 수립된 것이다.[8] 이 구상을 제기한 히틀러에 따르면, 베를린은 장차 수립될 거대한 게르만 세계제국의 중심으로 환골탈태해야 했다. 이 구상을 실현하는 가운데 그는 측근들에게 이렇게 말했다. "세계의 수도 베를린과 견줄 수 있는 도시는 고대의 이집트, 바빌로니아, 로마뿐이다. 도대체 런던은 무엇이며, 파리 따위가 무엇이란 말인가!"[9]

'세계의 수도 게르마니아' 건설 계획은 1935년에 수립되어 1943년까지 진행되었다. 전쟁 때문에 중단되기는 했지만, 상당한 정도로 실현되었다는 점에서 우리의 주목을 끌기에 충분하다. 이 도시계획의 핵심은 베를린 중심을 십자 모양으로 가로지르는 광대한 교통축을 건설하는 데 있었다. 이 종축과 횡축은 다시 환상 고속도로Autobahnring와 연결되었다. 최초의 구상에 의하면 환상 고속도로는 2개였지만, 후에 4개로 늘었다. 종축과 횡축이 만나는 정중앙에는 엄청난 규모의 대전당Große Halle이 중심 집회 공간으로 자리를 잡았다.

이 야심찬 계획을 주도한 인물은 알베르트 슈페어Albert Speer였다.[10] 히틀러로부터 제국 수도 건설 총감독에 임명되며 전권을 부여받은 그는 베를린시 실무자들의 반대에 아랑곳하지 않고 기존의 도시 구조를 파괴했다. 1943년 초까지 주택 5만 호가 철거되었고, 15만 명이 정든 집에서 쫓겨났다. 이들을 수용하기 위해 베를린 시내에 거주하던 유대인들이 다시 축출되었다. 그 결과 베를린시 전체에서 유대인을 찾아보기 어렵게 되었다. 도시에서 쫓겨난 것은 살아 있는 사람들만이 아니었다. 축선 도로 확장을 위해 계획선상에 있던 공동묘지들도 철거를 피할 수 없었다. 이렇게 해서

세계의 수도 게르마니아 모형. 사진 위쪽 끝 부분에 보이는 돔 건물이 대전당이다

현재의 거대한 별 구역으로 이전되기 전 제국의회 의사당 앞 국왕광장에 있던 전승기념탑. 탑 꼭대기에 승리의 여신 빅토리아상이 황금색으로 빛난다

1940년까지 시신 1만 5000구가 이장되었다.

　도시계획의 횡축인 동서대로는 총 50킬로미터로, 시 중심의 거대한 별 구역Großer Stern[11], 브란덴부르크 문Brandenburger Tor, 운터 덴 린덴Unter den Linden 대로를 하나로 이었다. 이 가운데 7킬로미터에 해당하는 핵심 구간은 1939년 히틀러의 생일에 맞춰 완공되었다. 이 과정에서 제국의회 의사당 앞 국왕광장Königsplatz에 있던 전승기념탑Siegessäule이 거대한 별 구역으로 이전되었다.[12] 총 높이 60미터가 넘는 엄청난 기념물까지 해체 이전해야 할 정도로 대대적인 도시 개조 작업에 대한 히틀러의 집착은 대단했다. 이 길이 완공되었을 때 당시 언론은 '승리의 대로Via Triumphalis'라고 칭송했다.

　종축인 남북대로는 40킬로미터로 계획되었다. 폭 120미터로 설계된 이 도로에서 남부 철도역에 이르기까지의 구간에는 높이 117미터, 폭 170미터의 거대한 승리의 아치를 세울 계획이었다. 모든 아치에는 각각 1차 대전에서 산화한 독일 장병들의 이름을 새겨 넣고, 화환을 조각해 넣는다는 구상이었다. 중심지의 남북대로 양편에는 제3제국과 나치당의 중요한 건물들이 배치되었다.

　'세계의 수도 게르마니아' 건설에서 가장 중요한 것은 '거대한 전당Große Halle'이었다. 가로 315미터, 세로 315미터의 부지 위에 320미터에 달하는, 세계에서 가장 큰 돔 건물을 세운다는 것이 슈페어의 복안이었다.

　도시 전체에 대한 개조 작업이 한참 진행되던 1936년 여름, 베를린에서는 전 세계의 주목을 끄는 중요한 행사가 열렸다. 바로 11회 올림픽 제전이었다. 물론 나치당은 올림픽 유치와는 무관했다. 올림픽 개최지로 베를린 시가 정해진 것은 나치당 집권 2년 전인 1931년이었기 때문이다. 그러나 히틀러는 이 거대한 스포츠 무대를 나치체제의 우월성을 전 세계에 널리 알리는 정치적 기회로 십분 활용했다. 레니 리펜슈탈Leni Riefenstahl이 제작한 영화 〈올림피아Olympia〉가 대표적이다. 선전 선동의 중요성을 강조했던 히틀러에게 보석 같은 존재였던 그녀가 제작한 이 영화는 체제 선전의 성공작으로 불린다. 프랑스와 캐나다 선수들이 개막 행사에서 '히틀러식' 인사를 했던 사건도 나치당을 고무시키기에 충분했다. 베를린 올림픽은 《동아일보》의 일장기 말소 사건 때문에 한국인들의 기억에도 선명하게 남아 있다. 마라톤 종목에서 식민지 조선 출신 손기정과 남승룡이 각각 금메달과 동메달을 획득한 사건은 베를린 올림픽에서 발생한 가장 중요한 사건 가운데 하나였다.

나치 집권 이후 역사의 도시 베를린은 환골탈태라는 표현이 무색할 정도로 빠르게 현대적인 도시로 변모해 갔다. 그러나 1945년 5월 8일, 독일이 항복했을 때 베를린은 거의 모든 것이 파괴된 상태였다. 미국과 영국 공군의 융단폭격, 연합군과 독일군 간에 벌어진 치열한 시가전 여파로 베를린은 폐허가 되었다. 1945년 5월 8일이 독일인들의 의식 속에서 모든 것을 새로 시작해야만 하는 '0시Stunde Null'였다면, 독일의 건축가들에게도 이 날은 거의 모든 작업을 새로 시작해야 하는 '0시'에 다름 아니었다.

| 홀로코스트의 흔적 |

1933년 히틀러가 독일의 권력을 장악했을 때 독일 전역에는 50만 명, 베를

유대인 절멸을 위한 회의가 열린 반제 호숫가의 친위대 별장. 오늘날 이곳은 과거사 교육의 산실로 거듭났다

린에는 16만 명의 유대인이 살고 있었다. 1933년 유대인 상점에 대한 불매 운동[13], 1935년 뉘른베르크 인종 차별법 통과[14], 1938년 수정의 밤 학살 Kristallnacht pogrom[15]은 잇단 파도처럼 베를린의 유대인들을 덮쳤다. 특히 수정의 밤에는 베를린에 살던 유대인 수천 명이 시 북쪽의 작센하우젠 Sachsenhausen 수용소로 끌려가, 유대인들에게 이전과는 비교할 수 없는 충격을 주었다.

작센하우젠 강제수용소는 1936년 여름 세워졌으며, 가까운 역의 이름을 따라 수용소 이름도 정해졌다.[16] 처음에는 독일인만 수용되었지만, 점차 다양한 사람들이 끌려와 수용소가 폐쇄될 때까지 40개국에서 20만 명이 이곳에 갇혀 지냈다. 나치 체제를 반대한 정치범도 있었지만, 유대인, 동성애자, 흔히 집시라 불리는 로마Roma족과 신티Sinti족, 정신 장애자, 여호와의 증인들이 더 많았다. 수천 명이 굶주림과 질병, 강제 노동과 학대, 의학 실험과 체계적인 절멸 작전으로 목숨을 잃었다. 특히 이곳 수감자들에게는 창상 감염 실험이 집중적으로 이뤄졌으며, 어린이들에게는 헤파티티스 B Hepatitis B를 강제 주입해서 간에 일어나는 변화를 파악하기 위한 실험이 진행되었다. 1941년 가을에는 최소한 1만 2000명의 소련군 포로가 집단적으로 살해당했다. 작센하우젠 수용소는 크라쿠프 근방의 아우슈비츠-비르케나우나 폴란드 동부 지역의 트레블링카, 루블린-마이다네크와 같은 절멸 수용소는 아니었지만, 이곳에도 가스실과 화장장이 추가로 만들어지면서 체계적인 살인 현장으로 변해 갔다. 특이한 것은 1942년부터 유대인 수감자 144명이 영국의 파운드화를 비롯해 외국 통화를 위조하는 작전에 투입되었다는 점이다.

작센하우젠에 수용된 수감자들은 친위대 소속의 작업장과 수용소 근처에 있는 산업 시설을 가동하는 데 동원되었다. 지멘스Siemens, 다임러-벤츠Daimler-Benz, 이 게 파르벤I.G. Farben, 아에게AEG 등 독일 군수산업에서 중요한 기업들에게 이곳 수감자들은 매우 소중한 자원이었던 셈이다. 과거 살인과 착취의 현장이던 작센하우젠은 1993년부터 홀로코스트를 기억하고 가르치는 기념관으로 바뀌었다.

홀로코스트의 흔적은 베를린 남쪽에도 남아 있다. 1942년 1월 20일 베를린 외곽의 아름다운 반제Wannsee 호숫가에 있는 나치 친위대(SS) 별장에서 친위대 산하 제국보안국Reichssicherheitshauptamt 국장 라인하르트 하이드리히 Reinhard Heydrich가 주재하는 가운데 비밀회의가 열렸다. 참가한 15명의 인사들이 대개 정부와 당 각 부처의 차관급이었기에 '차관회의'라고도 불리는 이 자리에서는 절멸 대상 유대인이 누구며, 총 몇 명인지 확인하는 동시에, 앞으로 전개될 절멸 작전의 성공을 위해 정부와 당 각 기관의 공고한 협력을 위한 논의가 이뤄졌다. 훗날 '반제회의'라는 이름으로 역사에 남게 될 이날의 모임은 홀로코스트 역사와 독일 역사에서 중대한 분기점으로 평가된다.[17]

그로부터 50년 후인 1992년 1월, 반제 빌라는 기념과 학습의 전당으로 탈바꿈해 일반에게 개관되었다. 과거 회의가 열린 식당은 상설전을 위한 공간으로, 나머지 공간은 도서관, 회의실, 학습실로 사용되고 있다.[18]

베를린 봉쇄와 대공수 작전

2차 대전 동안 베를린은 연합국의 공습과 시가전으로 철저히 파괴되었다. 희생자만 수십 만 명에 달했고, 그 가운데 12만 5000명은 민간인이었다. 독일의 항복을 받아 낸 연합국은 1945년 8월 포츠담Potsdam 회담에 따라 독일 전역을 네 지역으로 분할 통치한 것처럼, 베를린을 네 구역으로 나누었다. 미국, 영국, 프랑스 군대가 점령한 지역이 서베를린이었고, 소련군이 점령한 지역이 동베를린이었다.[19]

영구 분단의 조짐이 강화되던 1948년, 베를린은 서방 연합국이 자기 점령 지역에서 추진한 통화개혁의 직격탄을 맞았다. 전후 통용되던 제국 마르크화Reichsmark의 실질 가치가 소련 측의 과도한 발권으로 절하되고 담배를 실물화폐처럼 사용할 정도로 경제 혼란이 가중되자, 서방 연합국은 화폐개혁을 통해 문제를 해결하고자 했다. 소련은 이 방안을 거부하고, 새로 도입된 독일 마르크를 인정하지 않겠다고 밝혔다. 화폐개혁에 대한 대응으로 소련이 서독 지역에서 서베를린으로 향하는 모든 철도와 도로를 봉쇄하면서, 서베를린은 완전히 봉쇄되었다. 소련은 식량과 연료를 독점 공급함으로써 베를린시 전체에 대해 실질적인 지배권을 확보하고자 한 것이다.[20]

서방 연합국은 이에 맞서 1948년 6월 24일부터 1949년 5월 11일까지 엄청난 규모의 공수 작전으로 응수하며 어떤 경우에도 서베를린을 포기하지 않겠다는 의지를 분명하게 보여주었다.[21] 이 기간 동안 항공기가 총 20만 회 이상 출격하여 매일 1만 3000톤의 식량과 연료를 공급했다. 서베를린의 어린이들은 매일 투하되는 '사탕 폭탄', '초콜릿 폭탄'에 환호했다. 연합국의 단호한 조치 앞에서 소련은 굴욕적이었지만, 어떻게 할 방법이 없었다. 소련은 동베를린으로 건너와 공식 등록하는 서베를린 시민에게 식량을 공급하겠다고 발표했지만, 이 조치를 따르는 서베를린 시민은 소수에 불과했다. 서방 연합국의 단호한 의지를 확인한 소련은 곧 협상 테이블에 나설 수밖에 없었다. 1949년 5월 12일 새벽 0시 1분, 마침내 봉쇄는 해제되고, 서독을 출발한 첫 기차가 새벽 5시 32분 베를린에 도착했다.

그러나 대공수 작전에는 인명 피해가 따랐다. 베를린-템펠호프Berlin-Tempelhof 공항에는 이 작전 중 희생된 영국군 조종사 39명과 미군 조종사 31명의 이름이 새겨진 베를린 대공수 작전 기념물이 서 있다. 작전 기간 동안 사고는 모두 101건이 발생했고, 미군 항공기 17대와 영국군 항공기 8대가 추락했다. 이 모든 작전에 소요된 비용은 약 2억 2400만 달러였는데, 오늘날의 가치로 환산하면 대략 20억 달러 이상에 해당하는 금액이다. 베를린 봉쇄가 실패로 돌아간 후 결국 1949년 서베를린을 제외한 나머지 서방 연합국의 점령 지역에 서독 정부가 수립되었다. 이에 대한 반작용으로 소련 점령 지역에는 동독 정권이 수립되었다. 베를린 봉쇄는 냉전의 고착을 알리는 상징적 사건이었다.

서베를린은 공식적으로는 점령 지역으로 남아 있었지만, 사실상은 서독의 일부가 되었다. 이런 이유 때문에 서베를린에서는 서독 지역과 동일한 우표를 사용하면서도, '베를린'이라는 단어를 우표에 첨가해야 했다. 항공운송도 오로지 미국, 영국, 프랑스 비행기에만 허용되었다. 분단국가 수립으로 본격화된 냉전은 다시 베를린에 지대한 영향을 주었다. 서베를린이 특별 구역으로 남아 있던 반면, 동베를린은 동독의 수도가 되었다. 동베를린은 면적과 인구에서는 서베를린의 절반에 불과했지만, 역사적으로 중요한 장소는 거의 모두 동베를린 지역에 있었다.

│베를린장벽 건설과 붕괴 그리고 통일│

1989년 12월 25일, 세계적인 음악가 레오나드 베른슈타인Leonard Bernstein이 지휘하는 가운데 베토벤의 9번 교향곡 '환희의 송가'가 베를린 시내 한복판에 울려 퍼졌다. 악보에는 '환희'가 들어갈 자리에 '자유'가 들어 있었

베를린을 동서로 나누는 철조망이 설치된 지 얼마 지나지 않은 1961년 동독 장교 콘라트 슈만Conrad Schumann이 서베를린으로 탈출하고 있다

다. 오케스트라와 합창단은 단일팀이 아니라 서독과 동독 그리고 영국, 프랑스, 미국, 소련에서 온 사람들로 구성된 혼성팀이었다. 이들은 모두 오랜 세월 서베를린과 동베를린, 서독과 동독, 자본주의 진영과 사회주의 진영을 갈라놓았던 베를린 장벽의 붕괴를 축하하기 위해 전 세계에서 모인 사람들이었다.

베를린에 장벽이 세워진 것은 1961년이었다. 1961년 8월 13일 동독이 쌓기 시작한 장벽은 서베를린을 동베를린과 주변 동독 지역으로부터 완전히 고립시키는 결과를 낳았다. 콘크리트로 축조된 장벽을 따라 곳곳에 감시탑이 설치되었다. 동독 정부는 이 장벽을 공식적으로 '반파시즘 방어벽'이라고 불렀다. 이에 반해 서독 정부는 브란트Willy Brandt가 베를린 시장 시절 만들어 낸 어법에 따라 '수치의 벽'이라고 일컬었다. 이름이야 어떻든지 세계인들은 베를린을 생각하면 무엇보다 이 장벽을 떠올렸고, 이 장벽은 철의 장막으로 여겨졌다. 1961년부터 1989년까지 5000여 명이 이 벽을 넘어 탈출을 시도했고, 그 가운데 100명에서 200명가량이 목숨을 잃은 것으로 추정된다.[22]

베를린장벽 건설은 소련의 흐루시초프Nikita Khrushchev가 동독의 사회통일당 제1서기 울브리히트Walter Ulbricht에게 제안하면서 시작된 것으로 알려져 있다. 1961년 8월 12일 자정 동독군과 경찰이 전격적으로 국경을 폐쇄하고, 철조망 설치 작업을 시작했다. 베를린을 동서로 나누는 장벽의 길이는 43킬로미터였고, 서베를린 외곽 장벽은 156킬로미터에 달했다. 갑작스러운 조치와 더불어 동독 주민 대부분의 서독 방문이 불가능해졌고, 이산가족까지 생겼다. 서베를린은 적대 국가에 둘러싸인 섬이 되어 버렸다. 브란트 시장을 비롯한 서베를린 시민들이 항의했지만, 사태의 진행을 막지는 못했다.

1962년 6월에는 이미 축조된 장벽에서 100미터 이내에 있던 건물이 철거되고, '죽음의 지대Death Strip'로 불리던 무인 지대가 만들어졌다. 1965년에는 다시 콘크리트 벽이 세워지고, 1975년에는 통일 때 붕괴된 형태의 장벽이 세워졌다. 우리가 알고 있는 장벽은 시간이 흐르면서 개량된 '제4세

장벽'이다. 높이는 3.6미터, 폭은 1.2미터였으며, 감시탑은 116개소, 벙커는 20개소에 달했다. 공식적으로 국경을 횡단할 수 있는 장소는 모두 아홉 곳이었다. 이 가운데 가장 유명한 곳이 바로 프리드리히 거리Friedrichstraße와 침머 거리Zimmerstraße 구석에 있던 체크포인트 찰리Checkpoint Charlie다. 연합국 소속 요원과 외국인만 통행할 수 있던 이 검문소는 오늘날 베를린을 대표하는 관광 명소가 되었다.

1987년 6월 12일 베를린 시 탄생 750주년을 기념해 브란덴부르크 문 앞에서 행한 연설에서 미국의 대통령 레이건Ronald Reagan은 소련 공산당 서기장 고르바초프Mikhail Gorbachev에게 동유럽 진영의 자유를 확대하겠다는 징표로 베를린장벽 철거를 촉구했다.[23] 그러나 이때만 해도 레이건 자신을 비롯해 장벽의 붕괴를 예측한 사람은 없었다. 그만큼 사건은 갑자기 찾아왔다.

1989년 9월 헝가리 국경이 느슨해진 틈을 타고 동독 주민 1만 3000명 이상이 헝가리를 지나 오스트리아 국경을 넘었다. 국경을 넘다가 체포된 사람들은 부다페스트로 이송되었는데, 이들은 동독으로 송환되는 것을 거부하고 서독 대사관을 찾았다. 체코슬로바키아에서도 유사한 일이 일어났다. 뒤이어 동독 내에서 대대적인 대중 시위가 일어나자 동독의 최고 지도자 호네커Erich Honecker는 사임했다. 그런데도 시위는 더 확대되어 갔고, 많은 주민이 체코슬로바키아를 경유해 서독으로 가고자 했다. 호네커의 뒤를 이어 등장한 크렌츠Egon Krenz는 사태 완화를 위해 난민들의 서독 방문을 허용하겠다는 결정을 내렸으나, 급박한 상황 속에서 상황이 와전되고 급기야 서독 방문이 즉각 허용될 것이라는 언론의 오보까지 발생했다. 이에 고무된 많은 동독 시민이 무력해진 국경 경비대를 뚫고 서베를린으로 넘어갔다.

이렇게 시작된 베를린장벽 붕괴는 공식 연표에는 1989년 11월 9일로 기록되어 있지만, 장벽 전체가 철거되기까지는 많은 시간이 소요되었다. 아무튼 이때를 기점으로 시민들은 해머와 곡괭이를 가지고 벽을 부수기 시작했고, 동독 정부도 추가로 국경 초소를 개방하기 시작했다. 이중에는 포츠담 광장 등 역사적으로 중요한 장소들이 포함되어 있어 상징적 의미가 더욱 컸다. 동서독 통일의 상징인 브란덴부르크 문이 열린 것은 크리스마스를 며칠 남기지 않은 12월 22일이었다. 다음날인 23일부터 서베를린 시민을 포함해 서독 주민들이 비자 없이 자유롭게 동베를린을 비롯한 동독 지역을 방문할 수 있게 되었다. 동독 정부가 공식적으로 장벽 철거를 시작한 것은 다음 해인 1990년 6월 13일이었다. 다음 달 1일 동독이 서독 통화를 수용하면서 국경에 대한 통제도 공식 종료되었다. 장벽 붕괴의 논리적 결과인 통일은 1990년 10월 3일에 이루어졌고, 역사의 기념물로 남기기로 결정한 약간의 구간과 감시탑을 제외한 모든 시설이 1991년 11월까지 철거되었다. 오늘날 포츠담 광장에 남은 장벽은 살아 있는 기념물이 되어 수많은 관광객을 맞이하고 있다.

| 베를린의 도시 풍경 |

독일 동부에 자리한 베를린은 지정학적으로 유럽의 중심이라 일컬어진다. 그리고 그 중심에 슈프레Spree강이 흐른다. 이 강은 일찍이 빙하기에 베를린과 폴란드의 수도 바르샤바 사이에 형성된 계곡을 따라 흐르다 베를린 한

복판을 가로로 지나간다. 이 강은 베를린에서 가장 서쪽에 있는 슈판다우Spandau 구에서 다시 하벨Havel 강과 만난다. 베를린 서부를 북에서 남으로 흐르는 하벨강은 사람들이 흔히 떠올리는 강이라기보다는 차라리 여러 호수들이 체인처럼 엮인 모습에 가깝다. 이 호수 가운데 베를린 시민들의 삶을 특히 풍요하게 만들어 주는 것이 바로 테겔Tegel 호수와 반제Wannsee 호수다. 이 아름다운 호수들이 슈프레 강 위쪽으로 유입되고, 그 덕분에 수량이 풍부해진 슈프레강이 다시 뮈겔 큰 호수großer Müggelsee를 지나 베를린 동쪽으로 빠져나간다. 그리하여 파리와 센강을, 런던과 템스 강을 떼어놓고 생각할 수 없듯이, 독일 사람들은 베를린을 생각할 때 슈프레와 하벨 그리고 아름다운 호수들을 떠올린다.

베를린은 슈프레 강 양안을 중심으로 확장을 거듭해왔다. 지리학자들은 이 양안을 고원이라 부르지만, 보통 사람들이 생각하는 고원이라 이름 붙이기에는 부족할 만큼 높지 않은 지형이다. 베를린에서 가장 높다는 악마의 산Teufelsberg과 뮈겔 산Müggelberge을 생각하면 그 이유를 알 수 있다. 고작 해발 115미터를 넘지 못하는 이 두 산은 차라리 언덕이라고 불러야 할 정도다.

베를린의 풍경은 격동에 얽힌 독일사의 편력을 증인처럼 전해준다. 1871년에 창건된 독일제국, 제1차 대전 패배와 더불어 수립된 바이마르공화국, 제2차 대전을 불러일으킨 나치 제국 그리고 동독의 역사가 이제는 통일 독일의 수도가 된 베를린 곳곳에 배어 있다. 그 이전의 흔적을 찾아보기 어려운 이유는 2차 대전 때 연합군의 공습으로 거의 황폐해졌기 때문이다. 그 덕분에 도시 곳곳에 역사의 흔적이 남아 있지만, 오늘날 베를린은 낡은 건물의 해체와 고층 건물 신축 공사를 통해 하루가 다르게 모습을 바꾸어

가고 있다. 말하자면 베를린은 아직도 공사 중이다. 그렇지만 과거 동독이 지배했던 동베를린 지역에는 저층 건물들이 아직도 많이 남아 있다.

텔레비전 송신탑Fernsehturm은 베를린 시내 어디에서나 바라볼 수 있는 유럽 최고의 건축물이다. 높이 368미터의 이 탑은 1969년에 세워졌으며, 관광객의 발길이 빈번한 알렉산더 광장Alexanderplatz 한복판에 자리하고 있다. 해발 204미터 높이에 있는 이 탑의 전망대에 올라서면, 시 전체의 풍경이 한눈에 들어온다. 여기에서 시작해 동쪽으로 향하는 카를 마르크스 거리Karl-Marx-Allee 양편에는 기념비적인 공공건물들이 위용을 자랑하며 늘어서 있어, 스탈린 시대의 사회주의 고전 건축 양식의 특징을 맛볼 수 있다. 붉은색 벽돌로 지어져 '붉은 시청Rotes Rathaus'으로 불리는 건물도 이곳에 연해 있다.

베를린 하면 사람들이 곧바로 떠올리는 상징은 무엇일까? 바로 브란덴부르크 문Brandenburger Tor이다.[24] 브란덴부르크 문은 베를린의 상징일 뿐만 아니라, 독일의 과거 그리고 통일 독일의 미래까지 보여주는 랜드마크다. 독일의 유로화 동전(10, 20, 50센트)에 브란덴부르크 문이 새겨져 있는 이유도 바로 여기에 있다.

여기서 아주 가까운 곳에 있는 홀로코스트 상기기념물Holocaustmahnmal도 베를린의 새로운 상징으로 떠오르고 있다. 공식 명칭이 '학살당한 유럽 유대인들을 위한 기념물'인 이곳은 과거사에 대한 독일인의 반성적 자세를 가장 잘 보여주는 증거다. 시내 한복판의 금싸라기 땅 19000제곱미터 위에 유대인 공동묘지의 석관 모양 시멘트 기둥 2711개를 세운 지상의 기념물은 관람객의 불편함을 요구하는 독특한 설계 방식으로 유명하며, 지하에는 작은 규모의 기념관을 세워 불편한 느낌을 가진 관람객들에게 홀로코스트의 과거와 대면할 기회를 제공해 준다. 세계적인 건축가 아이젠만Peter Eisenman의 설계에 따라 2005년 완공된 이래 매년 관람객 350만 명이 방문하고 있다.[25]

독일의 과거를 보여 주는 또 하나의 중요한 건축물이 바로 브란덴부르크 문에서 가까운 곳에 있는 제국의회Reichstag 의사당이다. 나치 시절에 불탔고 2차 대전을 거치며 다시 크게 파괴된 이 역사의 장소는 1950년대에 대대적으로 보수되어 지금에 이르고 있다. 이 건물은 1990년대에 영국의 저명한 건축가 노먼 포스터Norman Foster의 설계로 리모델링되었다. 의사당의 거대한 유리 돔이 바로 그의 작품으로, 일반인에게 개방되어 도시의 장관을 맛볼 수 있는 명소가 되었다.

브란덴부르크 문에서 예전의 베를린 성Berliner Stadtschloss까지 동서로 뻗어 있는 대로인 운터 덴 린덴은 한때 베를린 최고의 산책로로 여겨졌다. 이 도로에는 수많은 고전 양식의 건물들이 연해 있으며, 훔볼트Humboldt대학교의 건물 가운데 일부도 이곳에 있다. 프리드리히 거리는 '포효하는 20년대'로 통칭되는 1920년대 베를린의 분위기를 잘 보여 주는 전설적인 도로로서, 20세기의 전통과 오늘날 베를린의 근대 건축을 연결시켜 주는 접점 역할을 하고 있다.

브란덴부르크 문에서 남쪽으로 1킬로미터가량 떨어져 있는 포츠담 광장Potsdamer Platz은 베를린장벽이 무너진 후 본격 개발되어 이제는 베를린 교통의 중심지가 되었다. 1990년 이후 유럽에서 독특한 대규모 건물들이 속속 들어선 이곳은 전 세계 건축가들의 주목을 받고 있다. 이곳에서 관광객들이 즐겨 찾는 곳은 헬무트 얀Helmut Jahn이 설계한 소니센터로, 독특한 건축양식과 화려함으로 베를린에서 가장 현대적인 건축물로 꼽힌다.

　베를린 시내의 동서 축선은 6월 17일 거리Straße des 17. Juni다. 운터 덴 린덴 거리를 서쪽으로 확장시켜 주는 이 거리의 동쪽 끝에는 브란덴부르크 문이, 서쪽 끝에는 샤를로텐부르크의 에른스트 로이터 광장Ernst-Reuter-Platz이 있다. 이 도로는 베를린 중심에 있는 거대한 숲 공원인 티어가르텐Tiergarten을 관통한다. 브란덴부르크 문을 출발해 이 거리를 따라가면 그 중간에 승전기념탑이 있다. 이 거리의 본래 이름은 샤를로텐부르크 대로Charlottenburger Chaussee였는데, 현재의 특이한 명칭은 1953년 6월 17일 동베를린에서 일어난 소요, 곧 소련군과 동독 경찰의 발포로 많은 노동자가 죽은 사건을 기념하기 위해 붙여졌다. 시내 중심에 자리한 위치 때문에 베를린 마라톤 대회나 러브 퍼레이드 같은 초대형 이벤트에 활용되는 일이 빈번하다. 나치 시기에는 베를린을 가로지르는 동서 축선의 핵심을 차지했고, 2차 대전이 끝나기 직전에는 파괴된 공항 대신 활주로 역할을 하기도 했다.

　6월 17일 거리를 따라가면 브란덴부르크 문에서 얼마 떨어지지 않은 곳에 거대한 별 구역이 있다. 오늘날 이곳은 6월 17일 거리를 비롯해 많은 길이 교차하는 교통의 축을 이루어 하루 평균 18만 대의 차량이 지난다. 하나의 섬과 같은 이곳 중심에는 전승기념탑이 서 있다. 베를린 시내 도처에서 바라볼 수 있는 이 기념물은 1871년 독일 통일에 앞서 프로이센이 치른 세 차례의 전쟁, 곧 덴마크, 오스트리아, 프랑스와의 전쟁에서 승리한 것을 기념하기 위해 세워졌다. 본래는 제국의회 의사당 앞에 있는 국왕광장(오늘날에는 공화국 광장Platz der Republik으로 이름이 바뀌었다)에 세워진 이 전승기념탑은 1938년 베를린을 세계의 수도로 만들겠다는, '세계의 수도 게르마니아' 건설 계획에 따라 현재의 자리로 옮겨졌다. 베를린 시민들은 기념탑 위에 있는 황금빛 빅토리아 여신상을 가리켜 '황금의 엘제Goldelse'라고 부른다. 도로에 둘러싸여 하나의 섬과 같은 이곳을 중심으로 도로 건너편 외곽에는 앞에서 말한 세 차례의 전쟁을 승리로 이끈 영웅들, 곧 비스마르크, 로온 Albrecht von Roon[26], 몰트케Helmuth Karl Bernhard von Moltke[27]를 기리는 민족기념물들이 반원 형태로 전승기념탑을 둘러싸고 있다.

'쿠담'이라는 약칭으로 더 많이 불리는 선제후 거리Kurfürstendamm의 이름은 옛날 이 지역을 통치했던 브란덴부르크 선제후가 1543년 사냥터로 향하는 통나무 길을 만들도록 한 데서 유래한다. 폭 넓은 도로에 호화로운 상점들이 밀집해 있어 '베를린의 샹젤리제'로 불린다. '포효의 시대'로 일컬어지기도 하는 '황금의 20년대'에 이 일대는 여가와 향락의 중심지로 이름을 날렸지만, 대공황과 더불어 명성이 사라졌다. 그러나 라인 강의 기적이 일어난 1950년대 이후 상업 중심지의 위상을 회복했다. 통일 후에는 포츠담 광장, 프리드리히 거리, 알렉산더 광장 등과 최고의 상업 지구 자리를 놓고 경쟁하고 있다.

긴 역사적 연원에 걸맞게 선제후 거리 일대는 독일사의 주요 사건들을 기억나게 하는 장소이기도 하다. 이 거리의 동쪽 끝에 해당하는 브라이트샤이트 광장Breitscheidplatz에는 빌헬름 황제 기념 교회Kaiser-Wilhelm-Gedächtniskirche가 있어 관광객들의 발길을 끈다. 이 교회는 2차 대전 때 공습으로 파괴되었고, 현재도 그 흔적을 엿볼 수 있다. 이곳에서 가까운 타우엔

치엔 거리Tauentzienstraße에는 유럽 대륙 최대의 백화점이라고 하는 카데베KaDeWe가 있다. 또한 이곳에서 멀지 않은 곳에 베를린 위기가 한창 고조되던 1963년 미국 대통령 케네디John F. Kennedy가 "나도 한 사람의 베를린 시민입니다Ich bin ein Berliner!"라는 연설로 서베를린 시민들을 감격케 한 쇠네베르크 시청Schöneberg Rathaus이 있다. 독일 역사의 영광과 치욕, 위기와 극복의 장면 장면이 담겨 있는 선제후 거리는 바로 이런 점에서 독일사의 축소판 지도로 불리기에 부족함이 없다.

상트페테르부르크,

역사와 문화의 복합 텍스트

김수환

Saint Petersburg

'페테르부르크'라는 이름의 역사 · 표트르의 도시 · 유럽으로 열린 창 · 페테르부르크 텍스트
붉은 10월 · 레닌그라드는 함락되지 않는다! · 다시, 페테르부르크

| '페테르부르크'라는 이름의 역사 |

도스토예프스키와 레닌의 도시 '상트페테르부르크'를 '레닌그라드'라는 이름으로 기억하는 사람이 여전히 많다. 그도 그럴 것이 1991년 소비에트 연방 공화국이 해체되고 이 도시가 본래의 이름을 되찾기까지는 무려 67년이라는 세월이 필요했기 때문이다. 소련 시절의 러시아를 기억하는 사람들이 모스크바와 함께 떠올리는 제2의 도시, 바로 레닌그라드다.

사실 도시명을 둘러싼 우여곡절은 이에 그치지 않는다. 이 도시는 레닌그라드라는 명칭을 얻기 전에 '페트로그라드'라는 또 다른 이름을 얻은 적도 있다. 때는 1914년 바야흐로 러시아가 한창 독일과 제1차 세계대전을 벌이고 있던 시기, 제정러시아의 마지막 황제 니콜라이 2세는 페테르부르크라는 도시명이 지나치게 '독일적'이라고 생각했다. 그의 대안은 도시를 뜻하는 독일식 발음 '부르크'를 떼어 내고 대신 그 자리에 도시를 뜻하는 고대 러시아어 '그라드'를 붙이는 것. 그렇게 해서 페테르부르크는 '페트로그라드'가 되었다. 하지만 그 이름은 니콜라이 황제 자신이 그렇듯이, 그다지 오래갈 운명이 아니었다. 불과 3년 후인 1917년, 볼셰비키혁명으로 러시아제국은 막을 내렸고, 그로부터 다시 7년 후인 1924년, 이 도시는 혁명의 아버지 레닌의 이름을 따 '레닌그라드'가 되었다.

그리고 20세기 후반 마침내 '레닌의 나라'가 붕괴했을 때, 도시의 명칭을 둘러싼 논의가 즉각 제기되었다. 1991년 시민들은 투표를 실시했고, 본래의 이름을 되돌리는 안이 채택되었다. 무려 77년 만에 되찾은 이름, 바로 페테르부르크다. 그렇다면 이 복귀안에 모두 한 목소리로 찬성했을까? 물론 거의 모든 평범한 시민들은 이제야 비로소 자신들의 도시가 옛 이름을 되찾게 된 것을 기뻐했지만, 그와 다른 생각을 피력했던 사람도 없지 않았다. 냉전 시기 소련 수용소의 실상을 그린 소설 《이반 데니소비치의 하루》로 노벨 문학상을 받은 작가 솔제니친도 그중 하나였다. 그는 이번 기회에 페테르부르크를 덮고 있는 '외국식 가면'을 말끔히 벗겨 버리고, 아예 원본origin보다 더 고유한original 이름으로 부르자고 주장했다. 그가 제안한 명칭은 '네바그라드'나 '스뱌토페트로그라드' 등으로 모두 지극히 '러시아적인' 향취를 풍기는 이름이다. 갑자기 무슨 똥딴지 같은 제안이냐고? 솔제니친의 이런 주장을 이해하는 데 현대 러시아 작가 쿠라예프의 다음과 같은 지적이 도움이 된다. "지금으로부터 300년 전 상트페테르부르크라는 단어가 당시 사람들의 귀에 어떻게 들렸겠는가? 그건 마치 지금 우리가 탐팩스Tampax나 스니커즈Snikers 혹은 마케팅 따위의 단어를 들었을 때 드는 느낌과 다르지 않다." 굳이 비유하자면, '서울'을 '뉴저지'나 '맨체스터'라고 부르는 느낌이랄까?

어째서 300여 년 전 러시아인들은 그토록 낯설고 이국적인 이름으로 자신들의 새 수도를 불러야만 했을까? 이 질문에 대답해 줄 단 한 사람이 있다. 1703년, 핀란드 만의 늪지대 위에 '자신의 이름을 딴' 새 수도를 건설한, 도시의 창건자이자 지배자였던 러시아의 황제 표트르Peter대제 (1682~1725)다.

표트르의 도시

러시아 국가를 제국으로 명명하고 스스로를 황제로 칭하면서, 표트르가 네바 강변에 새 수도 상트페테르부르크를 건설하겠다고 했을 때, 거의 모든 사람들은 이 계획을 무모하다 못해 미친 짓으로 받아들였다. 유럽 지역 러시아에 거주하던 여러 민족을 통합해 '전 러시아 국가'를 건설한 이 개혁 군주는, 제국의 수도를 영토의 중심에 위치한 모스크바로부터 스웨덴과의 전쟁이 한창이던 최전방으로, 그것도 여러모로 사람이 살기에 적합하지 않은 '늪지대' 위로 이전했다.

한번 떠올려 보라. 국경 '바깥'의 빼앗은 땅에 새 수도를 건설한다는 발상을! 하지만 이런 '미친 짓'엔 이유가 있었다. 그 이유는 무척 복합적인데, 우선 발트해 연안, 특히 당시 수로와 육로 교통 연결의 요충지이던 네바 강 어구가 지니는 전략적 의미다. 당시 전쟁 상대이던 스웨덴을 제압할 수 있는 유일한 방법은 바로 이 지역을 확보하는 길뿐이었다. 하지만 이보다 훨씬 더 중요한 이유는 이 '천도 행위' 자체에 부여된 크나큰 '문화적' 의미다. 러시아에게 상트페테르부르크란 무엇인가? 러시아가 마침내 열어젖힌 '유럽으로 열린 창'이다. 서구를 향한 러시아의 강렬한 열망을 응축한 이 도시는, 이른바 '러시아적 모더니티'의 전형적인 결과물이자 동시에 모더니티의 다양한 '왜곡'을 증명하는 문제적인 텍스트인 것이다.

페테르부르크는 어떤 도시인가? 지난 2003년으로 300주년을 맞은 이 도시는 1703년 표트르대제가 당시까지 유럽사의 주류에서 비껴나 있던

상트 페테르부르크를 만든 표트르 대제

러시아를 서구화·근대화의 길로 이끌기 위해 핀란드 만과 네바 강 어귀의 늪지대 위에 건설한 거대한 계획도시다. 15만 명 이상의 인명을 희생시키고 탄생한 무덤 위의 도시, 기적 같은 건설의 신화와 함께 적그리스도와 악마의 신화를 잉태한 도시가 바로 페테르부르크다.

러시아 동화에 나오는 마법의 도시처럼, 페테르부르크는 비약적으로 성장했다. 서구의 다른 곳에서라면 몇 세기에 걸쳐 일어난 일들이 그곳에선 불과 50년 만에 급속하게 일어났다. 10년 만에 늪지의 한가운데에 건물 3만 5000채가 들어섰다. 늪지대에 기적처럼 출현한 페테르부르크는 도시의 주체들에게조차 인간적 현실로 다가오지 않았다. 표트르가 "이곳에 도시를 건설할 것이다."라고 선언했을 때, 그의 말은 마치 "빛이 있으라."고 했던

신의 명령을 연상시켰다. "우리 황제께선 도시 전체를 건설하신 다음 그것을 땅위에 내려놓으셨소."라는 전설은 이를 보여주는 하나의 사례다.

말 그대로 늪지대 전체를 돌로 메운 대공사는 가히 신화적 규모를 자랑한다. 늪을 메울 많은 돌은 당연히 다른 지역에서 옮겨 와야만 했다. "강둑의 유명한 화강암은 핀란드에서, 궁정의 대리석은 이탈리아, 우랄, 중동에서, 반려암은 스웨덴에서 들여왔다. 조립 현무암과 석판암은 오네가 호수, 사암은 폴란드와 독일, 건축용 석회화石灰華는 이탈리아, 타일은 베네룩스와 뤼베크에서 가져왔다. 유명한 표트르의 '청동기마상'을 받치는 화강암 대좌는 높이 12미터, 둘레 30미터에 달했다. 약 66만 킬로그램에 이르는 이 화강암을 옮기는 데만도 1000명과 1년 6개월 이상이 필요했다. 이 화강암이 발견된 숲에서 수도까지 13킬로미터를 처음엔 도르래로, 그 다음엔 특수 제작한 거룻배로 옮겨야 했다. 이삭 성당의 거대한 화강암 원기둥 36개도 마찬가지였다."[1] 사실 피라미드를 건설할 때를 제외하면, 이처럼 엄청난 양의 석재가 운송된 전례를 찾아보기 어렵다. 이 과정이 어느 정도로 끔찍한 희생을 동반했을지 상상하는 건 전혀 어렵지 않다. 불과 3년 동안 이 새로운 도시는 약 15만 명에 가까운 노동자를 '삼켜 버린' 것이다.

그렇게 해서 돌과 뼈, 이 원초적 기표 둘은 도시 페테르부르크를 수식하는 지표적 환유인 동시에 이후 창궐하게 될 '페테르부르크 신화'의 근원적인 신화소가 되었다. 늪지대의 심연 위에 '돌'로 세운 도시 그리고 심연을 메우고 있는 수많은 '뼈'. 러시아 정교의 공식적인 축복 속에 탄생한 이 도시는 무시무시한 저주의 말과 함께 태어났다. 표트르의 첫째 부인은 유형지에서 이렇게 말했다. "그 곳이 텅 비도록 하라!" 그리고 축복과 저주의 이런 이중성은 페테르부르크의 신화와 역사에 계속 그림자를 드리우게 된다.

| 유럽으로 열린 창 |

페테르부르크는 자연 그리고 러시아의 지체에 대한 승리를 의미했다. 처음에 표트르-파블로프스키 요새 건축으로 시작된 건설은 18, 19세기를 거치며 계속되어 수많은 대로prospect, 광장, 궁전, 정원, 첨탑, 동상, 운하들로 이루어진 독특한 문화 공간을 형성하게 되었다. 오랜 시간을 두고 자연스럽게 팽창한 '커다란 시골' 모스크바와 달리, 상트페테르부르크 건축과 토목 계획의 기본 원리는 철저하게 '합리성'에 의존했다. 당시 사람들은 "마침내 이 도시에 기하학이 당도했다."고 썼다. 러시아인들에게 모스크바가 어머니이자 '심장'과 같다면, 페테르부르크는 '머리', 그것도 '차가운' 아버지의 머리에 해당한다. 이 아버지의 두뇌와 함께 러시아의 근대는 시작되었다. 그곳은 최초의 러시아 과학 아카데미가 생긴 장소이며, 최초의 공공도서관, 최초의 극장, 최초의 식물원, 평민 자녀를 위한 최초의 학교가 문을 연 장소다.

페테르부르크는 그 자체로 '근대' 러시아 문화의 새로운 방향성을 표상하는 상징적인 기호였다. 이 도시는 모든 면에서 하나의 도시 이상의 의미를 지닌다. 러시아인을 유럽인으로 개조하기 위한 거의 유토피아적인 방대한 문화 공학의 계획인 것이다. 모스크바적인 '중세'를 거부하고 유럽식의 '근대'를 도입하는 것, 그러니까 '유럽으로 열린 창'인 페테르부르크를 통해 문화적 정체성의 코드를 철저하게 개편함으로써 과거 러시아의 무지하고 후진적인 관습을 버리고 진보적이고 계몽된 근대 서구 세계에 동참하려는 것, 바로 이것이 페테르부르크식 근대의 목표였다.

이런 목표하에서, 당대인 18세기 문화의 주체이던 귀족들이 처하게 된 상황은 어땠을까? 말하자면 그건 '자신의 고국에서 하루아침에 외국인이 되는 경험'과도 같았다. 통상적으로 '자연적인' 행위 영역에 해당하던 것들이 어느 날 갑자기 통째로 '학습'의 영역으로 바뀌었다고 상상해 보라. 먹고, 입고, 마시고, 인사하는 법과 같은 일상 행위의 모든 규범들을 마치 외국어를 배우듯이 새롭게 익히고 배워야만 한다! 이런 상황은 당연하게도 그들의 일상을 '연극과도 같은 것'으로 만들었는데, 그들은 말 그대로 '항상 무대 위에 선 것처럼' 살아가게 되었다. 황제 표트르는 이 연극의 대본에 해당하는 소책자를 출간하기도 했는데, 그가 직접 독일어 원서를 개작하고 윤색한 책 《젊은이를 위한 예법》에는 행위 예절에 관한 다양하고 상세한 지시가 들어 있다. '항시 외국인들과 함께 있는 자신을 상상할 것', '음식을 뱉거나, 나이프로 이를 쑤시거나, 큰 소리로 코를 풀지 말 것.'

요컨대, 도시 페테르부르크는 18세기 러시아의 새로운 문화적 상황, 곧 이전 시대의 모든 것에 대한 전면적인 '거부'와 '부정'을 대변한다. 그렇게 '갑자기'와 '새로운'이라는 두 단어는 18세기 러시아 문화를 수식하는 대표적인 술어가 된다. 시인 칸테미르의 유명한 구절은 이를 잘 보여 준다. "표트르의 영민한 교시를 소중히 하니, 그로써 우리가 갑자기 이미 새로운 민족이 되었기 때문이다."

한편 중세적 신성에 대한 근대적 세속 권력의 승리라는 18세기의 방향

전환은 페테르부르크를 '신新로마'로 보는 견해에 권위를 부여해 주었다. 표트르는 신성의 중심부, 가령 새로운 예루살렘이 되는 대신 최고의 권력적 전통을 따르는 길을 택했고, 그건 바로 페테르부르크를 '신로마'로 표상하는 길이었다. 페테르부르크의 도시 문장은 바티칸의 문장에서 따왔다. 이와 관련해 상트페테르부르크라는 도시명을 이중적으로 해석할 수 있다는 점은 흥미롭다. 주지하듯이 표트르는 '베드로'의 러시아식 이름이며, 따라서 '성스러운 베드로의 도시'는 곧 '표트르의 도시'이기도 하다. 사실 상트페테르부르크라는 명칭은 Saint라는 수식어가 어디에 걸리느냐에 따라 두 가지로 해석할 수 있다. 독일식 명칭인 Sankt Petersburg가 문법적으로 소유격을 포함해 성스러운 Peter의 도시라는 뜻을 갖는다면, 러시아에 수용된 형태인 Sankt Peterburg는 소유격이 누락되어 앞의 의미가 모호해지므로 '표트르의 신성한 도시'로 이해할 수 있다. 즉 페테르부르크라는 이름에 내포된 두 의미 중에서 '표트르의 의미론'이 '베드로의 의미론'을 압도하기 시작하고, 이에 따라 제국 로마의 지향성이 점차 황제 표트르에 대한 개인 숭배로 이어지게 된 것이다.

흔히 '표트르의 머릿속에서 나왔다.'고 일컬어지는 제국의 새 수도는, 앞서 말했듯이 지정학적 관점에서 볼 때 상식을 벗어나는 예외적인 선택이었다. 영토의 중심부에 수도를 정하는 일반적 관계를 벗어났을 뿐만 아니라 아예 영토의 바깥에 새로운 중심을 정하는 극단적인 사례였다. 러시아의 기호학자 유리 로트만Yuri Lotman은 이를 도시 공간의 지리적 배치에 관한 유형학으로 동심적centric 모델과 이심적eccentric 모델로 설명한다.

우선 자신을 둘러싼 주변 세계와의 관계에서 '중심'의 위상을 부여받는 동심적 모델의 경우, 통상 "대지의 중심"에 위치하면서 우주 자체의 이상화된 모델이 된다. 흔히 '천상 도시의 원형'이나 '주변 세계를 위한 성소聖所'로서 나타나는 이 모델의 대표적인 예로는, 로마, 예루살렘, 모스크바 등이 있다. 당연히 이 모델은 열림보다는 닫힘, 즉 '적대적인 것으로 평가되는 주변 세계로부터의 분리'를 지향한다.

한편 도시는 대지와의 관계에서 이심적으로, 그러니까 '경계 너머에' 자리할 수도 있다. 스뱌토슬라프, 샤를대제, 무엇보다 표트르대제의 경우가 이에 해당하는데, 동심적 모델의 폐쇄성과 비교했을 때, 이심적 구조는 열림과 해체, 개방된 '문화적 접촉'을 지향한다. 동심적 모델이 대개 땅과 하늘의 중개자로 표상되는 '고산도시'의 이미지와 관련된다면, 이심적 구조는 문화 공간의 변경, 예컨대 '해안이나 강어귀'에 위치한다. 주로 창조와 관련된 신화를 통해 '하늘과 땅의 대립'을 활성화하는 전자에 비해, 후자는 '인공 대 자연의 대립'을 강조한다. 특히 홍수나 범람 등의 자연력에 의해 도시의 인공성이 몰락하게 되는 이야기들, 종말론의 신화, 멸망의 예언은 후자를 특징짓는 자질들이다.[2]

실제로 페테르부르크는 이심적 모델의 특징을 고스란히 보여준다. 언젠가 이 인공의 도시가 흔적도 없이 사라질 것이라는 불길한 종말론의 신화는 어쩌면 페테르부르크의 첫 삽이 떠지던 그 시점부터 이미 도시의 실제 역사를 뒤덮고 있었다. 페테르부르크의 실제 역사는 신화적 요소로 점철돼 있는데, '유언비어'나 '구전야사' 등의 형태로 민중의 삶에 깊숙이 뿌리내리고 있었다. 그렇다면 페테르부르크의 이런 뿌리 깊은 신화학은 어떻게 설명될 수 있을까? 물론 그 원천적 발효소는 도시 건설이 수반한 끔찍한 희생의 상처를 표현해 주는 '뼈 위에 세워진 도시'가 될 것이다. 하지만 더 포괄적인 원인은 페테르부르크로 대변되는 18세기 러시아의 문화적 기호, 곧 '역사의 부재'라는 기호로 봐야 한다.

앞서 이야기했듯이 표트르 시대 이데올로기의 특징은 "갑자기, 새로워진 러시아", 즉 18세기 초반 러시아가 체험하고 있던 것을 하나의 '출발점' 혹은 '시작'으로 간주하려는 경향이었다. 이에 따른 자연스런 결과는 무엇인가? "그 이전의 모든 것을 존재하지 않는 것, 혹은 최소한 역사적 현실성을 결여한 무지와 혼돈의 시대에 속하는 것이라고 선포하는" 것이다.[3] 다시 말해, 표트르 시대 이전의 러시아는 '무(엔트로피)'로 간주되며, 이상적인 러시아는 지나간 것과 무관한 것이 되어야만 한다. 이와 같은 '역사 부재'의 상황은 자연스럽게 신화의 맹렬한 성장을 유발할 수밖에 없었다. 기호적인 진공 상태를 가득 메운 것은 다름 아닌 '신화'였는데, 인공적인 도시의 상황은 전적으로 신화소적으로 되었다.

무엇보다 흥미로운 점은 역사와 신화의 이와 같은 '몸 섞기'가 단지 신화적 이야깃거리에만 머물지 않았다는 사실이다. 탄생 이후 거의 곧바로 이 도시는 자신의 허구적 분신, 그러니까 도시의 이미지와 자기인식에 영향을 끼치는 자신의 '쌍둥이'를 갖게 되었다. 바로 "문학적 페테르부르크 literary Petersburg"다. 그것은 단순히 도시의 예술적 '반영'이 아니라 우리가 푸시킨이나 도스토예프스키의 작품들에서 찾아 볼 수 있는 섬뜩한 '분신 alter-ego'의 캐릭터에 해당한다.

| 페테르부르크 텍스트 |

《현대성의 경험》이라는 저명한 저작을 남긴 마샬 버먼Marshall Berman은 페테르부르크가 거쳐 간 격동의 19세기를 "20세기 제3세계 출현의 원형"으로 파악했다. 즉 "훗날 아프리카, 아시아, 라틴아메리카 민족과 국가가 당면해야 했던 모든 문제와 대결"했던 원형적 시기라는 것이다. 버먼에 따르면, 저개발의 모더니즘을 표상하는 도시 페테르부르크의 이런 역사적 경험은 이른바 "페테르부르크 인플루엔자"가 되어, 제3세계의 여러 도시(라고스, 브라질리아, 뉴델리, 멕시코시티)를 떠돌고 있다. "페테르부르크 인플루엔자는 뉴욕, 밀라노, 스톡홀름, 도쿄, 텔아비브의 공기에도 주입되었으며, 그것은 계속해서 불고 또 불고 있다."[4]

그런데 버먼이 지적하길 이 시기 러시아를 특징짓는 가장 괄목할 만한 사실 하나는 따로 있다. 대략 두 세대에 걸친 이 시기에 "가장 위대한 세계 문학 중 하나가 탄생했다."는 놀라운 사실이다. 이 도시는 "가장 강력하면서도 지속적인 현대성의 신화와 상징들, 가령 작은 인간, 잉여 인간, 지하세계, 전위대, 수정궁 그리고 마지막으로 노동자 위원회와 소비에트 같은 것들을 생산해 냈다."

도시 페테르부르크와 러시아 문학, 이 둘은 서로 분리할 수 없이 부착된 두 세계. 러시아의 작가들은 다름 아닌 페테르부르크에서 음울한 자기 반영성을 발견했다. 시인 브로드스키의 말을 빌리면, 페테르부르크는 그들의 '새로운 세계'였던 셈이다. 앞서 이야기한 페테르부르크의 '신화적' 의미장은 러시아 문학사에서 일련의 문학작품에 의해 집요하게 재현되고 변주된다. 이런 재현과 변주는 일명 "페테르부르크 텍스트Peterburg text"라는 독특한 주제적 계열체를 형성했는데, 맨 앞자리에는 러시아 국민문학의 아버지 푸시킨의 텍스트가 자리한다.

표트르대제의 청동기마상

　푸시킨의 서사시 〈청동기마상〉은 도시 페테르부르크의 신화를 구성하는 가장 중요한 대립 중 하나인 물과 돌의 충돌을 다룬다. 자연력을 대변하는 '물'과 문화를 대변하는 '돌' 사이의 충돌은 도시의 신화를 지탱하는 기본 축이다. 페테르부르크는 습지 위에 바위로 쌓아 놓은 인공물이다. 돌로 건설된 이 도시는 이성과 합리의 결과물, 즉 인간의 이성과 의지가 자연에 거둔 승리를 상징한다. 하지만 바위(문명)보다 먼저 그곳에 존재했던 물(자연)은 결코 그냥 사라지지 않는다. '이 곳이 텅 비게 하라.'는 최초의 저주에 따라, 물은 주기적으로 범람한 것이다. '모든 것을 파괴하는 홍수'에 대한 환상은 페테르부르크의 운명에 대한 이야기에서 지속적인 주제였다. 홍수 신화라 불리는 이 환상은 사실에 근거한 것으로, 바다 수면보다 낮은 곳에 건설된 이 도시는 건설 초기부터 빈번한 홍수에 시달렸다.

　서사시 〈청동기마상〉의 배경은 1824년의 대홍수다. 가난한 하급 관리 에브게니는 약혼녀 파라샤와의 행복한 결혼 생활을 꿈꾸다 대홍수로 모든 것을 잃어버린다. 미치광이가 되어 거리를 헤매던 그는 표트르대제의 동상인 '청동기마상'과 마주치게 된다. 인간이 살기에 적합하지 않은 이런 늪지대 위에 도시를 건설한 이, 그래서 결국은 오늘의 이 모든 불행을 초래한 바로 그 장본인을 향해 예브게니는 증오의 말을 던진다. "당신, 위대한 건설자여. 그래 어디 두고 봅시다!" 하지만 위대한 황제는 가련한 한 '작은 인간'의 분노마저 용납하지 않는다. 무서운 청동기사가 밤새도록 말발굽을 울리며 자신을 뒤쫓는 환영에 시달리던 예브게니는 결국 다음날 아침 네바 강가에 차가운 시체로 떠오른다.

페테르부르크 도시 신화의 중심에 자리한 핵심은 도시의 '인위적' 성격이었다. 페테르부르크의 세계상에서 언제나 강조되는 '환영성'의 모티브는 바로 이 점과 관련된다. 합리주의적이고 유럽적인 외양을 지닌 페테르부르크가 실은 "아무런 기반도 없이 공중에 매달린 도시"에 불과하다는 관념은, 도시를 환상적이고 유령적인 공간으로 바라보게끔 만들었다. 늪지대 위에 건설된 인위적인 계획도시, 흔적도 없이 사라질 운명을 지닌 비실재적 도시로서의 페테르부르크 신화는 또 한 명의 위대한 작가 고골에게서 '거짓'과 '허위'의 모티브로 변주된다. 소설 《넵스키 거리》에서 고골은 이렇게 말한다. "오, 이 넵스키 대로를 믿지 말지어다! 모든 것이 기만이고, 모든 것이 꿈이며 모든 것이 겉보기와는 다르다. 넵스키 대로라는 건 언제나 거짓말을 한다."[5] 19세기 모더니티의 수도 파리의 '러시아판 판타스마고리아'로 볼 수 있는 넵스키 대로는 그 자체로 도시 페테르부르크를 상징하는 환유다. "우리 수도에 이 아름다운 거리보다 더 즐겁고 화사하고 번쩍이는 게 또 있을까?"라는 찬사의 이면에는 왜곡되고 변질된 모더니티의 음울한 자

환상이 펼쳐진다. 아름다운 마돈나가 추악한 창녀로 판명나는 곳, 순수했던 화가가 아편과 환상에 의지하다 결국은 면도날로 자신의 목을 긋게 되는 곳, 넵스키 대로는 그런 곳이다.

페테르부르크 텍스트의 정점이자 가장 잘 알려진 무대는 도스토예프스키의 작품들이다. "7월 초순, 굉장히 무더운 저녁 무렵에 한 청년이 S 골목의 세든 조그마한 자기 하숙방에서 한길로 나와, 뭔가를 망설이듯 천천히 K교橋쪽으로 발길을 옮겼다."[6]라는 문장으로 시작하는 소설 《죄와 벌》은 페테르부르크가 만들고 페테르부르크에 바쳐진 작품이라 해도 과언이 아니다. 페테르부르크의 빈민가 센나야 광장을 중심으로 펼쳐진 거리를 한 청년이 걷고 있다. '벌레만도 못한' 인간인 전당포 노파의 집에 당도하기 위해 그는 정확히 730보를 걸어간다. 찌는 듯이 덥고, 참을 수 없을 만큼 심하게 악취가 풍기는 거리, 라스콜리니코프의 위대한 망상과 살인은 바로 '이 거리에서' 생겨나고 실행되었다. 《죄와 벌》은 19세기 러시아 대도시의 실상에 관한 더할 나위 없이 생생한 사회적 기록이자 그 속에서 살아가고 있는 인간들의 '정신적' 상태를 보여주는 빼어난 임상보고서다.

도스토예프스키가 그려 낸 페테르부르크의 또 다른 모습은 '빛'과 '몽상'의 왕국이다. 페테르부르크의 여름밤, 마치 대낮처럼 환한 그 기이한 밤의 풍경은 그곳에 사는 사람들을 '몽상가'로 만든다. 넘쳐나는 빛의 장난이 도시 곳곳을 흐르는 수많은 물과 그 위에 드리운 짙은 안개를 배경으로 펼쳐질 때, 이제 그곳은 현실과 꿈이 뒤섞이는 환상의 도시로 바뀐다. 도스토예프스키의 소설 《백야》는 바로 이런 빛의 몽롱함 속에서 벌어지는 몽상가의 낭만적 사랑을 다룬다. 현실과 몽상의 경계가 모호해진 몽상가의 삶에서 백야는 그런 삶을 상징하는 알레고리가 된다. "이 안개 한가운데 있으면 이상하리만치 집요한 몽상이 백번도 더 내게 떠오르는 것이다. 이 안개가 걷혀 위로 사라질 때, 안개와 함께 이 썩어 빠진 도시 전체가 사라지는 것은 아닐까? 안개와 함께 이 도시도 걷혀, 연기처럼 사라져서 이전의 핀란드 늪지대만 남는 건 아닐까?" 도스토예프스키가 자신의 소설 속 한 주인공인 '지하생활자'의 입을 빌려 '지구상에서 가장 추상적이고 인위적인 도시'라고 부른 페테르부르크는 이렇듯 몽상가와 살인자, 미치광이와 혁명가로 이루어진 19세기 러시아 문학의 중심 제재이자 영감의 원천이 되었다.

페테르부르크의 이름으로 개시되던 유럽화의 길, 강력하고 급작스런 방식으로 추진된 근대의 출발은 과연 '러시아란 무엇인가'라는 피치 못할 질문을 낳을 수밖에 없었다. 서구의 상징인 프랑스 파리로 문화적 성지 순례 여행을 떠나던 러시아의 귀족들은 페테르부르크의 첫 삽이 떠진 지 불과 100년도 채 지나지 않아 유럽적인 것과는 '다른' 러시아적 원리와 방식에 대해 심각하게 성찰하지 않을 수 없게 되었다. 과연 러시아는 무엇인가? 유럽인가 아시아인가 혹은 또 다른 무엇인가? 러시아의 정체성에 관한 질문, 러시아 속의 유럽이자 유럽 속의 러시아인 페테르부르크와 함께 시작된 이 '지긋지긋한' 질문은 러시아의 예술, 역사, 종교, 정치, 철학을 아우르는 유일무이한 보편 문제가 되었다. 그중에서도 특히 러시아 문학은 이 질문의 발원지이자 실험대, 나아가 선언문이 되었다. 서구적 의미에서 근대성의 '러시아적 뒤틀림'을 보여주는 생생한 사례이면서, 동시에 서구가 결코 흉내 낼 수 없는 러시아의 정신적 삶이 획득한 위대한 '민족적 과업'이기도 한 것이다.

붉은 10월

러시아 문학의 특별한 양성소인 상트페테르부르크는 20세기 초반에 '혁명의 요람'이 되었다. 도스토예프스키의 도시 페테르부르크가 이제는 레닌의 도시가 된 것이다. 인류 최초의 사회주의혁명, 그 전무후무한 '역사적 실험'은 페테르부르크를 무대로 펼쳐졌다. 1905년 '피의 일요일'에 시작해, 1914년 제1차 세계대전, 마침내 1917년 2월과 10월혁명에 이르기까지의 격동의 나날들은 도시 페테르부르크를 세계 역사의 한 페이지에 영원히 남겨 놓았다. 존 리드가 《세계를 뒤흔든 열흘》에서 생생하게 그려 낸 '혁명의 시간들'이 '페트로그라드'라는 이름과 더불어 "인류가 시도한 가장 경이로운 모험"의 기록으로 남게 된 것이다.

그런데 혁명과 관련된 도시 이야기에 빠짐없이 등장하는 장소가 있다. 바로 '겨울궁전'이다. 오늘날에는 '은자의 암자'라는 뜻을 지닌 러시아 국립박물관으로 사용되고 있는 이곳은 본래 표트르대제의 저택이었다. 1711년에 처음 세워진 궁은 표트르 사후에 예카테리나와 안나 여제에 의해 증축되었고, 1741년 엘리자베타 여제가 즉위하면서 대대적으로 신축되어 오늘에 이른다. 러시아 바로크건축의 정수를 보여주는 이 건물은 상트페테르부르크를 대표하는 건축물로서 오늘날 전 세계 관광객이 찾는 국립박물관이 되었다. 에르미타슈 국립박물관, 약 120개의 계단과 천 800여 개의 출입문으로 이루어진 총 길이 27킬로미터의 이 문화 대장정은 페테르부르크 관광의 절정이자 백미. 세계 3대 박물관 중 하나답게 270여만 점에 이르는 소장품 수를 자랑하는데, 작품당 1분씩 관람한다고 치면 총 5년의 시간이

에르미타슈와 궁전광장

소요된다고 한다.

　20세기를 뒤흔든 대사건 중 하나인 '러시아 사회주의혁명'의 주요 무대로 바로 이 '겨울궁전'이 선택된 것은 여러모로 의미심장하다. 황제의 거처인 겨울궁전을 향한 혁명군의 공격은 주지하다시피 볼셰비키혁명의 가장 결정적인 순간으로 뚜렷이 도드라진다. 이 한밤중의 '습격'에 관한 내러티브는 대략 다음과 같이 전해진다. 1917년 10월 25일(1918년 이후부터 사용된 신력으로는 11월 7일) 밤. 혁명 지도자 레닌은 스몰니의 혁명 본부에서 볼셰비키를 지휘하고 있다. 임시정부의 케렌스키는 이미 겨울궁전을 몰래 빠져나갔고, 겨울궁전에는 일군의 사관생도와 돌격대만이 남아 있는 상황. 마침내 네바강에 정박 중이던 순양함 아브로라호에서 한 발의 공포탄이 울리고, 겨울궁전을 향한 습격이 일제히 개시된다.

> 그들의 공통 지향점이자 유일한 목적 – 겨울궁! 이 포위된 요새의 문 아래에서 이동 중인 무기의 굉음을 이제 들을 수 있도다! …… 멀리 보이는 순양함 오로라가 참가하는 역사적 전쟁이 시작된다. 불 켜진 겨울궁의 창문에 투쟁하는 이들의 실루엣! …… 빠르게 총을 장전하면서 이들 적군들은 궁에 잠입해 전투를 벌인 뒤 궁을 지키려는 자들을 무장해제시키고 있다. …… 기관총과 소총발사 소리, 대포가 울리는 소리 – 모든 것이 귀청이 터질 것 같은 결정적 전투의 교향곡으로 합류했다.[7]

몽타주 기법으로 유명한 러시아의 영화감독 세르게이 에이젠슈테인이 영화 〈10월〉에서 드라마틱하게 그려 낸 위와 같은 '역사적 전쟁'의 '결정적 전투' 장면은 일반적으로 알려진 것과 달리 실제로 일어난 사건이 아니다. 볼셰비키 10월혁명이 사후에 '기억' 되는 과정에서 만들어진 극적인 내러티브, 한 마디로 "10월혁명의 바스티유"를 만들려는 의식적인 기획의 산물이었다. 에이젠슈테인이 〈10월〉의 돌격 장면을 찍기 위해 겨울궁전을 방문했을 때 그는 볼셰비키가 실제로 올라갔던 '왼쪽 계단'이 너무 턱없이 작다는 걸 알게 되었다. 감독은 역사적 현실이 아니라 허구적 연출을 선택했고, 왼쪽 계단 대신에 황제의 국가 행렬에 사용되던 거대한 요르단 계단에서 습격 장면을 촬영했다. '10월혁명의 개선로'로 대중의 마음에 각인된 요르단 계단 장면은 명백한 허구인 셈이다. 습격 장면을 찍을 때 에이젠슈테인은 1917년 당시 궁정 공격에 참여한 수백 명보다 훨씬 많은 5000명 이상의 퇴역 군인을 참여시켰고, 촬영 당시 흥분한 엑스트라 배우들의 부주의한 발사로 1917년 당시보다도 더 많은 사상자를 낸 것으로 전해진다.[8] 그렇다면 습격의 실제 모습은 어땠을까?

권력을 장악한 10월 이후에 겨울궁전은 이미 정치적 무능력의 상징처럼 여겨지고 있었다. 트로츠키의 표현을 빌리면, 겨울궁전은 이미 "껍데기만 남은" 장소였다. 당시 정치적으로는 이미 정부가 존재하지 않는 것과 마찬가지였기에, 10월 25일 밤 동안 "도시에서 가장 중요한 모든 지점"은 "별다른 저항 없이, 전투도 희생자도 없이" 장악되었다. 10월혁명의 사례를 통해 '기억과 혁명의 특별한 관계'를 탐구한 프레더릭 코니F. Corney에 따르면, 볼셰비키 정부는 혁명에 관한 그들의 '서사'를 우세한 지위로 격상시키기 위해 혁명을 다양한 방식으로 재현했다. 재현 방식은 포스터나 연극 등 시각 이미지에 국한되지 않고 '의례, 행렬, 집단 연극' 등 각종 예술적 동원 형태를 포괄했다. 중요한 점은 이런 방식들을 통해 형성된 '기억'이 단순히 '위로부터의 강요'에 의한 것이 아니라 아래쪽의 관여, 즉 민중의 광범위한 참여를 전제로 했다는 점이다.[9] 소비에트 권력이 자신의 토대를 구축해 가는 과정을 국가의 기원 설화로서 볼셰비키혁명의 '기억'을 형성해 가는 과정과 나란히 가는 것이었다는 점, 이는 혁명의 도시 페테르부르크가 오늘날 우리에게 전하는 흥미로운 메시지 중 하나다.

혁명 이듬해인 1918년 3월, 새로운 사회주의 정부는 새 수도를 모스크바로 옮긴다. 이 천도는 페테르부르크의 창건 못지않은 정치사회적 의미를 지닌다. 표트르대제에게 모스크바가 극복과 청산의 대상이던 것과 마찬가지로, 새롭게 권력을 잡은 볼셰비키들에게 페테르부르크는 제정러시아시대의 낡은 유산을 간직한 구습의 도시로 간주되었다. 서구를 향한 창, 페테르부르크의 시대는 그렇게 저물고 이제 바야흐로 세계 공산주의 운동의 본산이자 중심인 모스크바의 시대가 새롭게 열린다. 소비에트 당국은 새 수도로서 모스크바의 면모를 일신하기 위해 대대적으로 도시 정비 작업에 착수했다. 모스크바의 심장부에 위치한 붉은 광장에는 레닌의 묘가 마련되었고, 각종 구성주의 건축물과 기념물이 속속 건설되었다. 모스크바의 성장과 더불어 페테르부르크는 점차 빛을 잃어 가는 박물관의 도시로 변모해 간다.

그렇다면 페테르부르크가 거쳐 간 20세기의 파란만장한 역사는 거기서 끝난걸까? 그렇지 않다. 그리 오래지 않아 이 도시는 다시금 세계 역사의 한 페이지를 장식할 크나큰 사건의 중심지가 된다. 러시아인들이 다소간의 자부심을 담아 '대大조국 수호전쟁'이라 부르는 제2차 세계대전의 포화 속에서, 페테르부르크는 또 한 번 믿기 힘든 이야깃거리를 만들어 냈다.

| 레닌그라드는 함락되지 않는다! |

1940년대 말, 소련의 저명한 여류시인 안나 아흐마토바는 이제는 레닌그라드가 된 도시 페테르부르크에서 나데쥬다 만델슈탐[10]과 함께 산책을 하다가 불쑥 이렇게 말했다. "우리 생애에서 가장 좋았던 시절은 그토록 많은 사람들이 죽어가고, 우리는 굶주림에 허덕이고 내 아들이 강제 노역을 하고 있던 전쟁 중이었다고 생각한다."

이상한 말이지만 정말 그랬다. 아흐마토바처럼, 1930년대 후반 본격화된 스탈린의 공포정치로 인해 말할 수 없는 고통을 받은 사람들에겐, 제2차 세계대전은 흡사 '해방'처럼 다가왔다. 전쟁이라는 예외 상태는 사람들이 전쟁 전에는 생각지도 못했던 방식으로 행동할 수 있도록 만들었다. 훗날 작가 파스테르나크가 회상한 대로, 그 시절은 "활기찬 시기였으며 모든 사람과 함께하는 공동체 의식의 자유롭고 유쾌한 복원"이었다. 모두가 동의할 수 있는 명백한 '적'이 목전에 있던 그때, 소련의 인민들은 공동의 투쟁 속에서 결집할 수 있었고, 또 조국 러시아와 형제애의 이름으로 승리를 기뻐할 수 있었다. 애국심과 희생 그리고 적에 대한 증오로 기억되는 이 시기에 레닌그라드는 또 한 번 주인공이 되었다.

1941년 9월 16일 독일은 레닌그라드의 방어선을 돌파했다. 독일군은 무려 900일 동안 사실상 레닌그라드에 모든 음식과 연료 공급을 차단했다. 1944년 마침내 레닌그라드 포위망이 무너지기까지 백만 명, 그러니까 전쟁 전 인구의 3분의 1이 질병이나 기아로 사망했다. '레닌그라드 봉쇄Leningrad Blockade'로 알려진 이 전무후무한 사건의 개요는 다음과 같다.

1941년 8월 히틀러는 레닌그라드를 들이칠 것이 아니라 반대로 굳게 봉쇄해야 한다고 결정했다. 도시를 점령해 겨우내 주민들을 먹여 살리는 부담을 안기보다는, 그들을 굶겨 항복시키는 쪽을 택하기로 결심한 것이다. 포격, 공중폭격 그리고 궁극적으로는 굶주림, 이 세 가지는 히틀러가 레닌그라드를 점령하는 데 사용하기로 결정한 것들이었다. 작전은 9월에 개시되었다. 9월 4일 첫 포탄이 도시 중심부를 강타했고, 9월 8일엔 레닌그라드로 이어지는 마지막 육상 연결로가 끊어졌다. 그해 가을, 이 봉쇄가 얼마나 오래 지속될지를 예측할 수 있는 사람은 아무도 없었다.

	레닌그라드는 완전히 봉쇄되었다. 10월 초에 300만이 넘는 인구가 먹을 식량이 단 20일분밖에 남지 않았다. 1941년 겨울, 레닌그라드의 삶은 상상을 뛰어넘을 만큼 끔찍했다. 눈과 얼음으로 뒤덮인 도시에는 정적이 흘렀다. 매일 아침 8시부터 9시, 정오 전 한 시간, 오후 5시부터 6시, 마지막으로 저녁 8시부터 10시까지, 시계처럼 정확하게 독일군의 포탄은 떨어졌다. 포탄이 떨어진 길에는 커다란 구멍이 생겨, 그 안에 얼음과 진흙, 쓰레기가 가득 찼다. 삶은 가장 원시적인 수준으로 떨어졌다. 레닌그라드 전체가 먹을 것을 찾으려 필사적으로 발버둥 쳤다. 새, 개, 고양이를 잡고, 의약품을 먹고, 아교와 가죽으로 수프를 만들었다. 굶주림은 새로운 도덕률을 만들어 냈고, 극단적인 상황은 인간과 '그 이하'를 가려냈다. 식인 행위가 얼마나 널리 벌어졌는지에 관해선 의견이 분분하다. 하지만 그런 일이 벌어졌다는 사실은 부인하기 어렵다. 1942년 1월 한 아파트로 왕진을 갔던 의사는 다음과 같은 기록을 남겨 놓았다.

나는 무서운 광경을 목격했다. 어두침침한 방이었다. 벽에는 서리가 끼었고 바닥에는 얼어붙은 물웅덩이가 있었다. 의자 위에는 열네 살 먹은 소년의 시체가 있었다. 아기 요람에는 조그만 어린애의 시체가 또 있었다. 침대에는 이 아파트의 여주인이 죽어있었다. …… 그녀 옆에는 큰 딸 미끼가 서서 죽은 어머니의 가슴을 수건으로 문지르고 있었다. 이들은 모두 굶주림과 추위 때문에 죽었다. 문 옆에는 너무 쇠약해서 거의 서 있을 수조차 없는 그녀의 이웃 리주노바가 있었는데, 그녀는 아무 생각 없이 그 광경을 물끄러미 쳐다보고 있었다. 다음 날 그녀도 죽었다.[11]

하지만 어쩌면 진정으로 놀라운 건 봉쇄의 참상이 아니다. 진정 경탄스러운 것은 그 참상을 견뎌 낸 레닌그라드 시민들의 의지와 용기였다. 레닌그라드는 결코 항복하지 않았을 뿐 아니라 여전히 '기능하고' 있었다. 극단적인 삶의 와중에, 레닌그라드 공장의 노동자들은 모스크바 방어에 사용할 대포와 박격포 그리고 포탄을 생산해 냈다. 전선 근방에 위치한 유명한 키로프 공장에서는 노동자들이 공장에서 먹고 자는 공동체 생활을 하며 무기를 생산했다.

한편 에르미타슈 박물관에서는, 직원들의 필사적인 노력으로 소장품의 절반이 봉인 열차에 실려 우랄산맥 너머로 이송되었다. 이후 폭격으로 철도가 끊겨버리자 남은 소장품들은 건물 지하로 옮겨졌고, 겨울 내내 예술가와 작가, 학술원 회원들이 독일군의 약탈로부터 소장품들을 지키기 위해 안전 처리 작업을 실시했다.

먹을 것이 없어 사람들이 굶어 죽어 가는 상황에서, 극장과 음악회는 어떻게든 운영되었다. 작곡가 드미트리 쇼스타코비치는 훗날 "레닌그라드"라는 명칭으로 불리게 될 7번 교향곡의 초고를 도심의 폭탄 소리에 맞춰 작곡했다. 교향곡은 1942년 3월 5일 볼가시에서 초연되었고, 그해 8월에 레닌그라드에서 연주되었다. 볼쇼이극장 오케스트라에 의해 연주된 이 공연은 "인류와 빛이 결국은 승리하게 될 것이라는 믿음에 대한 예언적 확인"이라는 말과 함께 라디오를 통해 전국으로 방송되었다. 레닌그라드에 바쳐진 이 곡은 곧 연합국 전체에서 연주되었고, 레닌그라드뿐 아니라 파시스트의 위협에 대항해 단결한 모든 국가의 인내와 생존 정신의 상징이 되어, 1942년 미국에서만 예순두 차례 공연되었다.[12]

아마도 봉쇄를 둘러싼 가장 극적인 사건은 훗날 '생명 길Doroga zhizni'로 알려진 이야기일 것이다. 독일군에 의해 사방이 포위된 상황에서, 그들은 대체 어떻게 900일 이상을 버틸 수 있었던 걸까? 봉쇄에 난 자그마한 '틈새' 하나를 활용하려는 필사적인 노력이 없었다면, 틀림없이 레닌그라드 시민 대부분은 이듬해 봄을 맞이하지 못했을 것이다. 그 틈새는 바로 레닌그라드 북쪽에 위치한 '라도가 호수'였다. 11월이 되어 얼음이 얼기 시작하자 레닌그라드 군사위원회는 이 유일한 틈새에 '얼음 길'을 내기로 결정했다. 겨우 100밀리미터에 불과한 살얼음판을 말이 끄는 썰매가 건너기 시작했다. 11월 22일에 첫 화물차가 길을 건넜고, 이는 '기적'이 가능함을 보여주었다. 12월 한 달 동안 하루 평균 361톤이 이 '생명 길'을 따라 수송되었고, 마침내 이듬해 1월 얼음이 3피트 이상으로 두꺼워지자, 물방울 같던 공급은 홍수처럼 불어났다. 1월에서 3월까지, 레닌그라드 시민 50만 명 이상이 이 생명 길을 따라 안전한 곳으로 피신할 수 있었다.

생명길

1945년 스탈린은 레닌그라드에 '영웅도시' 칭호를 부여했다. 이는 역사상 가장 격렬했던 포위 공격을 이겨 낸 데 대한 경의의 표시였다. 만일 1941년 9월에 레닌그라드가 함락되거나 항복했다면, 십중팔구 독일군은 남쪽으로 방향을 돌려 모스크바 포위의 팽팽한 균형을 깨뜨릴 수 있었을 것이다. 결국 '옛 수도'의 결사 방어는 '새 수도'의 방어에 결정적이었다. 봉쇄 기간 동안 얼마나 많은 사람이 죽었는지는 결코 정확하게 알려지지 않았다. 독일군의 수중에 들어간 피난민은 아예 계산되지도 않았다. 봉쇄가 해제되었을 때 단 64만 9000명만이 도시에 남아 있었다. 하지만 900일 동안 그들이 보여 준 불굴의 의지와 믿기지 않는 용기 또한 함께 남았다. '트로이도 함락되었고, 로마도 함락되었지만, 레닌그라드는 함락되지 않았다.'는 자부심은 시민들의 새로운 역사가 되었다.

| 다시, 페테르부르크 |

제2차 세계대전의 승전국이 된 소련은 모스크바 재건 사업에 박차를 가했다. 1950년대 초반 수도 모스크바는 사회주의 체제의 위력을 과시하는 거대한 고전주의, 일명 스탈린 양식의 고층 건물들이 즐비한 현대도시로 탈

바꿈했다. 1950년 모스크바의 공업 생산고는 전쟁 전의 2배에 달했고, 인구는 600만에 이르렀다.

흥미로운 점은 그 이후의 상황, 그러니까 모스크바가 명실상부한 소비에트의 수도로서 확실한 면모를 갖춘 이후에 레닌그라드가 맞아하게 된 상황이다. 그 상황이 제국의 수도이던 과거의 영광을 잃어버리고, 이제는 쓸쓸히 퇴락하는 자의 뒷모습을 가리키는 것일까? 꼭 그렇지만은 않다. 역설적인 말이지만, 페테르부르크가 모스크바에 자신의 '중심성'을 온전히 내주게 된 바로 그 순간이, 페테르부르크 신화가 진짜 '새로운' 삶을 살게 된 순간일지도 모른다.

기원적 순간부터 도시 페테르부르크에 깊숙이 뿌리박힌 '이국성'의 낙인, 또 그와 함께 제기될 수밖에 없던 '추상성'과 '허구성'의 명에는, '신생제국' 소비에트의 꽉 막힌 폐쇄성과 억압적 분위기하에서, 일종의 "문학적 피안literary outworldliness"[13]으로 여겨지기 시작했다. 말하자면 "소비에트 체제의 아웃사이더들을 위한 정신적 피정retreat의 장소, 최소한 세계 문화를 향한 향수의 장소"가 된 것이다.[14]

사실상 반서구주의와 반유대주의를 뜻한다던 이른바 '부르주아적 코스모폴리타니즘'에 대한 투쟁이 선포되고, '소비에트식 민족주의'의 분위기가 팽배해짐에 따라 레닌그라드는 이제 소비에트의 깜깜한 밤을 견뎌 낼 거처, 일종의 '유토피아적 오아시스'의 성격을 띠게 되었다. 이른바 '소비에트 언더그라운드' 문화 운동 대부분이 레닌그라드를 중심으로 이루어졌음은 이를 보여주는 한 사례다. 한때 국경 '바깥에' 터를 잡은 페테르부르크의 원초적 변방성marginality, 문화적 접경지대의 딜레마와 곤궁이 이제는 거꾸로 제국적 '중심'의 무게에서 자유로워진 '코스모폴리탄적 지방성'의 잠재력을 드러내는 역설의 순간을 맞게 된 것이다. 이 흥미로운 변화는 또 다시 페테르부르크라는 도시를 둘러싼 역사–문화적 함의의 두께를 보여준다.

지난 1991년, 레닌그라드가 옛 이름을 되찾고 비로소 시민의 선거로 뽑은 최초의 민간 시장을 갖게 되었을 때, 사람들은 마침내 이 도시가 '민족성ethnicity'이 아닌 '도시 문화'에 의해 결정되는 정체성을 가질 절호의 기회라고 생각했다. '타자성'에 더 열린 도시적 민주주의를 재건하려는 이런 시도가, 혼란과 격동의 포스트–소비에트 20년을 거치는 동안 얼마나 달성되었는지는 깊이 생각해 볼 문제다. '새로운 표트르'라 불린 푸틴 권력의 등장과 지난 2003년의 떠들썩한 300주년 행사 그리고 여전히 들려오는 우울한 인종 테러 소식 가운데서 페테르부르크의 미래를 온전히 가늠하기란 쉬운 일이 아니다.

하지만 확실하게 말할 수 있는 한 가지는 있다. 다른 모든 세계도시들이 그렇듯이, 페테르부르크 또한 단순한 도시에 그치지 않는다. 역사의 기억이 켜켜이 쌓여진 문화적 겹지층, 곧 역사와 문화의 '복합 텍스트'다. 또 그런 의미에서 인류가 공유해야 할 귀중한 문화적 자산이기도 하다. 페테르부르크라는 도시를 만들어 낸 러시아인들 자신뿐 아니라 우리 '타자들' 역시도 그 텍스트를 꼼꼼히 읽어야 할 필요성이 거기에 있다.

시카고,

미국적인 너무나 미국적인

박진빈

Chicago

가장 미국적인 도시 · 개척과 성장 · 폭력의 역사 · 신흑인 new negro의 시카고 · 현대 시카고

| 가장 미국적인 도시 |

미국을 대표하는 도시는 어디일까? 뉴욕, 워싱턴DC, 필라델피아, 시카고, LA, 애틀랜타. 그 목록은 끝이 없어 보인다. 모두가 나름의 정체성을 내세워 미국을 대표하는 도시로 자리매김하고 있다. 경제의 중심지이자 가장 많은 인구를 보유한 뉴욕, 명실상부한 수도이자 정치적 중심지인 워싱턴DC, 국가로서 미국 역사의 시작을 알리는 유적지 필라델피아, 중서부 관문 도시인 시카고, 혹은 "아메리칸 드림"의 상징인 캘리포니아의 거대도시 LA, 남부의 중심 도시 애틀랜타, 모두 미국 역사와 문화의 중요한 부분을 담당하며 미국을 대표하는 도시를 자임한다.

 그렇다면 가장 미국적인 도시를 꼽는다면? 위에 열거한 모든 도시가 아마도 출사표를 낼 것이고, 많은 이들이 뉴욕을 꼽을 것이다. 식민지시대부터 현재까지 미국 역사의 전 기간을 도시의 내부에 담고 있을 뿐 아니라, 미국 현대 사회의 여러 문제를 품고 있다는 점에서 뉴욕은 가히 미국적인 도시다. 그렇기에 외국인이 미국으로 여행을 갈 때 가장 먼저 떠올리는 경유지는 뉴욕인 것이다. 하지만 혹자는 LA를 더 미국적인 도시라 규정할 것이다. 이민의 나라 미국의 정체성을 가장 잘 보여 줄 뿐 아니라 미래 지향적인 산업을 보유하고 있으므로 이 도시야말로 유럽과는 차별적인 새로운 국가 미국의 모습을 가장 잘 표현한다고 믿기 때문이다.

하지만 이 글에서는 가장 미국적인 도시로 시카고를 조명하고자 한다. 사실 시카고는 뉴욕만큼 역사가 오래지도 않고 LA만큼 신선하지도 않다. 이 도시는 1833년에 건설되었기에 비교적 짧은 역사를 지녔지만, 성장과 발전 속도만은 타의 추종을 불허할 만큼 빨랐다. 시카고는 19세기 급성장의 대명사로서 손색없게 미국 인구조사에 등장한 지 불과 20년 만에 미국 내 인구 순위에서 9위에 등극했다. 그리고 그 후 다시 30년 만에 전국 순위 2위의 고지에 올랐다. 전체적으로 따져 보면 1840년에서 1890년 사이 불과 50년 동안 인구가 200배 이상 증가했다.[1]

이 글에서 말하는 시카고의 '미국적인' 특성은 바로 그러한 급성장에서 비롯된다. 미국 자체가, 인류사의 여정에서 따져 보자면 그야말로 급성장한 국가 아닌가? 국가가 만들어진 지 채 120년이 되지 않아 세계에서 산업 생산이 가장 많은, 그것도 다른 유럽 국가들의 생산의 합을 넘어설 정도로 많은 국가가 되었다. 이제 국가의 역사가 불과 230여 년인데, 유수한 강대국을 제치고 세계 최강대국의 지위에 올라서 있다. 시카고의 급성장은 바로 미국의 급성장을 비춰 주는 거울과도 같다.

또한 시카고는 역동적인 특성 때문에, 즉 미국 발전의 원동력이라는, 개척자 정신이라는 측면에서 가장 미국적인 도시로 꼽을 만하다. 역사학자 프레더릭 잭슨 터너Frederick Jackson Turner는 1893년 시카고에서 열린 미국역사학회에서 발표한 〈미국 역사에서 프런티어의 중요성〉이라는 논문에서 미국사에서 '서부'의 의미를 역설했다. 그에 따르면 미국 역사는 서부로 팽창해 가는 과정이었다. 유럽의 여러 국가에서 이민을 온 사람들은 거친 서부의 자연과 원주민을 길들이는 경험을 통해 비로소 미국인으로 거듭났으며, 미국의 특징으로 꼽히는 진취적 정신이나 개인주의, 민주주의 등도 바로 이 열린 땅의 존재로부터 비롯된 것이라는 주장이다. 터너가 말한 개척자 정신은 바로 미국적 특질의 핵심인데, 서부 팽창의 전초지였다는 점에서 시카고는 이러한 성질을 대표하는 곳이다.

시카고에는 수많은 별칭이 있다. 5대호 가운데 하나이며 거의 바다와도 같은 미시건 호수에서 불어오는 바람 탓에 '바람의 도시', 뉴욕 다음가는 도시라는 점에서 '제2의 도시' 그리고 축산, 도축, 육가공업의 중추라는 의미에서 '세계적 돼지 도살 도시', 조직폭력단의 활동이 유명했기에 '어깨들의 도시', 활기차고 역동적인 측면에서 '일하는 도시' 등이 대표적인 예다. 이 글은 이러한 별칭이 표현하는 특성들을 염두에 두고 시카고의 역사를 살펴본다.

개척과 성장

시카고의 성장에는 거대한 중서부Middle West라는 배경이 있다. 시카고는 중서부의 주요 산업인 목축업과 삼림, 곡물 산업의 집산, 중개, 거래 중심지로 성장했다. '관문도시Gateway City'라는 시카고의 또 다른 별칭은 바로 그 때문에 생겼다. 중서부의 풍부한 산업에다, 주변에 있는 5대호와 주요 강줄기들이 제공하는 풍부한 수로 덕분에 시카고가 무역 거점지로서 성장하는 것은 예견 가능했다. 게다가 1820년대에 완공된 이리 운하Erie Canal가 5대호와 뉴욕의 허드슨 강을 연결한 이후, 시카고와 뉴욕은 동반 성장이라는 시너지 효과까지 연출하게 되었다.

19세기 중반의 이러한 변화는 시카고를 새로운 '꿈의 땅', 즉 아메리칸 드림의 상징으로 만들기에 충분했을 것이다. 미국은 언제나 영토가 계속 팽창하는 국가였고, 각 시대마다 새로운 프런티어가 설정되었다. 19세기 중후반에 시카고는 프런티어의 중심으로서 새로운 거주자들에게 기회를 제공하고 이를 통해 국가에 새로운 활력을 제공하는 장소였다. 거기에 계속 증가하는 철로들은 더욱 많은 화물과 인력 운송을 가능케 함으로써 중서부 발전에 크게 기여했고 시카고는 그 중심에 위치했다.[2]

그러나 1871년 일어난 '대화재'는 시카고의 놀라운 발전에 찬물을 끼얹었다. 그해 유난히 가문 여름이 지난 뒤 10월에 발생한 화재는 어마어마한 손실을 초래했다. 시내 중심지의 5631제곱킬로미터 반경을 전소시키고 건물 1만 8000여 채와 시 전체 인구의 3분의 1에 달하는 10만여 명의 집을 잿더미로 만들었다. 300명에 가까운 시민이 목숨을 잃었고, 문화재와 예술품 피해도 헤아릴 수 없을 정도였다. 대화재는 이 신생 도시의 급성장세를 꺾어 놓은 참담한 사건이었다.

과연 시카고는 대화재에 무릎을 꿇었을까? 그렇지 않다. 시카고는 복구와 재건에 집중했고, 빠른 회복으로 또 다시 모두를 놀라게 했다. 시카고는 불과 5년 사이에 완전히 재건됨으로써 이와 같은 사건도 성장과 발전을 가로막을 수 없음을 증명했다. 그것도 그냥 재건된 것이 아니라 더욱 화려하고 멋진 신도시로 부활하는 데 성공했다. 오늘날까지도 시카고가 도시계획과 현대건축의 메카로 손꼽히는 이유가 여기에 있다. 새로운 공법과 기술을 바탕으로 더 높고 현대적이며 독특한 건축물을 군집시킬 수 있었기 때문이다. 이러한 '역전의 드라마'가 바로 시카고에 대한 세간의 관심과 호기심을 자극했다. 말하자면 시카고는 대화재라는 위기 상황을 오히려 역동적인 힘을 증명할 기회로 전환하는 데 성공했다.

대화재와 빠른 복구로 인해 시카고는 더욱 집중적인 관심을 받게 되었다. 19세기 후반, 미국인뿐 아니라 셀 수 없이 많은 유럽의 방문객들이 반드시 들러 봐야 할 곳으로 시카고를 꼽았고, 그곳에 다녀온 이야기를 자랑스레 이야기했고 자신이 본 시카고에 대해 인상기를 남겼다. 영국의 유명 언론인인 존 렝 경Sir John Leng도 그런 사람 가운데 하나로, 1876년에 자신이 경험한 시카고 거리를 이렇게 찬미했다.

> 6, 7, 8층짜리 건물들이 즐비한 구역들로 이어지는 수마일의 길들이 있다. 그 길들은 붐비고, 바쁘고, 부산하다. 그리고 사람들의 인상에서 생기와 에너지가 넘친다. 3일 밤낮 계속되어 4스퀘어 마일의 구역을 전부 태운 화재로 관세청, 우체국, 법원, 증권거래소, 기차역, 은행과 호텔들, 신문사, 창고 그리고 상점 등 거의 모든 공공건물들을 잃은 도시를 상상해 보라. 그리고 겨우 5년 동안에 그 모두를 더욱 멋지고 비싼 건물들로 대체했다고 상상해 보라. 그러면 아마 시카고인들의 특성인 이 기막힌 활동성을 좀 짐작할 수 있을 것이다.³

1871년 대화재 직후의 폐허

세계 최대 도시로서의 자부심에서는 어디에도 뒤지지 않을 뉴욕 출신 한 언론인도 1893년에 조심스레 시카고만의 특징에 경계 어린 감탄을 보냈다.

> 시카고는 오래된 도시들이 가진 특성들이 결여되어 있다. 하지만 결여된 각각을 충분히 매력적인 다른 특성들로 채워 준다. …… 뉴욕 태생인 나도 그 에너

박람회장인 '백색도시' 전경

지, 들끓음, 북적거림에 처음엔 경악할 수밖에 없었고, 나중엔 지쳐 버렸다. 나는 …… (시카고의) 인구와 상업적 영향력의 성장이 계속될 것이라는 증거를 찾았다. …… 나는 뉴욕에 대한 자부심과 믿음을 잃지 않으면서도 시카고에 대한 존경심을 품게 되었다.[4]

시카고에는 급성장하는 도시의 열기와 생동감에 외지인을 압도하는 무언가 거대한 힘이 있었다. 뉴요커조차도 북적거림과 들끓는 인파의 무리에 지쳤다고 말할 정도로 시카고는 특별했다.

시카고가 그저 대도시가 아닌 미국을 대표하는 도시로 등장하는 사건이 있었으니 바로 1893년에 개최한 '콜럼버스 도착 400주년 기념 세계박람회 The Columbian Exposition of 1893'다. 콜럼버스 400주년 기념 박람회가 미국에서 치러지기로 결정된 1890년 이후, 여러 도시가 행사를 유치하기 위해 운동을 벌였다. 뉴욕도 그 가운데 하나였고, 승리를 확신하고 있었다. 그러나 시카고는 끈질기고 열성적인 로비를 통해 유치권을 따내는 데 성공했다. 아마도 콜럼버스의 도전 정신과 개척 의지를 가장 잘 대변할 도시는 '구도시' 뉴욕이 아니라 '신도시' 시카고, 특히 미지의 땅, 거친 서부를 등 뒤에 펼쳐 보이는 이미지 때문에 이 도시가 개최지로 적합하다 판단했을 것이다. 이처럼 시카고는 19세기 말엽에 미국의 정신을 대표하는 곳이 되었다.

사실 이 박람회는 미국이 아메리카 대륙 안에서의 정복을 완결 짓고 태평양으로 팽창하는 제국으로 등극함을 알리는 상징적 사건이었다. 당시 미국은 전통적인 고립주의 외교정책에서 벗어나 태평양 너머로 적극적인 진출과 팽창을 시작하고 있었다. 하와이 점령, 아시아 시장으로의 진출 그리고 스페인과의 전쟁을 통한 해외 영토 확보 등이 바로 1890년대 벌어진 사건이다. 미국은 시카고 박람회장에 적극적 팽창을 통해 만나게 된 전 세계의 다양한 인종과 민족 군상들을 데려와 전시함으로써 미국 안에 하나의 세계를 건설하는 동시에, 그러한 능력을 갖춘 미국의 존재를 세계에 알리는 기회로 삼았다. 이처럼 제국으로서 미국의 새 시대를 여는 사건이 시카고에서 개최되었음은 의미심장하다.

새로운 제국의 지위에 올라 자신감에 찬 시카고의 태도는 박람회 장소를 아예 하나의 도시로 건설한 사실에서도 드러났다. 주요 박람회장으로 건설된 '백색도시'는 인공 호수 주변을 둘러싼 대리석 건물군으로 위용을 자랑했는데, 화려하고도 웅장한 흰 건물들은 그리스 로마시대의 제국 모습을 재현하고 있었다. 이는 고대 문명의 바통을 이어받아 다가올 20세기 세계를 이끌어 갈 주역이 바로 미국임을 박람회 공간을 통해 은유적으로 표현했다고 분석할 수 있다. 또한 백색도시와 반대편에 따로 조성한 '미드웨이 플레이상스'는 다양한 인종과 문화의 전시장이자 오락의 공간이었다. 여기서는 세계의 인종을 문명의 발달 순서대로 배치해 인류학적 교육장이자 살아 있는 인간 동물원으로 기능케 했다.[5] 대륙의 중심에 위치한다는 점에서 그리고 발달 모습이 미국 발전의 모습을 대변한다는 점에서, 제국으로서 미국의 등장을 알리기에 시카고만큼 적당한 도시도 없었을 것이다.

| 도살장과 노동문제 |

세계박람회의 열기 속에서도 시카고의 다른 면을 관찰한 사람들이 있었다. 1893년에 시카고를 방문한 이탈리아인 주세페 자코사Giuseppe Giacosa는 "일주일 머무르는 동안 시카고에서 어둠 외에는 본 게 없다. 매연, 구름, 먼지 그리고 슬프고 우울한 비범한 숫자의 사람들"이라는 기록을 남겼다.[6] 산업화시대 영국 도시의 열악함을 묘사하기 위해 쓰인 "충격도시The Shock City"

라는 단어는 시카고를 묘사하기 위해 자주 사용되었다. 숨 가쁜 발전과 성장 속도를 각종 사회기반시설들이 따라잡지 못했고, 따라서 붐비는 도시는 오염, 비위생, 과밀로 몸살을 앓았다. 자코사가 본 것은 여느 도시와 마찬가지인 산업화의 부산물이었을까 아니면 시카고 특유의 급성장에서 나온 부작용이었을까?

충격도시 시카고에서도 가장 큰 충격으로 꼽힌 것은 바로 도살장이다. 중서부 평원에서 운송되어 온 소와 돼지를 도축, 포장해서 상품으로 만드는 산업은 시카고의 가장 중요한 산업 가운데 하나였다. 도축이 이뤄지는 시내 남쪽의 스톡야드the stockyards와 패킹타운packingtown은 피비린내 진동하는 잔혹한 풍경의 대명사였다. 수많은 참관자와 특히 외지에서 방문한 관광객들은 이 엄청난 풍경에 숨 막혀 했다.[7]

> 방문객들은 살코기를 만들고 남은 쓰레기들을 처리하는 다음 층으로 내려갔다. 내장을 닦아서 소시지용 재료를 만들고 있는 방에 들어가자 코를 찌르는 듯한 악취가 몰려왔다. 그들은 코를 감싸 쥐고 얼른 다음 방으로 옮겨 갔다. 다음 방에서는 비누와 고형 유지를 만들기 위해 찌꺼기들을 모아 끓이고 있었다. 거기도 역시 방문객들이 오래 머무를 곳이 못됐다. …… 그것은 고도로 분업화된 노동이었다. 먼저 '도살꾼'이 기다리고 있다가 단칼에 소의 목을 요절냈다. 그의 움직임은 너무 빨라서 한번 칼날이 번뜩였다고 느끼는 순간 이미 소는 다음 칸으로 옮겨져 있었고, 그 자리엔 진홍빛 피만 낭자하게 남았다. 아무리 여러 사람이 달려들어 삽질을 해도 그 마룻바닥엔 언제나 2센티미터 정도 핏물이 흥건히 고여 있었다.[8]

당대의 유명한 '폭로자muckraker(사회고발 문필가)'인 업튼 싱클레어의 소설 《정글》은 패킹타운을 그렇게 묘사했다. 그 피바다의 풍경은 수많은 생명의 죽음과 자연에 대한 정복을 통해 성장한 시카고의 화려한 거리가 숨기고 있는 소름 끼치는 이면을 느끼게 해준다. 슬로바키아인인 정글의 주인공처럼, 패킹타운을 메우고 있는 노동자들은 다름 아닌 다양한 이민 집단이었다. 1900년 당시 시카고는 미국에서 가장 많은 폴란드인, 스웨덴인, 보헤미안, 노르웨이인, 네덜란드인, 덴마크인, 크로아티아인, 슬로바키아인, 리투아니아인, 그리스인이 거주하는 도시였고, 세계에서 보헤미안이 두 번째로 많고, 노르웨이인과 스웨덴인은 세 번째로 많으며, 폴란드인은 네 번째로 많은 도시였다.[9]

이 모든 사람이 엄청난 열망과 희망을 안고 도착한 시카고는 과연 기회의 땅으로서 역할을 제대로 했을까? 이민 노동자들로서는 이 질문에 긍정적으로 답할 수 없을 것이다. 미국 노동사에서 길이 남을 1877년 풀맨 파업과 아나키스트들의 폭탄 테러인 1886년 헤이마켓 사건 모두 시카고에서 벌어진 일이었다는 사실은 당시 시카고의 노동 조건이 얼마나 심각했는지 알려 준다.

> 이즈음 나는 시카고의 고용주와 노동자 사이의 분쟁이 위험할 정도로 심각해지고 있음을 알게 되었다. 이는 미국 태생의 노동자 열 중 아홉은 이민 노동자들이 외국인이고 침입자라는 이유로 주인의 편에 서고 있다고 여겼기 때문에 더욱 악화되고 있었다. 8시간 노동제에 대한 요구는 외국의 발명품으로 여겨졌고 무시되었다.[10]

조 힐이 만든 IWW의 노래책

헤이마켓 사건을 폭탄 테러범의 입장에서 재구성한 소설 《폭탄The Bomb》에서 주인공은 당시 상황을 이렇게 설명했다. 그리고 순진한 신문기자이던 자신이 폭탄을 던지는 아나키스트가 된 이유를 다른 어느 도시보다도 무자비했던 시카고 사회의 자본주의 착취 구조에서 찾는다. 물론 그 핵심에는 이민 노동자에 대한 차별이 자리 잡고 있었다.

노동 조건 향상을 요구하던 시위가 불법으로 규정되어 탄압되자 경찰에 대한 폭탄 투척으로 발전한 헤이마켓 사건 이후로 시카고는 이민 노동운동의 중심지, 아나키스트들의 도시로 유명해졌다. 폭탄 투척에 관련된 6인은 사형당함으로써 '순교자'로 등극하기에 이르렀다. 그 후 미국 노동사 사상 가장 급진적인 조직인 세계산업노동자Industrial Workers of the World(IWW, 일명 와블리Wobblies)가 창설된 곳도, 그 주제가를 지은 유명한 '노동가 작곡가' 조 힐Joe Hill이 암살된 곳도 시카고다. 시카고의 급성장 이면에는 선구적 노동운동의 희생을 요구하는 어두운 그림자도 드리워져 있었다.

예민한 시인이자 소설가인 러디어드 키플링Rudyard Kipling은 바로 그러한 모순의 땅 시카고에서 발생할 수밖에 없는 무언가 사악한 기운을 이렇게 감지했다.

> 내가 어떻게 시카고를 두드렸던가. 시카고가 어떻게 나를 두드렸던가. 그 종교, 정치 그리고 돼지 도살 그리고 폐허 속 도시의 화신.
>
> "나는 그대의 교활함과 그대의 탐욕을 안다.
> 그대의 견고하고 높은 욕망과 고집스런 행위를,
> 그리고 그대의 모든 영광이 이야기하기 사랑하는
> 허울좋은 천연 자원들을."[11]

암살된 뒤 노동운동의 화신이 된 조 힐 이미지

1893년 세계박람회의 아름답고 웅장한 전시장 역시 그 이면에는 수많은 노동자들의 희생과 투쟁이 숨어 있었다. 1892~1893년은 미국사에서 경제적 공황이 극심하던 기간이다. 어려운 시기에 힘든 건설을 맡은 노동자들이 끊임없이 파업을 일으켰기 때문에 박람회장 건설은 지연될 수밖에 없었다. 사실 그것이 바로 1492년에 아메리카 대륙에 도착한 콜럼버스 400주년 기념행사가 1892년이 아닌 이듬해에 개최된 이유였다. 박람회장 건설이 제때 이루어지지 못했기 때문에 국제적 행사가 한 해 미뤄져 개막한 것이다. 이처럼 화려한 도시의 발전상에 가려진 것은 발전에서 소외되고 있던 수많은 이주 노동자들의 고된 삶이었다.

| 신흑인new negro의 시카고 |

20세기 초, 혼돈의 도시에 또 다른 이질적인 집단이 대규모로 당도하고 있었다. 많은 인구를 수용하기 위한 기반 시설은 여전히 부족했고, 개인별 성공의 성적표는 편차가 심했지만, 남부 흑인들에게 시카고는 여전히 꿈과 기회의 땅이었다. 그들에게는 노예해방 후에도 계속된 차별과 폭력으로 인해 남부를 떠나야 한다는 이유가 있었으며, 제1차 세계대전의 전시 경제 체제로 인해 호황이 시작된 북부 도시들은 풍부한 일자리로 그들을 끌어당기고 있었다. 바야흐로 '흑인 대이동Great Migration'의 시대였다. 랭스턴 휴즈Langston Hughes의 시 〈편도 열차표One Way Ticket〉는 다음과 같이 표현했다.

> 나는 지쳤네 / 짐크로우 법과 / 잔인한 사람들에게
> 그리고 두렵네 / 린치하고 도망치는 사람들
> 나를 무서워하는 사람들 / 그리고 내가 무서워하는 사람들
> 나는 내 삶을 집어 올려 / 들고 떠나네 / 편도 열차표를 가지고
> 북쪽으로 떠나네 / 서쪽으로 떠나네 / 떠나갔네!

시카고가 대이동의 주요 목적지였던 이유는 두 가지다. 우선 시카고가 철도를 비롯한 남북 간 교통의 요지라는 점이 작용했다. 시카고는 노예제가 존재하던 시절부터 흑인의 도망을 비밀리에 돕던 연결망인 '지하철도 underground railroad'의 종착지였고, 중남부 전 지역에서 철도망으로 연결되는 대도시였다. 그러한 이유로 남부 흑인이 북부로 이동하려고 했을 때 시카고는 가장 먼저

시카고 지역 흑인 신문 《시카고 지킴이》를 판매하는 흑인 소년

떠올리는 도시 가운데 하나였다. 또 다른 중요한 이유는 시카고 지역에 진출해 있던 기존의 흑인들이 남부에 적극적으로 시카고를 홍보하고 원조를 보내 이주를 도왔다는 점이다. 시카고 지역의 흑인 신문인 《시카고 지킴이 Chicago Defender》는 남부 흑인을 대상으로 조직적인 선전 운동을 벌였고 미리 북부로 와 있던 남부 출신 흑인들과의 연결망을 형성하도록 도와주었다. 그 결과 1916년에서 1920년 사이 시카고에는 남부 출신 흑인 7만 5000명이 도착했다. 겨우 4만 명을 헤아리던 흑인 인구는 11만 명 이상으로 치솟았고, 1920년과 1930년 사이에 다시 두 배로 증가했다.[12]

북부 도시에 도착한 흑인들은 신인종이었다. 스스로를 '신흑인 new negro'[13]이라 부르는 새로운 자부심을 가진 흑인들이었다. 첫째로 이들은 우선 남

부의 관행으로부터 풀려났을 뿐 아니라, 둘째로 세대의 측면에서도 노예제를 경험하지 않은 신세대가 많았다. 그리고 셋째로 이들 가운데는 제1차 세계대전 경험 속에서 미국을 위해 참전했다가 돌아온 애국 시민들이 많이 포함되었다. 시대의 흑인 작가 알랭 로크Alain Locke는 "이전의 흑인은 이미 실재하는 인간이 아니라 신화다."라고 과감하게 주장했다. 로크에 따르면 이제 북부 도시의 흑인들은 구세계의 억압과 괴롭힘과 부담으로부터 자유로우며 "재생된 자아 존중감과 자립심을 바탕으로 흑인 공동체의 삶을 새로운 국면으로 접어들게 하고" 있었다.[14]

이들이 고향을 떠나 시카고로 향했을 때, 어떤 기대와 희망을 품었는지는 익히 짐작할 만하다. 이들은 시카고에 도착하자마자 곧 일자리를 얻었고, 또 작업장에서 백인들과 함께 같은 일감을 할당받는다는 사실에 엄청난 놀라움을 표시했다. 그리고 남부에서와는 달리 자신과 직접적인 관계가 없는 백인에게 쓸데없이 예의를 표시하고 굽실거리지 않아도 된다는 사실에도 큰 충격을 받았다. 흑인도 열심히 일하면 제한적이나마 승진이 가능했고, 표면적으로는 열린 기회를 만끽할 수 있었기에, 이들은 생애 최초로 인간으로 대접받고 있다는 사실에 기뻐하고 흥분했다.[15]

이처럼 북부 도시에서 얻은 새로운 지위는 국가에 대한 충성으로, 사회에 대한 믿음으로 발전했고, 수많은 흑인이 제1차 세계대전에 참전함으로써 이에 보답했다. 한 시카고의 참전 용사는 자신의 수고에 대해 이렇게 회상했다.

우리는 가장 위대한 희생을 한 거야 …… 우리가 그 깃발을 사랑하는 건 우리의 자유를 상징하기 때문이지. 거기엔 오점이 없어. 우린 '순수한 마음으로' 왔어. 이젠 우리나라가 헌법과 독립선언서의 내용을 지키며 사는 걸 보고 싶다고.[16]

북부는 남부와 다른 세상이라는 인식 그리고 전쟁의 고통을 분담한 일등 시민으로서의 자격이라는 믿음은 대이동 시대 흑인들의 자의식을 강화시키기에 충분했다. 하지만 이들이 도착한 시카고 역시 흑백이 평등한 세상은 아니었다. 비록 공식적인 분리법Jim Crow Law이 없고 공개적인 처형lynch도 없으며 공공장소에서 드러내 놓고 하는 모욕이나 폭력적인 위협이 없다는 점에서 남부와는 달랐다. 그러나 시카고 역시 분리된 사회segregated society이기는 마찬가지였다. 인종 간 편견은 여전히 존재했고, 암묵적으로 지켜지는 분리된 선이 존재했다. 이른바 '예의 바른 인종주의polite racism'가 이들을 갈라놓고 있었다.

가장 큰 구별은 흑인과 백인의 주거지 차이에서 나타났다. 흑인 인구가 증가하면서 이들이 밀집되어 거주하는 지역이 두드러지게 나타나기 시작했다. 1910년경 시카고 흑인 인구의 78퍼센트가 사우스 사이드의 한 거리에 집중되어 있었는데, 백인들은 이를 '검은 벨트black belt'라고 불렀다. 1920년 인구조사는 대부분의 흑인 증가분이 바로 이 검은 벨트를 중심으로 살을 붙였다는 사실을 알려 준다. 이 벨트를 따라 흑인들의 교회와 재즈 바, YMCA, 흑인 인권 보호 단체인 어번리그Urban League 사무실 그리고 흑인 신문사 《시카고 지킴이》 사무실 등이 자리 잡았다. 현실적으로 흑인의 생활은 이 벨트를 벗어나지 않는 협소한 것이었다.[17]

그뿐만 아니라 시카고의 흑인들은 직업적으로도 제한된 자유만을 누리고 있었다. 건장한 남성 노동력은 거의 어김없이 스톡야드에서 일자리를 찾았고, 거의 모든 여성은 집안일을 돌보는 하인으로 자리 잡았다. 대부분이 비숙련 노동자이던 흑인들은 직업 사다리에서 가장 낮은 단계에 위치할 수밖에 없었고, 그 사다리를 올라가기란 쉽지 않았다. 대이동 기간 이전에 이미 북부에 거주한 자유민 출신 흑인 가운데 중산층으로 신분이 상승한 이들이 있었으나 여전히 전체 인구에서는 소수를 차지했다. 그러므로 시카고 사회 내에서 흑인과 최하층 노동 빈민은 동일시되는 상황이었다.[18]

시카고 흑인의 이상과 현실의 불일치는 갈등의 폭발로 이어지게 되는데, 역설적이게도 흑인의 폭동이 아닌 백인의 폭동으로 나타났다. 1916년과 1917년에 흑인에 대한 공공연한 폭력이 시작되었다. 주로 백인 폭도가 흑인에게 몰려가 린치를 가하는 사건이었다. 1918년 3월부터 1919년 7월 사이에는 흑인의 집과 부동산에 폭탄이 터지는 사고가 25건이나 발생했다. 피해자는 주로 백인 동네에 이사한 흑인의 집, 흑인이 세 들어 사는 백인의 주택 그리고 이러한 거래를 중개한 부동산 사무실 등이었다. 사고와 사고 사이에는 경고와 위협이 끊임없이 계속되었다. "우리는 이 아파트를 지옥으로 날려 보낼 것이다. 같이 날아가고 싶지 않다면 당장 이사 가라." 흔한 협박장 문구였다.[19]

1919년 여름으로 접어들자, 흑백 양측의 서로에 대한 증오심은 폭발 직전까지 악화되어 있었다. 그리고 마침내 7월 29일 오후, 미시건 호숫가에서 물놀이를 즐기던 흑인 소년이 백인 구역에서 수영을 했다는 이유로 백인이 던진 돌에 맞아 익사하는 사고가 발생했다. 호숫가에 아무런 표식은 없었지만 서로 알고 있는 '암묵적 인종 선'이 존재하고 있던 것이다. 사건 후 출동한 백인 경찰은 용의자를 지목하는 흑인들을 무시하고 그저 군중을 해산시키려 했다. 이에 정당한 법적 조치 행사를 요구하던 흑인과 백인 구경꾼들 사이에 충돌이 일어났고, 싸움이 시작되었다.

소문은 빠르게 그리고 부풀려지면서 시내로 퍼져 나갔고, 인근에 있던 흑백인들이 해변으로 몰려들었다. 흥분과 분노 속에 마주친 흑인과 백인들이 주먹과 돌과 벽돌 조각 등을 주고받기 시작하자 곧 시카고 시내 전체는 무법 지대가 되어 버렸다. 경찰은 속수무책이었고, 폭력 사태는 4일간 계속되었다. 마침내 주방위군의 출동으로 사건이 종결되었을 때, 흑인 23명 백인 15명이 사망했고, 총 부상자는 537명에 달했다. 주택과 상가 손실도 수백 채에 달했다.[20] 1919년 시카고의 인종 폭동은 근대도시의 성장 과정에서 이질적 사회집단 간 반목이 화합 불가능한 양극화를 초래하고 갈등의 폭발까지 도달한 극단적인 예를 보여준다.

폭동은 진화되었지만 갈등은 완전히 해결되지 않았다. 1920년대 한 여행객은 시카고에서 여전히 감지되는 갈등과 긴장의 공기를 이렇게 풀어 썼다.

> 시카고에 평화는 없다. 시카고에서 과거와 미래는 허물을 벗고 새로운 허물을 쓰는 뱀처럼 곧 버려질 새로운 전통을 창조하면서 또 다른 전통의 족쇄를 발작적으로 떨구어 버리는 무질서한 존재를 낳는다. 이 도시는 공포와 빛의 도시이며, 야성이고 지칠 줄 모른다. …… 도시의 각 부분은 서로 간에 오고갈 교통수단도 없이 부정합 상태다. …… 여기에 욕망과 그 억제를 위한 공간은 있으나, 무

기력함을 위한 공간은 없다. 여기에는 끝없는 투쟁이 있으며, 평화를 향한 온화한 동경은 없다. 시카고에 평화는 없다. ……[21]

폭력 도시로서의 이미지는 1920년대와 1930년대 알 카포네Al Capone를 중심으로 하는 시카고 조직폭력단The Outfit의 활약으로 더욱 굳어졌다. 특유의 공격성과 잔인함으로 인해 뉴욕의 수많은 조직을 제치고 금주법 시대의 대표적 조직폭력단으로 일컬어졌고, 지금까지도 많은 이들에게 시카고를 마피아의 중심 도시로 기억하게 만들었다. 1910년대에 뉴욕에서 옮겨 온 이탈리아 이민 계통의 조직폭력단은 시카고 시내의 각종 용역업과 소매업을 장악한 뒤 주변 지역으로 세력을 넓혔고 멀리 캘리포니아까지 범위를 확장하기에 이르렀다. 도박, 매춘 그리고 금주법 시대의 주류 제조와 유통을 장악한 조직은 불법적 사업의 폭력적 운영을 통해 경쟁자를 제거하고 공권력을 제압했다. 이미 1919년 폭동 때 표출된 급성장 대도시의 긴장과 부조화가 바로 세계 역사상 가장 악명 높은 갱단의 출현에 자양분을 제공한 것은 아닐까.

대중문화는 이러한 시카고 폭력의 역사에 민감하게 반응한다. 시카고를 배경으로 한 미국 영화에 유난히 폭력단과 범죄자, 살인 사건 등을 소재로 하는 것이 많다는 사실은 우연이 아니다. 실제 사건을 배경으로 한 〈언터쳐블스〉, 〈퍼블릭 에너미〉, 〈시카고〉 등에 더해 〈도망자〉, 〈나인 야드〉, 〈로드 투 퍼디션〉, 〈다크 나이트〉 등은 어두운 음모와 범죄의 도시 시카고의 역사와 현재를 드러낸다.

이처럼 급성장 거대도시의 여러 문제점을 노출한 시카고는, 바로 그 때문에 개혁의 출발점이기도 했다. 수많은 이민과 빈민 문제를 해소하기 위해 민간 차원에서 시작된 '정착소settlement' 운동이 시작된 곳이 바로 시카고다. 여성참정권운동과 반전 평화운동의 어머니로 미국 여성 최초로 노벨 평화상을 수상한 제인 애덤스Jane Addams가 최초의 이민 정착소이자 여성 대피소인 헐하우스Hull House를 세운 곳이 바로 시카고 다운타운의 슬럼 지역이었다. 여기서 그녀는 재능은 있지만 기회를 얻지 못한 여성들을 모아 교육시키고 함께 연구하며 가난한 이웃을 돕는 프로그램을 운영하는 공간을 만들었다. 결국 이들의 노력이 결실을 맺어 정착소 운동은 전국으로 확산되었고, 수많은 여성 운동가가 양성되었으며, 나아가 미국 사회복지학이 헐하우스 동문들에 의해 시작되었다는 점에서 혁신주의 시대Progressive Era 개혁의 중심 도시로서 시카고의 지위를 가늠할 수 있다.[22]

현대 시카고

사회 갈등과 사회 개혁의 공존은 현대 시카고에서도 이어지는 주제다. 1930년대 대공황기와 제2차 세계대전 이후 냉전을 겪는 동안 조용히 세월을 보낸 시카고는 1960~1970년대에 또 한 번 도약기를 맞이했다. 이때가 미국 내 다른 지역에서는 경제 악화기였고 특히 대도시는 주민과 산업이 바깥으로 빠져나가는 공동화 현상을 겪고 있었다는 점에서 시카고의 재도약은 특별한 사건이다. 이때 유명한 시카고의 스카이라인을 결정짓는 거대한 건물들, 시어스 타워, 에이언 센터, 존 행콕 센터 등이 건설되었다.

이러한 발전의 핵심에는 시카고의 유서 깊은 민주당 조직Chicago Machine 이 있다. 민주당 조직은 시카고의 진보적인 백인 엘리트들과 각종 이민 집단들 그리고 대이동 기간에 합류하게 된 흑인까지 규합해 탄탄하게 자리 잡았다. 특히 대공황이라는 위기를 맞이해 진보적 엘리트와 사회적 소수집단이 민주당의 깃발 아래 하나의 조직으로 모이면서 이른바 '뉴딜 연립New Deal Coalition'이 성립되었다. 뛰어난 조직 관리와 비교적 부패가 없는 정치로 여전히 시카고를 장악하고 있는 민주당은, 1992년 이후 최근 다섯 차례의 대통령 선거에서 변함없이 민주당 후보에 표를 던졌고 시장은 1931년 이후 지금까지 민주당 소속이다.

특히 1955년부터 1976년까지 무려 21년 동안 시장직에 있은 리처드 J. 데일리Richard Daley는 민주당의 충복이었다. 시카고의 현 시장 리처드 M. 데일리는 바로 리처드 J. 데일리의 아들이다. 그는 1989년부터 시장 자리에 있는데, 2011년에 은퇴할 예정이라고 하니 아버지의 시장 임기 최고 기록을 깨지는 못할 것으로 보인다.

민주당 치하 시카고 최고의 업적 가운데 하나가 아마도 밀레니엄 공원의 완성이라는 데에 많은 이들이 동의할 것이다. 시카고 다운타운 중앙 상업 지구인 루프Loop 내에 위치한 그랜트 공원의 북서쪽 부분에 1998년부터 새로 조성되어 2004년부터 개장된 공원이 바로 밀레니엄 공원이다. 이 공원은 다운타운 중심부에 있기에 수많은 사람들의 시선을 집중시키며, 유명한 시카고의 스카이라인과 미시건 호수를 한 눈에 바라볼 수 있는 곳에 공공의 장소를 제공해 준다는 점에서 이 도시의 새로운 상징물로 자리 잡기 시작했다. 혹자는 콜럼버스 박람회 이후 이 도시에 일어난 최고의 사건이라고도 하는데, 이미 시내에서 가장 많은 방문객을 자랑하는 최고의 관광지로 성장했다.

밀레니엄 공원은 열린 공간과 다양한 시설물이 절묘한 조화를 이룬, 그래서 수많은 도시 계획자와 공원 설계자들에 의해 최고라는 평가를 받은 장소다. 그 중심 광장에는 제이 프릿츠커 공연장Jay Pritzker Pavillion이 자리 잡고 있다. 빌바오의 구겐하임 미술관 설계자로 유명한 프랭크 게리Frank Gehry가 설계한 이 공연장은 공연을 위한 무대와 관중석을 설치했지만 하늘이 열려 있어 개방된 느낌을 주며 공원의 자연과 연속선상에 있는 이미지를 강조한다. 공연이 있을 때 관람석뿐 아니라 공원 내에서도 보이고 들리기 때문에 따로 객석료 지불의 의미가 없다는 점에서도 가히 혁명적인 설계라고 볼 수 있다.

공원 내에서 가장 관심을 끄는 시설물은 바로 구름문Cloud Gate인데, 3층 높이의 반짝이는 강철 덩어리로 거대한 수은 덩어리 같은 모양을 하고 있다. 강낭콩처럼 생기기도 해서, 시카고 사람들은 애칭으로 "콩"이라 부른다. 기형적 거울과도 같이 주변의 고층 빌딩들과 옆으로 몰려드는 사람들의 모습을 굴곡지게 비춰 주기 때문에 아름답고도 기묘하고 호기심을 자극하는 물건이다. 그 외에도 공공 미술 전시 혹은 비디오아트 상영이 가능한 인터액티브 탑인 크라운 분수Crown Fountain가 있다. 이 모두가 전면 개방에 무료를 원칙으로 하기 때문에 대중적 접근성에서 뛰어난 평가를 받는다. 이 모든 공원이 사실은 거대한 주차장 지붕에 해당한다는 점에서도 접근성은 높은 점수를 받는다.

밀레니엄 공원이 보여 주는 탁월한 개방성과 접근성은 이 공간의 역사적 발전 과정에서 드러난다. 밀레니엄 공원이 위치한 그랜트 공원은 시카고 설립 당시부터 호수 주변의 알짜배기 땅이 공공의 영역이어야 한다는 선구적인 시민이 있었기에 가능했다. 이들과 그들의 후손들은 때때로 사유지화하자는 주장이 있을 때마다 이 공간을 "영구적으로 개방되고 깨끗하고 자유로운" 공유지로 만들도록 감시해 왔다. 특히 우편 주문 제도의 창시자이자 억만장자였던 애론 몽고메리 워드Aaron Montgomery Ward는 공원에 건설된 건물을 허물기 위해 시를 상대로 두 번이나 소송을 제기했을 정도로 이 일에 열심이었던 시민이었다. 그의 노력은 밀레니엄 공원 조성에서도 거대한 건물의 건축은 금지하는 전통으로 이어져, 시카고 사람들은 워드가 무덤 속에서도 그랜트 공원을 감시하고 있다고 말한다. 이처럼 부동산으로서 높은 가치를 지닌 땅이 의식 있는 시민에 의해 공공으로 선언되었고, 끊임없이 사유화되지 못하도록 감시된 덕분에 공공 영역의 전통이 지켜져 왔다는 것이 바로 밀레니엄 공원의 역사적 의의다.

밀레니엄 공원 곳곳은 저명한 시카고 가문 혹은 인물의 이름을 땄다. 프릿츠커는 하이야트 호텔의 소유자로 공연장 건설에 필요한 비용을 기부했다. 크라운 역시 많은 기부를 한 가문의 이름이며, 그 외에도 AT&T, 맥코믹McCormick, 맥도날드, 리글리Wrigley, 보잉, 체이스 등의 기부 기업명도 주요 공간의 이름을 차지하고 있다. 이는 공원의 각 부분에 대한 이름을 기부 액수로 정했던 탓인데, 이렇게 공원 건설에 소모된 총 비용 4억 7500만 달러 가운데 2억 7000만 달러만 시 재정에서 충당하고 나머지는 사적인 기부자가 지불했다. 물론 이런 명명법이 장삿속이라는 비판도 있었지만 그렇게 하지 않았다면 이 공원이 지금과 같은 모습으로 완성되었을지가 의문이다.

이러한 기업과 개인의 기부를 가능하게 했던 것이 바로 데일리 시장의 정치력과 시카고 장악력이었다는 사실은 오랜 민주당의 경력이 빛을 발했다고 평가할 수 있을 것이다.

2009년 1월, 시카고 출신 버락 오바마는 미국의 44번째 대통령에 취임함으로써 첫 번째 흑인 대통령이라는 역사를 남기는 동시에 가장 유명한 시카고인 가운데 하나가 되었다. 그는 일리노이 출신이라는 점에서, 변호사라는 이력 때문에 그리고 흑인 인권 신장에 획기적인 변화를 일으켰다는 사실로 인해 종종 에이브러햄 링컨과 비교된다. 노예해방령을 선언하고, 남북전쟁이라는 내전을 치른 국가의 단합을 위해 힘쓴 대통령으로 링컨은 여전히 미국인들로부터 가장 존경받는 전직 대통령 가운데 한 명으로 꼽힌다. 이러한 이유로, 당파가 다름에도 불구하고 오바마는 자신이 가장 존경하는 정치인으로 링컨을 거론하는 것이다.

링컨이 중서부의 관문 일리노이에서 광활한 서부를 바라보며 민주주의 국가인 미국에서 더 이상의 노예제가 확산되어서는 안 된다고 결심했다면, 오바마는 시카고 시내 빈민가에서 사회 개혁 운동을 하면서 사회정의의 의지를 다졌다. 두 사람 모두 공통 화두로 삼은 것은 미국이 더 나아질 수 있다는 것 그리고 흑백 갈등과 빈부 격차를 비롯한 여러 차이는 극복되고 화합할 수 있다는 신념이었다. 그것은 어쩌면 개척과 개혁을 거듭해 온 시카고의 정체성과 연결되어 있는 의지였을 것이다.

서울

1 우리나라는 국토 면적의 12퍼센트를 차지하는 서울과 수도권에 전체 인구의 약 48퍼센트가 집중해 있는데, 이는 영국 런던권의 12퍼센트, 프랑스 파리권의 19퍼센트는 물론, 일본 수도권의 32퍼센트보다도 월등히 높다. 이러한 인구의 수도권 집중 현상은 정치·경제·사회·문화 등 모든 면에서도 마찬가지로 나타난다.

2 '한양漢陽'은 북한산北漢山 이남, 한강漢江 이북 지역을 가리키는 서울 지역의 옛 지명으로, 조선시대 공식 명칭은 한성부漢城府다. 이 지역은 삼국시대에는 위례성慰禮城·한산漢山·한성漢城·아차성阿且城·남평양南平壤·북한산주北漢山州·북한산성北漢山城·한양군漢陽郡 등으로, 고려시대에는 한양부漢陽府·남경南京 등으로, 조선시대에는 한성부漢城府·한양漢陽·한경漢京·경도京都·경조京兆·경사京師·도성都城 등 다양한 명칭으로 불렸다.

3 삼각산 혹은 북한산은 서울의 진산鎭山으로 서울 부근에서 가장 높은 산(836미터)이다. 삼각산이란 이름은 700미터 이상 높이로 우뚝 솟은 화강암으로 된 세 봉우리인 백운대, 인수봉, 국사봉에서 유래했다.

4 최근의 연구에 따르면, 한양은 통일된 이념에 입각해 장기적으로 일관된 계획에 따라 조성된 도시는 아니었다. 정도 직후 한양의 도성 내부 공간 조영 과정은 세 개의 '단절적' 단계로 구분할 수 있다. 고려 개경을 모델로 한 '황도皇都'를 건설하려 한 태조대, 주례에 입각한 '제후도시'를 건설하고자 한 태종대, 중화 체제 내의 제후도시로 건설하고자 한 세종대로 나뉜다. 그 차이를 가장 쉽게 확인할 수 있는 것 가운데 하나가 가로의 폭이다. 태조대에 건설된 경복궁 앞 육조 거리가 천자天子의 도시 규모인 9궤(수레 9대가 지나갈 수 있는 너비)로 만들어졌는데 비해, 태종대에 건설된 창덕궁 앞 도로는 제후의 도시 규모인 7궤로 건설되었다. 고동환,《조선시대 서울도시사》(태학사, 2007) 제2장 참조. 도성 건설을 둘러싼 태조와 태종의 대립된 입장이 경복궁과 창덕궁의 궁궐 건축에 어떤 차이로 나타났는지에 대해서는 홍순민,《조선궁궐 이야기》(청년사, 1999), 56~72쪽 참조.

5 내사산은 북쪽의 백악白岳(342미터), 남쪽의 목멱산木覓山(또는 남산南山, 265미터), 동쪽의 낙타산駱駝山(또는 낙산駱山, 125미터), 서쪽의 인왕산仁王山(338미터)을, 외사산은 북쪽의 북한산北漢山(836미터), 남쪽의 관악산冠岳山(829미터), 동쪽의 용마산龍馬山(348미터), 서쪽의 덕양산德陽山(125미터)을 각각 일컫는다. 외사산을 잇는 경계선 내부의 면적은 약 627제곱킬로미터로 오늘날 서울시의 경계와 거의 일치한다.

6 1715년(숙종 41)에 서울의 도성과 북한산성의 방어 시설을 보완하기 위해 오간수문五間水門, 탕춘대성蕩春臺城과 함께 건립된 '홍지문弘智門'을 포함한 것이다.

7 16~17세기 한반도를 둘러싸고 전개된 국제 전쟁과 이로 인한 동아시아 국제 관계의 지각변동에 대한 최근의 흥미로운 논의로는 이경순·정두희 편,《임진왜란, 동아시아 삼국전쟁》(휴머니스트, 2007)과 한명기,《정묘·병자호란과 동아시아》(푸른역사, 2009) 등을 참조.

8 경강변의 인구 증가는 조선왕조가 시행한 성내 인구 제한 정책에 의해 초래된 결과이기도 하다. 경강변은 조선 초기 동호·한강·서강의 '삼강'에서 시작해, 후기에는 마포와 용산이 더해져 '오강'이 되었다가, 말기에 이르면 송파·뚝섬·양화를 포함한 '팔강'으로 늘게 된다.

9 자내 지역이란 대체로 성외 지역 가운데 경강변을 제외한 지역을 가리키는 말로, 조선시대 근교농업과 축산업이 성행했던 곳이다. 조선 후기에 자내 지역은 점차 확대되어 오늘날의 불광·갈현·홍은·홍제·송파·잠실·노원·중계동 일대까지 확장되어 갔다.

10 조선시대 가가假家는 다양한 형태로 만들어지고 다양한 용도로 사용되었다. 이에 대해서는 우동선, 〈가가假家에 관한 문헌 연구〉, 《대한건축학회논문집 계획계》19-8(2003) 참조.

11 이 질문에 대한 '우문현답'으로는, 허수열, 《개발 없는 개발: 일제하 조선 경제 개발의 현상과 본질》(은행나무, 2005) 참조.

12 손정목, 《일제강점기 도시계획 연구》(일지사, 1990), 175쪽.

13 1914년 부제府制 실시와 함께 조선총독부에서 지정한 12개 부(오늘날의 시) 가운데 경성, 평양, 대구를 제외한 나머지 도시들(인천, 군산, 목포, 부산, 마산, 진남포, 신의주, 원산, 청진 등)은 모두 항구도시로서, 조선시대 전통 읍성 지역들은 철저하게 배제되었다.

14 1936년 경성시가지계획령에 의해 청량리·왕십리, 노량진·영등포 일대가 부역府域에 포함되면서 경성부의 시가지 면적은 약 3.5배 확대되어, 도쿄·오사카·나고야·고베·요코하마·교토에 이은 '제국 7대 도시' 반열에 오르게 된다.

15 구체적 정책 대안으로 제시된 것이 1974년 김형만에 의해 제안된 '삼핵도시' 개발안이다. 이는 서울의 장기적 도시계획을 강북 단핵 도심에서 강북 도심(행정 중심)-영등포 도심(공업 중심)-영동 도심(금융 중심)이라는 3개의 도심 체제로 전환해 기능을 분산시켜야 한다는 주장이었다. 입법부의 여의도 이전, 사법부의 서초동 이전도 이러한 구상에서 실현된 것이다. 1968년 1·21 청와대기습사건 이후 정권 차원의 안보 위기의식도 수도 기능의 한강 이남 이전이라는 박정희 정권의 정책 노선 형성에 상당한 영향을 끼친 것으로 보인다. 이는 1970년대 행정 수도 이전 구상으로 이어져 상당히 구체적 수준까지 계획안이 마련되었는데, 1979년 유신 체제의 종언과 1980년대 신군부 정권의 등장으로 백지화된다.

16 초기의 강남 개발이 순조롭게 진행되지 않았음은 잘 알려진 사실이다. 이 때문에 강북의 4대구인 종로, 용산, 성북, 서대문구 인구를 강남으로 이전시키기 위해 다양한 방안이 강구되었다. 강북의 도심부에 대규모 백화점, 시장, 대학교, 유흥음식점, 대입학원 등의 새로운 입지를 제한하는 특정 시설 제한구역이 지정되었고, 강남 지역의 건축물에 대하여 등록세와 취득세 감면 조치가 취해졌으며, 민간아파트 건설 촉진과 명문 중·고등학교의 강남 이전과 문화시설의 강남 신설 등을 지속적으로 추진했다.

17 김원배, 〈개발이념과 거품도시〉, 한국도시연구소 편, 《한국도시론》(박영사, 1999), 156~157쪽 참조.

도쿄

1 東京都知事本部企畫調整部首都調査擔當編, 《バブル時代の負の遺産首都移轉に終止符を》(東京都, 2003), 3쪽.

2 궁중宮中에서 천황으로부터 직접 관직 임면任免의 인증을 받는 지위의 관리官吏. 내각을 구성하는 국무대신 등이 해당한다. 일본국헌법 제7조 제5호에는 "천황에 의한 관리의 임면 인증"이 국사 행위의 하나로 규정되어 있다. 인증관의 임면은 어디까지나 일본국헌법과 인증의 근거가 되는 각 법률에 규정된 내각 등의 임명권자이고, 천황은 그 '임면의 인증'을 할 뿐이다. 한편 내각총리대신과 최고재판소 장관에 한해서는 임명에 앞서 국회와 내각이 각각 '지명指命'한다. 하지만 '내각총리대신에 임명' 또는 '최고재판소 장관에 임명' 하는 행위는 인증한다는 의미에서 천황이 실시하기 때문에, 궁중 의식에서는 '인증관임명식'이 아니라 '친임식親任式'이라 부르고 있다. 따라서 법적으로 내각총리대신과 최고재판소 장관은 인증관에 속하지 않는다.

3 지금의 히비야 공원, 카스미가세키霞が關, 신바시新橋 부근이다.

4 지금의 마루노우치丸の內와 오오테마치大手町를 포함하는 지역이다.

5 다카시 후지타니, 한석정 옮김, 《화려한 군주》(이산, 2003), 69~70쪽 참조.

6 岡部精一, 《東京奠都の眞相》(仁友社, 1917), 41쪽.

7 西周, 〈[表紙] 別紙 議題草案〉, 田中彰 校註, 《日本近代思想大系1 開國》(岩波書店, 1991), 312쪽.

8 岡部精一, 《東京奠都の眞相》, 53쪽.

9 오쿠보의 천도건의서는 구체제로부터 아직 어린 메이지 천황을 차단하고 천황의 일상부터 개혁해 명실상부한 천황 친정親政 체제의 구축을 지향한 천황론이기도 하다. 이에 대해서는 다카시 후지타니, 한석정 옮김, 《화려한 군주》, 74~76쪽 참조.

10 前島密, 〈鴻爪痕〉, 《日本人の自傳》(平凡社, 1981), 380~381쪽.

11 마에지마가 자신의 자서전에서 에도 천도론을 작성한 일자를 '1868년 3월 모일'이라고 적고 있기 때문에 지금까지 그렇게 여겨져 왔다. 하지만 사사키 스구르佐々木克는 내용 중 에도성을 '궁궐'로 사용한다고 명확히 말하고 있는 것으로, 에도 개성 이전인 3월 중이라는 시점은 너무 빠르다고 지적한다. 따라서 구체적인 작성 기간은 4월 11일 에도 개성부터 마에지마가 신임장을 천황에게 제출하기 위해 오사카로 향하는 영국 공사 팍스, 통역관 어네스트 사토와 함께 요코하마를 출발하는 4월 22일 사이라고 추정하고 있다. 이에 대해서는 佐々木克, 《江戶が東京になった日-明治二年の東京遷都-》(講談社, 2001), 94~95쪽 참조.

12 岡部精一, 《東京奠都の眞相》, 116~122쪽 참조.

13 위의 책, 135~138쪽 참조.

14 메이지 시기에 사용된 '태정관'이라는 용어에는 두 가지 의미가 있다. 첫째는 1867년 12월 9일의 '왕정복고 대호령'에서 선언된 이래 1885년 12월 22일 내각제가 설치되기까지 18년간 존재한 중앙정부기구를 통칭하는 태정관이고, 둘째는 1869년 7월 8일에 중앙정부기구를 개편한 '직원령職員令'에서 신기관神祇

官과 함께 설치된 최고행정기구를 의미하는 태정관이다. 메이지 시기의 태정관제 변천 과정에 대해서는 박삼헌, 〈메이지 초년 태정관문서의 역사적 성격〉, 《독도·울릉도 연구》(동북아역사재단, 2010) 참조.

15 佐夕木克, 《江戶が東京になった日-明治二年の東京遷都-》, 158~159쪽 참조.

16 외국관外國官(나중의 외무성) 관원은 이미 지난 동행 때 전원 천황과 함께 도쿄로 이동한 뒤, 천황의 교토 환행還幸에 함께하지 않고 그대로 도쿄에 남았다.

17 이후 교토는 근대 천황제 이데올로기 '국체' 관념을 구현하는 역사와 전통의 공간, 즉 '고도古都'로서의 기능을 수행했다. 이에 대해서는 髙木博志, 《近代天皇制と古都》(岩波書店, 2006) 참조.

18 이후 진행된 도쿄의 구체적인 도시계획, 예를 들어 긴자銀座 벽돌 거리 계획, 관청 집중 계획 등에 대해서는 藤森照信, 《明治の東京計畵》(岩波書店, 2004) 참조.

19 1873년 5월 대화재가 발생해 메이지 천황이 머물던 황성은 모두 불타 버렸다. 따라서 이날 이후 천황과 황후는 아카사카赤坂의 옛 다이묘 영지를 리큐離宮로 삼아 거주하고 있었다. 그러던 중 1882년 황거조영사무국이 설치되고 1885년부터 공사를 시작해 1888년 현재의 황거가 완성되었다.

20 다카시 후지타니, 한석정 옮김, 《화려한 군주》, 167~188쪽 참조. 다카시 후지타니는 메이지 천황의 지방 순행이 중단되고 '어진영御眞影'이 배포되기 시작하는 1890년대부터 황거 앞 광장이 국가적 상징 공간으로 기능하기 시작했다고 한다. 이에 대해 하라 타케시原武史는 황거 앞 광장의 탄생과는 별도로, 이곳이 국가적인 의례 공간으로 기능하기 시작하는 것은 쇼와 전기부터라고 지적하고 있다. 原武史, 《增補 皇居前廣場》(ちくま學術文庫, 2007) 참조.

21 황거 앞 광장 남쪽에는 메이지시대 이후 '다이난코상大楠公さん'라 불리며 충신의 대명사로 칭송받던 쿠스노키 마사시게楠木正成의 동상이 지금도 황거를 바라보며 세워져 있다. 메이지시대 이후의 쿠스노키 마사시게 평가에 대해서는 박삼헌, 〈'국체' 관념의 시각화-東京府 養正館의 國史繪畵'를 중심으로-〉, 《동아시아 세계의 일본사상》(동북아역사재단, 2009) 참조.

22 '대일본제국헌법'과 '황실전범'의 초안을 토론·심의한 곳으로, 여기에 메이지 천황은 매일 참석했다고 전해진다. 1907년 이토 히로부미에게 하사되었다가, 이토가伊藤家의 기증으로 다시 외원으로 이전되었다.

23 蘇峰 德富猪一郎, 《蘇峰叢書第一冊 皇室と國民》(民友社, 1928), 127쪽.

24 이하 메이지신궁 외원에 대한 분석은 박삼헌, 〈근대 일본 '국체國體' 관념의 공간화-도쿄의 메이지신궁을 중심으로-〉, 《인천학연구》 11호(2009)에서 부분 발췌했다.

25 入江克己, 〈近代の天皇制と明治神宮競技大會〉, 《運動靑と日本近代》(靑弓社, 1999), 174쪽.

26 《第二回明治神宮競技大會報告書》, 46쪽(위의 책 174쪽에서 재인용).

27 國民禮法硏究會編, 《昭和の國民禮法-文部省制定-》(帝國書籍協會, 1941), 14~15쪽.

28 롤랑 바르트, 김주환·한은경 옮김, 《기호의 제국》(산책자, 2008), 46~47쪽.

29 황거 앞 광장은 1949년 '국민공원'으로 지정되었다.

오사카

1 도성 인근 지역을 뜻하는 기나이畿內는 야마토大和, 야마시로山城, 가와치河內, 이즈미和泉, 셋츠攝津의 5개국을 지칭하며, 현재의 행정구역상 교토시와 오사카시, 나라시가 포함된다. 기나이와 그 인근 지역을 뜻하는 긴키近畿는 오늘날 매스컴에서 간사이關西와 별다른 차이 없이 혼용해 사용하곤 한다. 긴키와 간사이는 지역적으로 교토부京都府, 오사카부大阪府, 효고현兵庫縣, 시가현滋賀縣, 나라현奈良縣, 와카야마현和歌山縣을 지칭하는 것이 일반적이지만, 간사이의 경우 광의적으로 미에현三重縣, 후쿠이현福井縣, 도쿠시마현徳島縣을 포함하기도 한다. 옛 문헌에 따르면 8세기 중엽 '간토'의 지명을 처음으로 확인할 수 있는데 지역적으로 아라치愛發, 후쿠이현福井縣, 후와不破, 기후현岐阜縣, 스즈카鈴鹿, 미에현三重縣 삼관三關의 이동以東, 즉 기나이를 중심에 두고 설정한 지역 개념이었다. 이에 반해 '간사이'는 가마쿠라막부 성립 이후인 12세기 말(아즈마카가미吾妻鏡)에서 처음으로 등장했다. 당시 간사이는 간토에 대비되는 서일본정도를 뜻하며 지금보다 훨씬 광역적인 지역 개념으로 사용되었다.

2 橋爪紳也,《モダン都市の誕生-大阪の街・東京の街-》(吉川弘文館, 2003), 168~172쪽 참조.

3 《角川日本地名大辭典 27 大阪府》(角川書店, 1983), 38쪽.

4 축성의 귀재라 불린 히데요시의 도시계획, 도시 건설, 축성술에 대해서는 宮元健次,《建築家秀吉》(人文書院, 2000) 참조하기 바람.

5 水本邦彦,《日本の歷史 10 : 德川の國家デザイン》(小學館, 2008), 47~49쪽.

6 에도시대 후쿠오카번福岡藩의 영주인 구로다黑田 가문에서 대대로 소장해 온 '오사카 여름 전투 병풍도大阪夏の陣圖屛風'는 모모야마 양식으로 축성된 오사카성의 전경을 참고할 수 있는 유일한 자료로 알려져 있다. 근세 초기 오사카의 풍경과 풍속을 담은 회화 작품에 관해서는 神山登,〈近世初期大阪の風景・風俗圖-特集大阪城四〇〇年-〉,《大阪春秋》34(大阪春秋社, 1982)를 참조하기 바람.

7 津田三郎,《秀吉英雄傳設の謎-日吉丸から豊太閤へ-》(中央公論社, 1997), 248~255쪽.

8 《大阪府史 第5卷 近世編1》(大阪府, 1985), 289~294쪽.

9 竹內誠,《大系 日本の歷史 10 : 江戶と大坂》(小學館, 1989), 88~90쪽.

10 齋藤善之,〈大坂の經濟的地位が低下したのはなぜか〉,《新視点日本の歷史 第5卷近世編》(新人物往來社, 1993).

11 E・사이덴스티커, 허호 옮김,《도쿄이야기》(이산, 1997).

12 高木博志,《近代天皇制と古都》(岩波書店, 2006).

13 大阪市史編纂所編,《大阪市の歷史》(創元社, 1999), 265~266쪽.

14 芝村篤樹,《都市の近代・大阪の20世紀》(思文閣出版, 1999).

15 오사카마이니치신문사는 제5회 권업박람회 이후 30여 년간 박람회가 개최되지 않았던 사정을 고려해, 신문 발간 1만 5000호를 자축하고 오사카시의 제2차 시역 확장 사업을 기념하기 위해 '대오사카기념박람회'를 계획했다. 박람회의 취지와 경과에 대해서는 大阪每日新聞社編,《大大阪記念博覽會誌》(大阪每日

新聞社, 1925) 참조.

16 대오사카기념박람회를 관람한 총 입장객 189만 8468명 가운데 풍공관 입장객 수는 69만 8386명이었다. 大阪城天守閣編, 《特別展: 大阪城の近代史》(大阪城天守閣特別事業委員會, 2004), 45쪽.

17 大阪毎日新聞社編, 《大大阪記念博覽會誌》(1925), 782쪽.

18 위의 책, 781쪽.

19 ジェフリー・E・ヘインズ著, 宮本憲一監譯, 《主體としての都市-關一と近代大阪の再構築-》(勁草書房, 2007).

20 오사카성 천수각 재건 사업의 전개 과정에 관해서는 박진한, 〈근대도시 오사카의 상징물과 기억 공간의 형성 – '오사카성大阪城 천수각天守閣' 재건 사업(1928~1931)을 중심으로-〉, 《인천학연구》11호(2009)를 참조하기 바람.

21 《大阪毎日新聞》1928년 7월 14일자. 마키 히데마사牧英正에 따르면 시정 당국이 제4사단 측이 요구한 사령부 신축 비용 130만 엔을 부담하기로 결정했음에도 불구하고 언론에 80만 엔으로 발표한 것은 사업 경비 대부분을 사령부 건물 신축 비용에 투입할 경우 예상되는 시민들의 반발을 사전에 차단하기 위해서였다. 오사카시는 7월 19일 제4사단 사령부에 제출한 사업서 말미에 "시 부담액은 80만 엔으로 개산槪算해 이미 시 의회에 제안해 진행 중인 사정을 이해해 주시기 바랍니다. 다만 실행 과정에서는 당초 요구했던 소요액을 부담해 귀측의 건축을 차질 없이 수행"할 것을 이면으로 약속하고 시 보좌관인 다키야마 요이치瀧山良一의 서명을 첨부했다. 牧英正, 〈昭和の大阪城天守閣築造〉, 《大阪市公文書館研究紀要》5(1993), 7~25쪽.

베이징

1 이하 베이징성의 역사에 대해서는 아래의 책을 참고했다. 朱耀廷 主編, 《華夏文明的核心: 古代都城》(遼寧師範大學出版社, 1996), 78~117쪽.

2 린위탕, 김정희 옮김, 《베이징이야기》(이산, 2001), 271쪽.

3 현재 베이징 최대 번화가인 왕푸징王府井은 왕부의 우물을 뜻하는 보통명사가 지명이 된 경우다.

4 시정부 성립 이전의 도시 관리에 대해서는 史明正, 《走向近代化的北京城》(北京大學出版社, 1995); 신규환, 《국가, 도시, 위생: 1930년대 베이징시 정부의 위생 행정과 국가 의료》(아카넷, 2008), 제3장; 杜麗紅, 〈清末北京衛生行政的創立〉, 余新忠 主編, 《清以來的疾病, 醫療和衛生: 以社會文化史爲視覺的探索》(三聯書店, 2009) 등을 참고.

5 신규환, 《국가, 도시, 위생: 1930년대 베이징시 정부의 위생행정과 국가의료》(아카넷, 2008), 제7장 베이징의 도시환경과 위생 개혁을 참고.

6 린위탕, 김정희 옮김, 《베이징이야기》(이산, 2001), 310~311쪽.

7 베이징의 환경 위생과 환경 폭동에 대해서는 신규환, 《국가, 도시, 위생》 제7장과 辛圭煥, 〈民國時期 北京의 衛生改革과 '環境暴動'〉, 《中國近現代史硏究》42호(2009. 6) 등을 참고.

8 北平市政府秘書處, 《北平市統計覽要》(1936), 92~93쪽.

9 중국 근대 공원의 탄생에 대해서는 Mingzheng Shi, "From Imperial Gardens to Public Parks: The Transformation of Urban Space in Early Twentieth-Century Beijing", *Modern China* Vol.24 no.3 (July 1998)을 참고.

10 史明正, 《走向近代化的北京城》(北京大學出版社, 1995), 231~232쪽.

11 이하 천안문 집회의 유래와 양상에 대해서는 백영서, 《중국현대대학문화연구》(일조각, 1994), 제1부 제2장 〈북경 정부의 대외예속성과 천안문 집회의 양상〉을 참고.

12 張肇基, 《北京四合院》(北京中國美術攝影出版社, 1996), 3쪽.

13 최장순, 〈중국 사합원의 평면 유형과 공간 구성의 특징에 관한 개괄적 연구〉, 《한국주거학회논문집》14-5(2003. 10), 20~22쪽.

14 정영호, 〈영화 '홍등'에 나타난 섹슈얼리티와 권력 욕망〉, 《중국어문학논집》제35호 (2005. 12).

15 《北京舊影: 古いペキンの姿》(人民美術出版社, 1989), 121쪽.

16 천교의 도시 문화에 대해서는 黃宗漢, 〈老北京天橋的平民文化〉, 《北京社會科學》1996年 第3期; Madeleine Yue Dong, *Republican Beijing: The City and Its Histories* (Berkeley: University of California Press, 2003), pp.172~207 등을 참고.

상하이

1 《上海港史(古, 近代部分)》(中國水運史叢書)(人民交通出版社, 1990), 21~27쪽.

2 熊月之 主編, 《上海通史 第1卷 導論》(上海人民出版社, 1999), 2쪽.

3 상하이는 원대 현縣 설치를 기점으로 700년 이상의 역사를 가졌다고 설명된다. 上海硏究中心, 《上海700年》(上海人民出版社, 1991).

4 鄭祖安, 《百年上海城》(學林出版社, 1999), 111~112쪽.

5 위의 책, 9쪽.

6 이로써 상하이는 송강부松江府의 일개 속현에서 강소江蘇, 오송吳松, 태상太常 지역을 포괄하는 행정 권역의 소재지로 부상했다. 위의 책, 111~113쪽.

7 胡根, 《老上海四馬路》(學林出版社, 2001); 上海市黃浦區檔案局編, 《福州路文化街》(文匯出版社, 2001).

8 葉中强, 〈上海大衆文化公共空間的形成與重構(第1章)〉, 王文英, 葉中强主編, 《城市語境與大衆文化

-上海都市文化空間分析》(上海人民出版社, 2004), 5~8쪽.

9 羅蘇文, 《近代上海: 都市社會與生活》(中華書局, 2004).

10 薛永理, 〈舊上海棚戶區的形成〉, 施福康 主編, 《上海社會大觀》(中國近現代社會史料叢書)(上海書店出版社, 2000), 118~126쪽.

11 현성과 접했던 프랑스조계의 경우에는 현성 바깥쪽 본래 중국인이 거주하고 있었지만 전란으로 황폐해진 까닭에 보상의 부담 없이 그 자리를 차지할 수 있었다. 梅朋 傅立德, 《上海法租界史》(上海社會科學院出版社, 2007).

12 〈上海市政機關變遷史略〉, 上海通社編, 《上海研究資料》(上海書店, 1984), 81~82쪽.

13 〈上海市政的分治時期〉, 上海市通志館編, 《上海市通志館期刊》(1934), 1249쪽.

14 上海城市規劃志編纂委員會 編, 《上海城市規劃志》(上海社會科學院出版社, 1999), 76~85쪽; 朱華, 〈上海城市發展和規劃的歷史回顧〉, 蘇智良 主編, 《上海: 近代新文明的形態》(2004), 86~108쪽; 余子道, 〈國民政府上海都市發展規劃論述〉, 《上海研究論叢》第9輯(1993), 339~342쪽.

15 黃葦, 夏林根, 《近代上海地區方志經濟史料選輯》, 304쪽.

16 鄒依仁, 《舊上海人口變遷的研究》(上海人民出版社, 1980), 112~115쪽.

17 상하이의 중국인들은 시간적으로 '근대인', 공간적으로 '상하이인'으로서의 사회화 과정을 동시에 경험했다고 설명된다. 忻平, 《從上海發現歷史 -現代化進程中的上海人及其社會生活》(上海人民出版社, 1996), 199~300쪽.

18 리오우판은 이 시기 상하이의 도시 문화를 근대성의 관점에서 높이 평가한다. Lee, Leo Ou-fan, *Shanghai modern: the Flowering of a New Urban Culture in China, 1930-1945* (Harvard Univ. Press, 1999). 한편 상하이인의 '모던' 지향이 단순한 서구 추종, 모방이 아니라 중국적 근대성 형성의 과정이라는 지적도 행해지고 있다. Wen-hisn Yeh, "Shanghai Modernity: Commerce and Culture in a Republican City", Frederic Wakeman Jr. and Richard Louis Edmonds (ed.), *Reappraising Republican China* (Oxford Univ. Press, 2000).

19 Nara Dillon and Jean C. Oi (ed.), *At the Crossroads of Empires: Middlemen, Social Networks, and State-building in Republican Shanghai* (Stanford University Press, 2007).

20 熊月之 主編, 《上海通史 第1卷 導論》(上海人民出版社, 1999), 75쪽.

21 위의 책, 82~83쪽.

22 라오창 저, 허유영 옮김, 《중국도시 현장보고서》(한스미디어, 2004).

런던

1 18, 19세기 런던 인구의 연평균 증가율은 시기별로 다음과 같이 추정된다. 1701~1750년 0.3퍼센트, 1751~1800년 0.5퍼센트, 1801~1850년 0.8퍼센트, 1851~1900년 1.2퍼센트. 이는 다음 자료에 의거 계산했다. Roy Porter, London: A Social History(Cambridge, Mess.: Harvard University Press, 1994), p.131; B. R. Mitchell, British Historical Statistics(Cambridge University Press, 1988), p.25.

2 런던이라는 이름은 '너무 넓어 건너기 어려운' 이라는 뜻을 가진 켈트어 린던Lyn Din에서 비롯한다.

3 대역병은 1664~1966년 사이에 런던에서 창궐한 페스트를 가리킨다. 이 역병으로 7~10만 명이 목숨을 잃었는데, 이 수치는 당시 런던 인구의 5분의 1에 이르렀다. 대화재는 1666년 9월 2일부터 5일간 지속된 화재를 말한다. 제빵 작업장에서 발생한 불길이 때마침 강풍을 타고 사방으로 번져 시티와 웨스트민스터 등 템스 강 북부 지역 주택의 80퍼센트가 소실되었다. 화재 피해가 컸던 것은 시내 주택 대부분이 목조 가옥이었기 때문이다.

4 James Boswell, *The Life of Samuel Johnson*(London: Pitman, 1911 ed), p.77, p.238.

5 E. A. Wrigley, "A Simple Model of London's Importance in Changing English Society and Economy, 1650~1750", *Past and Present*, no.37 (1967), pp.44~45. 18세기 런던의 상업은, 이영석, 〈18세기 초 런던 상인의 생활세계〉, 《사회와 역사》60호(2001), 206~238쪽 참조.

6 Mitchell, *British Historical Statistics*, p.25.

7 D. Friedlander, "London's Urban Transition, 1851-1951", *Urban Studies*, vol.11, no.2 (1974), pp.127-141. 이하 교외 개발에 관한 내용은, 이영석, 〈19세기 런던: 사회사적 풍경들〉, 《안과 밖》9호(2000), 93~116쪽을 볼 것.

8 H. J. Dyos, "The Growth of a Pre-Victorian Suburb: South London, 1580-1836", *Town Planning Review*, vol.25, no.1 (1954), pp.67-78.

9 P. L. Garside, "London and the Home County", in F. L. M. Thompson (ed.), *The Cambridge Social History of Britain 1750-1950*(Cambridge University Press, 1991), pp.492-493.

10 Lawrence Stone, *Family, Sex and Marriage in England 1500-1800*(New York: Harper & Row, 1977), pp.7-8.

11 D. L. Olsen, "House upon House", in H. J. Dyos and Michael Wolff (eds.), *Victorian City*(London: Routledge and Kegen Paul, 1973), vol.1, pp.333-358.

12 F. M. L. Thompson, *The Rise of Suburbia*(Leicester University Press, 1982), p.9.

13 유럽에서 정원도시운동은 20세기 초에 나타났지만, 적어도 영국에서는 이 운동의 원형이 이미 19세기 교외 개발에서 드러나고 있다. 전후면 정원을 갖춘 주택 건설의 전통이 20세기 초 Letchworth Garden City(1903), Hampstead Garden Suburb(1906) 등의 운동으로 계승된 것처럼 보인다. 물론 이들 운동은 주로 사무직 근로자나 신중간계급을 대상으로 한 것이었다.

14 파리의 경우 20세기 초까지 주위 성곽이 그대로 잔존했다. 성곽은 파리와 다른 지역을 나누는 구체적인 경계이면서 시민들에게는 교외로 나가지 않으려는 심리적 경계로 작용했던 것 같다.

15 David Owen, *The Government of Victorian London*(Cmabridge, Mess.: Harvard University Press, 1982), p.26.

16 David Owen, *The Government of Victorian London*, p.26.

17 David Owen, *The Government of Victorian London*, pp.33~37. 한편 1862년 템스 강 제방법Thames Embankment Act을 제정, MBW가 템스 강 제방 축조, 치수와 교량 건설 등의 업무를 관장하도록 함으로써 템스 강변 인근의 전반적인 도시계획이 가능해졌고, 1872년 수도도로법Metropolitan Street Improvement Act과 1875년 노동자주거법Artisans' and Labourers' Dwelling Act을 제정해 체계적인 주택단지 건설이 가능해졌다. 수도 런던에 관한 한, 통합된 행정조직은 1차 대전에 이르러서 출현했다.

18 Beatrice Potter, "The Dock Life of East London", *Nineteenth Century*, vol.22 (Oct. 1887), pp.487~488.

19 Andrew Godley, "Leaving the East End : Regional Mobility among East European Jews in London, 1880~1914", in A. J. Kershen (ed.), *London, the Promised Land?*(Aldershot: Svrnury on Behalf of the Centre for the Study of Migration, 1997), p.56. 이 시기 유대인 이민에 관해서는 다음을 참조할 것. 이영석, 〈빅토리아 후기 영국 사회와 유대인 문제〉, 《영국연구》12호(2004), 47~74쪽.

20 P. J. Cain and A. G. Hopkins, *British Imperialism I: Innovation and Expansion, 1688~1914*(London: Longman, 1993), pp.162~172.

21 Charles Napier, Henry Havelock, Charles George 등.

22 Beatrice Potter, "East London Labour", *Nineteenth Century*, vol.24 (August, 1888), p.166.

23 William J. Fishman, "Allies in the promised land : reflections on the Irish and the Jews in the East End", in A. J. Kershen (ed.), *London, the Promised Land?* (Aldershot: Avebury on Behalf of the Centre for the Study of Migration, 1997), pp.60~62.

24 벵골인 이민 과정은 다음을 참조. A. J. Kershen, "Huguenots, Jews and Bangladeshis in Spitalfields and the Spirit of Capitalism", in A. J. Kershen (ed.), *London, the Promised Land?*, pp.66~90.

25 A. J. Kershen, "Huguenots, Jews and Bangladeshis in Spitalfields", p.78.

26 A. J. Kershen, "Huguenots, Jews and Bangladeshis in Spitalfields", p.79.

27 National Statistics Online. http://www.statisticsgov.uk/census2001/profiles/00bg.asp

28 http://en.wikipedia.org/wiki/London_Borough_of_Tower_Hamlets http://en.wikipedia.org/wiki/London_Borough_of_Hackney

파리

1 발터 벤야민, 조형준 옮김,《아케이드 프로젝트》(새물결, t.2, 2005~2006). Walter Benjamin, (Rolf Tiedemann ed), *Das Passagen-Werk* (Frankfurt am Main: Suhrkamp Verlag, 1982); Jean Lacoste trad, *Paris, Capitale du XIXe siècles*

(Paris: Editions du Cerf, 1989).

2 Victor Hugo, "Introduction", *Paris-Guide 1867 par les principaux écrivains et artistes de la France* (Paris: Librairie internationale, 1867), t.1, p.XXVI, p.XIX.

3 1991년 파리 12구의 베르시 지역 정비 당시 기원전 4000년경의 고고학 유물이 발견되었고, 2008년 프랑스 국립고고학 연구소는 15구 센 강 근처 거리에서 기원전 8000년경의 고고학 유적을 발굴했다. 2003년에는 파리 서쪽 교외 라데팡스와 낭테르 인근에서 기원전 200년경 골족의 정주지 흔적이 발굴되었다. 고대와 중세 파리의 역사에 대한 개괄로는 Alfred Fierro, *Histoire et dictionnaire de Paris* (Paris: Robert Laffont, 1996), pp.7~54. 2008년의 발굴에 대해서는 *Libération*, le 25 juin 2008.

4 뤼테스는 골족 언어로 늪지를 뜻하는 뤼코테시아에서 유래했다.

5 파리대학은 1968년 5월혁명 이후의 대학 개혁으로 재편되어 현재 파리와 주변 소도시에 파리1대학부터 파리13대학까지 13개의 종합대학으로 존재한다. 소르본대학은 현재 파리4대학이며, 파리1대학이 팡테옹 소르본, 파리3대학이 소르본 누벨이다.

6 마크 기로워드, 민유기 옮김, 《도시와 인간: 중세부터 현대까지 서양도시문화사》(책과함께, 2009), 264~265쪽.

7 Allan Braham, *The Architecture of the French Enlightenment* (London: Thames and Hudson, 1980), p.120.

8 크리스토프 르페뷔르, 강주헌 옮김, 《카페의 역사》(효형출판, 2002), 19, 21, 31쪽.

9 민유기, 〈19세기 파리 동쪽 광장들의 기념물과 도시의 정치기호학〉, 《기호학 연구》23집 (2008), 532쪽.

10 Alfred Fierro, *Histoire et Dictionnaire de Paris, p.279. Journal officiel*, le 2 janvier 2010. 현재 런던 광역시는 1577제곱킬로미터 면적에 760만 인구를, 베를린은 891제곱킬로미터 면적에 340만 인구를 가지고 있다.

11 Louis Chevalier, *Classes laborieuses et classes dangereuses Paris pendant la premire moiti du XIXe siècle* (Paris: Plon, 1958).

12 전염병과 이에 대한 사회적 공포에 대해서는 Jean-Pierre Bardet, Patrice Bourdelais, Pierre Guillaume, Franζois Lebrun, Claude Quétel, *Peurs et Terreurs face la Contagion: Choléra, tuberculose, syphilis XIXe- XXe siècles* (Paris: Fayard, 1988).

13 민유기, 《도시 이론과 프랑스 도시사 연구》(심산, 2007), 202~205쪽.

14 Roger-Henri Guerrand, *Moeurs citadines: Histoire de la culture urbaine XIXe- XXe siècles* (Paris: Quai Voltaire, 1992), p.40.

15 매트 마쓰다, 〈황제의 우상: 나폴레옹 승전 기념비에 대한 프랑스인의 기억 변화〉, 제프리 K. 올릭 엮음, 최호근, 민유기, 윤영휘 옮김, 《국가와 기억: 국민국가적 관점에서 본 집단기억의 연속, 갈등, 변화》(민주화운동기념사업회, 2006), 91~124쪽.

16 민유기, 〈19세기 파리 동쪽 광장들의 기념물과 도시의 정치기호학〉, 533~537쪽.

17 민유기, 〈파리의 문화 예술인 동상 건립과 도시 정체성 만들기 1880~1914〉, 《프랑스사 연구》23호(2010).

18 Béatrice de Andia, *Les Expositions universelles à Paris de 1855 à 1937* (Paris: Action artistique de la ville de Paris, 2005), pp.104~151.

19 민유기, 〈프랑스 사회주택 정책 발전에서 파리시의회의 역할 1880~1914〉, 《프랑스사 연구》10호(2004), 137~172쪽.

20 민유기, 〈도시 공공개발을 위한 환경운동과 사회주의의 협력: 20세기 초 파리 성곽 부지 활용을 중심으로〉, 《중앙사론》31집(2010), 229~264쪽.

21 Michel Margairaz, Danielle Tartakowsky, Daniel Lefeuvre, *Le front populaire* (Paris: Larousse, 2009).

22 로널드 프레이저, 안효상 옮김, 《1968년의 목소리 "불가능한 것을 요구하라!"》(박종철출판사, 2002).

23 쥘리앵 뒤발, 크리스토프 고베르, 프레데릭 르바롱, 도미니크 마르셰티, 파비엔 파비스, 김영모 옮김, 《프랑스 지성인들의 '12월'》(동문선, 2004).

24 하랄트 슈만, 크리스티아네 그레페, 마티아스 그레프라트, 김무열 옮김, 《아탁, 세계화 비판론자들은 무엇을 원하는가?》(영림카디널, 2004).

25 Bernadette Dufrêne, *La Création de Beaubourg* (Grenoble: Presses universitaires de Grenoble, 2000).

26 Seloua Luste Boulbina, *Grands Travaux à Paris 1981~1995* (Paris: La Dispute, 2007).

27 UN-HABITAT, *State of the World's Cities 2008/2009: Harmonious Cities* (London, Sterling: Earthscan, 2008).

베를린

1 Hans Böhm, *Deutschland. Die westliche Mitte* (Westermann, 1999), p.296.

2 David F. Patton, *Cold War Politics in Postwar Germany* (New York: NY, 2001), p.2. 서독의 보수정당 기독교민주연합CDU 출신의 아데나워는 냉전의 환경 속에서 정치, 군사, 경제적으로 서유럽과 긴밀하게 협력하는 외교정책을 일관되게 추구했다. 서독의 서쪽에 치우쳐 있는 작은 도시 본을 수도로 정한 것도 이러한 의지의 표현이었다. 친서방정책Westpolitik은 1970년대 초 사회민주당SPD 출신의 수상 빌리 브란트Willy Brandt가 전향적인 동방정책Ostpolitik을 추진하기 전까지 서독 외교의 기조가 되었다.

3 이 프리드리히 2세는 훗날 부국강병 정책을 통해 프로이센의 초석을 확고하게 만들어 프리드리히대왕으로 더 잘 알려진 프리드리히 2세와는 다른 사람이다. 프로이센을 비롯해 독일의 여러 영방국가에서 프리드리히나 빌헬름이라는 이름은 왕의 이름으로 자주 등장하기 때문에 독일 역사를 공부하는 많은 사람들이 혼동하기 쉽다.

4 1598년 4월 프랑스의 앙리 4세Henri IV가 발표한 칙령으로, 국민 통합을 위해 가톨릭이 주요 종교인 프랑스에서 위그노Huguenots로 알려진 캘빈주의 신봉자들에게도 신앙의 자유를 허락한다는 내용을 담고 있다.

5 1920년 4월 프로이센 의회에서 통과되어 같은 해 10월 발효된 이 법에 따라, 베를린은 주변의 독립도시 일

곱 곳(Charlottenburg, Köpenick, Lichtenberg, Neukölln, Schöneberg, Spandau, Wilmersdorf)과 더불어 농촌 행정구역 59곳을 포함하는 대도시로 탈바꿈하게 되었다. 행정구역도 스무 구로 개편되었는데, 구베를린을 구성하던 여섯 구(Mitte, Tiergarten, Wedding, Prenzlauer Berg, Kreuzberg, Friedrichshain)에 독립도시 7곳이 각각 구 하나로 편입되고, 나머지 새로 편입된 농촌 행정구역들을 대표 촌락을 중심으로 새로운 일곱 구(Pankow, Reinickendorf, Steglitz, Tempelhof, Treptow, Weißensee, Zehlendorf)로 편성했다.

6 '라인 강의 기적'으로 불리는 고도 성장기에 독일에 대거 유입된 터키 이주민들에 관해서는 유정희, 〈영원한 이방인: 독일의 터키 공동체〉, 《독일연구》18권(2009. 12), 148~156쪽을 보라.

7 Amt für Statistik Berlin-Brandenburg. http://www.statistik-berlin-brandenburg.de/Publikationen/Stat_Berichte/2009/SB_A1-6_hj2-08_BE.pdf(2009.8.23.)

8 Ingrid Nowel, *Berlin. Die Neue Hauptstadt. Architektur und Kunst, Geschichte und Literatur* (Dumont, 2002), pp.64~65.

9 Werner Jochmann(ed.), *Adolf Hitler. Monologe im Führerhauptquartier 1941-1944* (München, 1980), p.318

10 Fred Ramen, *Albert Speer: Hitler's Architect* (New York: NY, 2001), p. 51.

11 티어가르텐 중심에 자리하고 있는 이 광장은 1698년에 처음 조성되었으며, 하늘에서 보면 거대한 별 모양을 하고 있기에 붙여진 이름이다.

12 전승기념탑의 축조와 이전에 관해서는 최호근, 〈독일 제국의 기념물 건립 붐과 민족주의, 1871~1914〉, 《대구사학》101집(2010.11), 19~25쪽을 참조하라.

13 1933년 3월 23일 히틀러가 스스로를 총통으로 일컬으며 무소불위의 독재 권력을 차지한 후 유대인들을 경제적으로 말살하기 위해 4월 1일자로 단행한 대규모 불매운동을 말한다. 이 일을 주도한 인물은 나치 독일의 선전상 괴벨스Joseph Goebbels였으며, 총통인 히틀러는 소극적이었던 것으로 알려져 있다.

14 1935년 뉘른베르크에서 열린 나치당 전당대회를 계기로 통과된 인종 차별법으로, 누가 유대인에 해당하는지를 법적으로 명확하게 규정함으로써 이후 전개될 대대적인 탄압 조치의 논리적 토대가 되었다.

15 '수정의 밤'이란 1938년 11월 9일에서 10일 사이 밤에 나치 독일과 오스트리아에서 대대적으로 일어난 유대인 소유 상점과 유대교 회당에 대한 방화와 파괴 그리고 유대인에 대한 감금과 살육을 말한다. 이날 밤에 깨진 유리들의 반짝이는 모양이 마치 수정과 같다는 나치스의 언급에서 유래된 표현으로 '11월 학살'이라고 불리기도 한다.

16 Günter Morsch, *Mord und Massenmord im Konzentrationslager Sachsenhausen 1936-1945* (Metropol, 2005).

17 Steven Lehrer, *Wannsee House and the Holocaust* (Metropol, 2000), pp.190-196.

18 Michael Haupt, Norbert Kampe, *Gedenkstätte Haus der Wannsee-Konferenz* (Berlin, 2005), p.22.

19 Boris Meissner, *Die Deutschlandfrage von Jalta und Potsdam zur staatlichen Teilung Deutschlands 1949* (Berlin, 1993), p.40.

20 Michael W. Wolff, *Die Währungsreform in Berlin 1948/49* (Berlin, 1991), p.359.

21 Arthur Pearcy, *Berlin Airlift* (Airlife, 1997), p.112.
22 희생자들에 관한 구체적 내용은 Hans-Hermann Hertle, Maria Nooke, *Die Todesopfer an der Berliner Mauer 1961-1989: Ein Biographisches Handbuch* (Berlin, 2009)를 보라.
23 Hans-Hermann Hertle, *The Berlin Wall: Monument of the Cold War* (Berlin, 2008), p.134.
24 Peter Steinbach, "Freiheit gegen Einheit. Eine falsche Konfrontation. Anmerkungen zur Revolution von 1848", Harald Schmid, Justyna Krzymianowska (eds.), *Politische Erinnerung: Geschichte und kollektive Identität* (Königshausen & Neumann, 2007), p.30.
25 Hanno Rauterberg, *Holocaust Mahnmal Berlin. Eisenman Architects* (Baden, 2005).
26 알브레히트 폰 로온(1803~1879)은 프로이센의 군인이자 정치인으로서 이미 1860년대 프로이센의 정책 결정 전반에서 중요한 역할을 담당했고, 비스마르크와 함께 독일 통일에 크게 공헌했다.
27 헬무트 카를 베른하르트 폰 몰트케(1800~1891)는 프로이센의 군인으로서 근대적인 참모 제도를 창시해 프로이센 중심의 소독일 통일을 위한 군사적 기틀을 마련한 인물이다. 프로이센의 참모총장으로서 비스마르크와 함께 1871년 독일 통일 완수와 제2제국 수립에 결정적으로 공헌했다.

상트페테르부르크

1 올랜도 파이지스, 채계병 옮김, 《러시아 문화사: 나타샤 댄스》(이카루스미디어, 2005), 41쪽.
2 Ю.М.Лотман.СимволикаПетербургаипроблемысемиотикигорода//Ю.М.Лотман-избранные труды в тех томах. ТомⅡ. Таллинн, 1992. 번역본, 〈뻬쩨르부르그의 상징학과 도시 기호학의 제문제〉, 로뜨만 외, 《시간과 공간의 기호학》(열린책들, 1996), 44~47쪽.
3 Ю.М.Лотман(совместно с Б.А.Успенским), "Отзвуки концепции "Москва-третий Рим" в идеологии Петра Первого" История и типология русской культуры, СПб-искусство, 2002 ; 로트만·우스펜스키, 〈표트르대제의 이데올로기에 나타난 '모스크바–제3로마' 개념의 반향〉, 《러시아 기호학의 이해》(민음사, 1993), 259쪽.
4 마샬 버먼, 윤호병 옮김, 《현대성의 경험》(현대미학사, 1994/2004), 424쪽.
5 고골, 조주관 옮김, 《뻬쩨르부르그 이야기》(민음사. 2004), 282쪽.
6 도스토예프스키, 오재국 옮김, 《죄와 벌》(삼성출판사, 1989), 13쪽.
7 프레더릭 C. 코니, 박원용 옮김, 《10월혁명 – 볼셰비키혁명의 기억과 형성》(책세상, 2004), 131~132쪽.
8 올랜도 파이지스, 《러시아 문화사: 나타샤 댄스》, 659쪽.
9 위의 책, 458쪽.
10 나데쥬다 만델슈탐은 20세기 초 러시아의 대표적인 모더니즘 시인이었던 오십 만델슈탐의 부인이다. 오

십은 스탈린을 풍자한 시를 쓴 혐의로 1934년 체포되어 결국 블라디보스토크 인근 임시수용소에서 사망했다. 나데쥬다는 남편의 원고를 숨겨 보관하는 한편, 1970년대 초에 시인의 생애와 창작에 관한 회고록인 《회상》을 출간해 커다란 반향을 불러 일으켰다. 그녀의 회고록은 만델슈탐 연구의 중요한 참고 자료일 뿐 아니라 대규모 숙청이 자행된 스탈린시대에 관한 가장 생생한 기록 중 하나로 여겨진다. 노벨상을 수상한 시인 브로드스키는 이 책을 "20세기의 가장 중요한 작품 중 하나"라고 평가한 바 있다. 나데쥬다 만델슈탐, 홍지인 옮김, 《회상》(한길사, 2009). 참조.

11 Harrison Salisbury, *The 900 Days: The Siege of Leningrad* (New York: DaCapo, 1958), p.491. 존 M. 톰슨, 김남섭 옮김, 《20세기 러시아 현대사》(사회평론, 2004), 444쪽에서 재인용

12 올랜도 파이지스, 《러시아 문화사: 나타샤 댄스》, 704쪽.

13 Svetlana Boym, *The Future of Nostalgia* (Basic Books, 2001), p.129.

14 사실, 페테르부르크는 제국 시절부터 이미 러시아의 어느 도시보다 코스모폴리탄적 분위기가 강한 곳이었다. 전체 인구의 85퍼센트만이 러시아인이고 나머지는 타민족 혹은 외국인이었다. 국경 '바깥에' 자리잡은 수도 페테르부르크의 개방성은, 넵스키 거리에 위치한 여러 종교 사원(카톨릭, 루터교, 불교, 유태교, 이슬람교)만 봐도 드러난다.

시카고

1 1833년 인구 200명으로 시작한 시카고시는 1840년 인구조사에서 4470명, 전국 순위 90위로 등장했다. 1850년에 2만9963명으로 늘어 24위로 껑충 뛰더니 1860년에는 9위(11만 2172명), 1870년에는 5위(29만 8977명), 1880년에는 4위(50만 3185명)로 계속 올라갔다. 그리고 1890년이 되면 시카고 인구는 100만을 넘어서면서(109만 9850명) 드디어 전국 순위 2위가 되었다.

2 교통의 요지라는 정체성은 주요 교통수단이 철도에서 항공으로 진화한 오늘날에도 유효하다. 시카고의 오헤어 국제공항은 2005년 기준으로 운행 비행기 수가 세계에서 가장 많고, 이용 승객 수는 세계 2위다.

3 John Leng, *America in 1876* (Dundee: Dundee Advertiser Office, 1877), pp.73~74.

4 Julian Ralph, *Our Great West* (New York: Harper & Bros., 1893), pp.1~2.

5 James Gilbert, *Perfect Cities: Chicago's Utopias of 1893* (Chicago: University of Chicago Press, 1991), pp.75~130.

6 Guiseppe Giacosa, "Chicago and Her Italian Colony", in *As Others See Chicago* (Chicago: University of Chicago Press, 2004), p.276.

7 다양한 방문자들의 반응에 대해서는 William Cronon, *Nature's Metropolis: Chicago and the Great West* (New York: Norton & Norton, 1991), pp.207~208.

8 업튼 싱클레어, 채광석 역, 《정글》(동녘, 1991), 40~42쪽.

9 George Warrington Steevens, *The Land of the Dollar* (New York: Dodd, Mead & Co., 1897), pp. 14~15. 당시 시카

고 인구의 3분의 2는 외국 태생이었다.

10 Frank Harris, *The Bomb* (New York: Mitchell Kennerley, 1909), p. 77

11 Rudyard Kipling, *From Sea to Sea: Letters of Travel, Part II* (New York: Charles Scribner's Sons, 1906), p.230.

12 James Grossman, *Land of Hope: Chicago, Black Southerners, and the Great Migration* (Chicago: University of Chicago Press, 1989), pp.66~97.

13 노예제 경험이 있는 흑인과 해방 이후 출생한 흑인 사이의 세대차 문제는 Leon F. Litwack, "Hellhounds", in James Allen, John Lewis, Leon F. Litwack, Hilton Als, Without Sanctuary: *Lynching Photography in America* (Santa Fe, NM: Twin Palms Publishers, 2000), pp.8~37.

14 Alain Locke, "Enter the New Negro", *The Survey Graphic*, vol.VI, no.6 (March 1925), pp.631~634.

15 더 자세한 내용은 박진빈, 〈1919년 시카고의 인종 폭동과 도시문제〉,《미국사연구》, 26호(2007), 102~103쪽.

16 Carl Sandburg, *The Chicago Race Riots* (New York: Harcourt, Brace and Howe, 1919), p.9.

17 Grossman, *Land of Hope*, pp.123~128.

18 Grossman, *Land of Hope*, pp.181~207. Sandburg, The Chicago Race Riots, p.75.

19 William Tuttle, Jr., *Race Riot: Chicago in the Red Summer of 1919* (Urbana and Chicago: University of Illinois Press, 1996), pp.175~176, 233~236.

20 Chicago Commission on Race Relations, *The Negro in Chicago: A Study of Race Relations and a Race Riot* (Chicago: University of Chicago Press, 1922), pp.595~602.

21 Walter Lionel George, *Hail Columbia!* (London: Chapman & Hall, Ltd., 1923), p.47.

22 Robyn Muncy, *Creating a Female Dominion in American Reform, 1890-1935* (New York: Oxford University Press, 1991).

참고문헌

서울

고동환,《조선시대 서울도시사》, 태학사, 2007
고동환·고석규 외,《서울상업사》, 태학사, 2000
김광우,〈대한제국시대의 도시계획—한성부 도시개조사업〉,《향토 서울》50호, 서울특별시사편찬위원회, 1990
김백영,《지배와 공간: 식민지 도시 경성과 제국 일본》, 문학과지성사, 2009
김원배,〈개발이념과 거품도시〉, 한국도시연구소 편,《한국도시론》, 박영사, 1999
서울특별시사편찬위원회 편,《서울육백년사》제6권, 서울특별시, 1996
손정목,《일제강점기 도시계획 연구》, 일지사, 1990
염복규,〈일제하 경성도시계획의 구상과 시행〉, 서울대학교 박사학위논문, 2009
우동선,〈가가(假家)에 관한 문헌 연구〉,《대한건축학회논문집 계획계》19-8, 2003
이경순·정두희 편,《임진왜란, 동아시아 삼국전쟁》, 휴머니스트, 2007
이태진,《고종시대의 재조명》, 태학사, 2000
전민조,《SEOUL 1969~1990》, 눈빛, 2006
전우용,《서울은 깊다》, 돌베개, 2008
朝鮮總督府,《朝鮮》, 1925
한명기,《정묘·병자호란과 동아시아》, 푸른역사, 2009
허수열,《개발 없는 개발: 일제하 조선경제 개발의 현상과 본질》, 은행나무, 2005
허영환,《정도 600년 서울지도》, 범우사, 1994
홍순민,《조선궁궐 이야기》, 청년사, 1999

도쿄

다카시 후지타니, 한석정 옮김,《화려한 군주》, 이산, 2003
롤랑 바르트, 김주환·한은경 옮김,《기호의 제국》, 산책자, 2008
박삼헌,〈근대일본 '국체國體' 관념의 공간화—도쿄의 메이지신궁을 중심으로-〉,《인천학연구》11호, 2009
박삼헌,〈'국체' 관념의 시각화—東京府 養正館의 '國史繪畵'를 중심으로-〉,《동아시아 세계의 일본사상》, 동북아역사재단, 2009
박삼헌,〈메이지초년 태정관문서의 역사적 성격〉,《독도·울릉도 연구》, 동북아역사재단, 2010

國民禮法硏究會編,《昭和の國民禮法-文部省制定-》, 帝國書籍協會, 1941
東京都知事本部企畫調整部首都調査擔當編,《バブル時代の負の遺産首都移轉に終止符を》, 東京都, 2003
明治神宮編,〈明治神宮叢書〉, 第十四卷 造營編(3), 國書刊行會, 2003
首都移轉に反對する會編,《首都移轉にNO!》, Vol.12, 2003
西周,〈[表紙] 別紙 議題草案〉, 田中彰 校註,《日本近代思想大系1 開國》, 岩波書店, 1991
岡部精一,《東京奠都の眞相》, 仁友社, 1917
入江克己,〈近代の天皇制と明治神宮競技大會〉,《運動會と日本近代》, 靑弓社, 1999
佐タ木克,《江戶が東京になった日-明治二年の東京遷都-》, 講談社, 2001
蘇峰 德富猪一郞,《蘇峰叢書第一冊 皇室と國民》, 民友社, 1928
藤森照信,《明治の東京計畵》, 岩波書店, 2004
原武史,《增補 皇居前廣場》, ちくま學術文庫, 2007
高木博志,《近代天皇制と古都》, 岩波書店, 2006
前島密,〈鴻爪痕〉,《日本人の自傳》, 平凡社, 1981

오사카

박진한,〈근대도시 오사카의 상징물과 기억 공간의 형성-'오사카성大阪城 천수각天守閣' 재건 사업 (1928~1931)을 중심으로-〉,《인천학연구》11호, 2009
E · 사이덴스티커, 허호 옮김,《도쿄이야기》, 이산, 1997
《角川日本地名大辭典 27 大阪府》, 角川書店, 1983
《大阪府史 第5卷 近世編1》, 大阪府, 1985
高木博志,《近代天皇制と古都》, 岩波書店, 2006
橋爪紳也,《モダン都市の誕生-大阪の街 · 東京の街-》, 吉川弘文館, 2003
宮元健次,《建築家秀吉》, 人文書院, 2000
大阪城天守閣 編,《特別展: 大阪城の近代史》, 大阪城天守閣特別事業委員會, 2004
大阪市史編纂所 編,《大阪市の歷史》, 創元社, 1999
大阪每日新聞社 編,《大大阪記念博覽會誌》, 大阪每日新聞社, 1925
牧英正,〈昭和の大阪城天守閣築造〉,《大阪市公文書館研究紀要》5, 1993
水本邦彦,《日本の歷史 10 : 德川の國家デザイン》, 小學館, 2008
神山登,〈近世初期大阪の風景 · 風俗圖-特集大阪城四〇〇年-〉,《大阪春秋》34, 大阪春秋社, 1982
竹內誠,《大系 日本の歷史 10 : 江戶と大坂》, 小學館, 1989
芝村篤樹,《都市の近代 · 大阪の20世紀》, 思文閣出版, 1999
津田三郞,《秀吉英雄傳設の謎-日吉丸から豊太閤へ-》, 中央公論社, 1997

齋藤善之, 〈大坂の經濟的地位が低下したのはなぜか〉, 《新視点日本の歷史 第5卷近世編》, 新人物往來社, 1993
ジェフリー・E・ヘインズ著, 宮本憲一監譯, 《主體としての都市——と近代大阪の再構築—》, 勁草書房, 2007

베이징

린위탕 지음, 김정희 옮김, 《베이징이야기》, 이산, 2001
백영서, 《중국현대대학문화연구》, 일조각, 1994
신규환, 《국가, 도시, 위생: 1930년대 베이징시 정부의 위생 행정과 국가 의료》, 아카넷, 2008
정영호, 〈영화 '홍등'에 나타난 섹슈얼리티와 권력욕망〉, 《중국어문학논집》제35호, 2005
최장순, 〈중국 사합원의 평면 유형과 공간 구성의 특징에 관한 개괄적 연구〉, 《한국주거학회논문집》14-5, 2003
Madeleine Yue Dong, *Republican Beijing: The City and Its Histories* (Berkeley: University of California Press, 2003)
Mingzheng Shi, "From Imperial Gardens to Public Parks: The Transformation of Urban Space in Early Twentieth-Century Beijing", *Modern China*, Vol.24 no.3 (July 1998)
《北京舊影: 古いペキンの姿》, 人民美術出版社, 1989
杜麗紅, 〈清末北京衛生行政的創立〉, 余新忠 主編, 《清以來的疾病, 醫療和衛生: 以社會文化史爲視覺的探索》, 北京: 三聯書店, 2009
北平市政府秘書處, 《北平市統計覽表》, 1936
史明正, 《走向近代化的北京城》, 北京大學出版社, 1995
辛圭煥, 〈民國時期 北京의 衛生改革과 '環境暴動'〉, 《中國近現代史研究》42, 2009
張肇基, 《北京四合院》, 北京中國美術攝影出版社, 1996
朱耀廷 主編, 《華夏文明的核心: 古代都城》, 大連: 遼寧師範大學出版社, 1996
黃宗漢, 〈老北京天橋的平民文化〉, 《北京社會科學》1996年 第3期

상하이

김승욱, 〈근대 상하이 도시 공간과 기억의 굴절〉, 《중국근현대사연구》41, 2009
라오창, 허유영 옮김, 《중국도시 현장보고서》, 한스미디어, 2004
배경한 엮음, 《20세기 초 상해인의 생활과 근대성》, 지식산업사, 2006
이병인, 〈1930년대 상해의 상권과 지역사회〉, 《20세기 초 상해인의 생활과 근대성》, 지식산업사, 2006
전인갑, 〈상해인의 '모던'과 생활문화 -《생활주간》분석〉, 《20세기 초 상해인의 생활과 근대성》, 지식산업사, 2006
Lee, Leo Ou-fan, *Shanghai Modern: the Flowering of a New Urban Culture in China, 1930-1945* (Harvard University

Press, 1999)

Nara Dillon and Jean C. Oi (ed.), *At the Crossroads of Empires: Middlemen, Social Networks, and State-building in Republican Shanghai* (Stanford University Press, 2007)

Wen-hisn Yeh, "Shanghai Modernity: Commerce and Culture in a Republican City", Frederic Wakeman Jr. and Richard Louis Edmonds (ed.), *Reappraising Republican China* (Oxford Univ. Press, 2000)

〈上海市政機關變遷史略〉, 上海通社編, 《上海研究資料》, 上海書店, 1984
〈上海市政的分治時期〉, 上海市通志館編, 《上海市通志館期刊》, 1934
《上海港史(古, 近代部分)》(中國水運史叢書), 人民交通出版社, 1990
高橋孝助, 古廐忠夫編, 《上海史 －巨大都市の形成と人マ營み》, 東方書店, 1995
郭建英 繪, 陳子善 編, 《摩登上海: 三十年代洋場百景》, 桂林: 廣西師範大學出版社, 2001
羅蘇文, 《近代上海: 都市社會與生活》, 中華書局, 2004
梅朋 傅立德, 《上海法租界史》, 上海社會科學院出版社, 2007
斯波義信, 《中國都市史》, 東京大學出版會, 2002
上海城市規劃志編纂委員會 編, 《上海城市規劃志》, 上海社會科學院出版社, 1999
上海市黃浦區檔案局編, 《福州路文化街》, 文匯出版社, 2001
上海研究中心, 《上海700年》, 上海人民出版社, 1991
薛永理, 〈舊上海棚戶區的形成〉, 施福康主編, 《上海社會大觀》(中國近現代社會史料叢書), 上海書店出版社, 2000
楊東平, 《城市季風 －北京和上海的文化精神》, 東方出版社, 1994
余子道, 〈國民政府上海都市發展規劃論述〉, 《上海研究論叢》第9輯, 1993
王文英, 葉中强主編, 《城市語境與大衆文化 －上海都市文化空間分析》, 上海人民出版社, 2004
熊月之 主編, 《上海通史 第1卷 導論》, 上海人民出版社, 1999
鄭祖安, 《百年上海城》, 學林出版社, 1999
周振鶴 主編, 《上海歷史地圖集》, 上海人民出版社, 1999
朱華, 〈上海城市發展和規劃的歷史回顧〉, 蘇智良 主編, 《上海: 近代新文明的形態》, 2004
鄒依仁, 《舊上海人口變遷的研究》, 上海人民出版社, 1980
胡根, 《老上海四馬路》, 學林出版社, 2001
欣平, 《從上海發現歷史 －現代化進程中的上海人及其社會生活》, 上海人民出版社, 1996

런던

이영석, 〈19세기 런던: 사회사적 풍경들〉, 《안과 밖》9호, 2000
이영석, 〈18세기 초 런던 상인의 생활세계〉, 《사회와 역사》60호, 2001
이영석, 〈빅토리아 후기 영국 사회와 유대인 문제〉, 《영국연구》12호, 2004

Boswell, James, *The Life of Samuel Johnson* (London: Pitman, 1911 ed.)

Cain, P. J. and Hopkins, A. G., *British Imperialism I: Innovation and Expansion, 1688-1914* (London: Longman, 1993)

Fishman, William J., "Allies in the promised land : reflections on the Irish and the Jews in the East End", in Kershen, A. J. (ed.), *London, the Promised Land?* (Aldershot: Avebury on Behalf of the Centre for the Study of Migration, 1997)

Friedlander, D., "London's Urban Transition, 1851-1951", *Urban Studies*, vol.11, no.2, (1974)

Garside, P. L., "London and the Home County", in Thompson, F. L. M. (ed.), *The Cambridge Social History of Britain 1750-1950* (Cambridge University Press, 1991)

Godley, Andrew, "Leaving the East End: Regional Mobility among East European Jews in London, 1880-1914", in Kershen, A. J. (ed.), *London, the Promised Land?* (Aldershot: Svrnury on Behalf of the Centre for the Study of Migration, 1997).

Mitchell, B. R., *British Historical Statistics* (Cambridge University Press, 1988).

Olsen, D. L., "House upon House", in Dyos, H. J. and Wolff, Michael (eds.), *Victorian City* (London: Routledge and Kegen Paul, 1973).

Owen, David, *The Government of Victorian London* (Cmabridge, Mess.: Harvard University Press, 1982).

Porter, Roy, *London: A Social History* (Cambridge, Mess.: Harvard University Press, 1994).

Potter, Beatrice, "The Dock Life of East London", *Nineteenth Century*, vol.22 (Oct. 1887).

Potter, Beatrice, "East London Labour", *Nineteenth Century*, vol.24 (August, 1888).

Stone, Lawrence, *Family, Sex and Marriage in England 1500-1800* (New York: Harper & Row, 1977).

Thompson, F. M. L., *The Rise of Suburbia* (Leicester University Press, 1982).

Wrigley, E. A., "A Simple Model of London's Importance in Changing English Society and Economy, 1650-1750," *Past and Present*, no.37 (1967).

National Statistics Online. http://www.statisticsgov.uk/census2001/profiles/00bg.asp
http://en.wikipedia.org/wiki/London_Borough_of_Tower_Hamlets
http://en.wikipedia.org/wiki/London_Borough_of_Hackney

파리

로널드 프레이저, 안효상 옮김, 《1968년의 목소리 "불가능한 것을 요구하라!"》, 박종철출판사, 2002

마크 기로워드, 민유기 옮김, 《도시와 인간: 중세부터 현대까지 서양도시문화사》, 책과함께, 2009

매트 마쓰다, 〈황제의 우상: 나폴레옹 승전 기념비에 대한 프랑스인의 기억 변화〉, 제프리 K. 올릭 엮음, 최호근, 민유기, 윤영휘 옮김, 《국가와 기억: 국민국가적 관점에서 본 집단기억의 연속, 갈등, 변화》, 민주화운

동기념사업회, 2006

민유기, 《도시이론과 프랑스 도시사연구》, 심산, 2007

민유기, 〈프랑스 사회주택 정책발전에서 파리시의회의 역할 1880~1914〉, 《프랑스사 연구》10호, 2004

민유기, 〈19세기 파리 동쪽 광장들의 기념물과 도시의 정치기호학〉, 《기호학 연구》23집, 2008

민유기, 〈파리의 문화예술인 동상건립과 도시정체성 만들기 1880~1914〉, 《프랑스사 연구》23호, 2010

민유기, 〈도시 공공개발을 위한 환경운동과 사회주의의 협력: 20세기 초 파리 성곽부지 활용을 중심으로〉, 《중앙사론》31집, 2010

발터 벤야민, 조형준 옮김, 《아케이드 프로젝트》, 새물결, t.2, 2005~2006. Walter Benjamin, (Rolf Tiedemann ed), *Das Passagen-Werk* (Frankfurt am Main: Suhrkamp Verlag, 1982); Jean Lacoste trad, Paris, *Capitale du XIXe siècles* (Paris: Editions du Cerf, 1989).

쥘리앵 뒤발, 크리스토프 고베르, 프레데릭 르바롱, 도미니크 마르세티, 파비엔 파비스, 김영모 옮김, 《프랑스 지성인들의 '12월'》, 동문선, 2004

크리스토프 르페뷔르, 강주헌 옮김, 《카페의 역사》, 효형출판, 2002

하랄트 슈만, 크리스티아네 그레페, 마티아스 그레프라트, 김무열 옮김, 《아탁, 세계화 비판론자들은 무엇을 원하는가?》, 영림카디널, 2004

Bardet, J.-P., Bourdelais, P., Guillaume, P., Lebrun, F., Quétel, C., *Peurs et Terreurs face à la Contagion: Choléra, tuberculose, syphilis XIXe-XXe sicles* (Paris: Fayard, 1988).

Boulbina, Seloua Luste, *Grands Travaux à Paris 1981-1995* (Paris: La Dispute, 2007).

Braham, Allan, *The Architecture of the French Enlightenment* (London: Thames and Hudson, 1980).

Chevalier, Louis, *Classes laborieuses et classes dangereuses à Paris pendant la premire moiti du XIXe siécle* (Paris: Plon, 1958).

De Andia, Béatrice, *Les Expositions universelles à Paris de 1855 à 1937* (Paris: Action artistique de la ville de Paris, 2005).

Dufrêne, Bernadette, *La Création de Beaubourg* (Grenoble: Presses universitaires de Grenoble, 2000).

Fierro, Alfred, *Histoire et dictionnaire de Paris* (Paris: Robert Laffont, 1996).

Guerrand, Roger-Henri, *Moeurs citadines: Histoire de la culture urbaine XIXe-XXe siécles* (Paris: Quai Voltaire, 1992).

Hugo, Victor, "Introduction", *Paris-Guide 1867 par les principaux écrivains et artistes de la France t.2*, (Paris: Librairie internationale, 1867).

Journal officiel, le 2 janvier 2010.

Libération, le 25 juin 2008.

Margairaz, M., Tartakowsky, D., Lefeuvre, D., *Le front populaire* (Paris: Larousse, 2009).

UN-HABITAT, *State of the World's Cities 2008/2009: Harmonious Cities* (London, Sterling: Earthscan, 2008).

베를린

유정희, 〈영원한 이방인: 독일의 터키 공동체〉, 《독일연구》18권, 2009. 12

최호근, 〈독일제국의 기념물 건립 붐과 민족주의, 1871~1914〉, 《대구사학》101집, 2010.11

Haupt, Michael, *Kampe, Norbert, Gedenkstätte Haus der Wannsee-Konferenz* (Berlin, 2005).

Hertle, Hans-Hermann, *The Berlin Wall: Monument of the Cold War* (Berlin, 2008).

Hertle, Hans-Hermann, Nooke, Maria, *Die Todesopfer an der Berliner Mauer 1961-1989: Ein Biographisches Handbuch* (Berlin, 2009).

Jochmann, Werner(ed.), *Adolf Hitler. Monologe im Führerhauptquartier 1941-1944* (München, 1980).

Lehrer, Steven, *Wannsee House and the Holocaust* (Metropol, 2000).

Meissner, Boris, *Die Deutschlandfrage von Jalta und Potsdam zur staatlichen Teilung Deutschlands 1949* (Berlin, 1993).

Morsch, Günter, *Mord und Massenmord im Konzentrationslager Sachsenhausen 1936-1945* (Metropol, 2005).

Nowel, Ingrid, *Berlin. Die Neue Hauptstadt. Architektur und Kunst, Geschichte und Literatur* (Dumont, 2002).

Pearcy, Arthur, *Berlin Airlift* (Airlife, 1997).

Ramen, Fred, *Albert Speer: Hitler's Architect* (New York: NY, 2001).

Rauterberg, Hanno, *Holocaust Mahnmal Berlin. Eisenman Architects* (Baden, 2005).

Schmid, Harald/Krzymianowska, Justyna(eds.), *Politische Erinnerung: Geschichte und kollektive Identität* (Königshausen & Neumann, 2007).

Wolff, Michael W., *Die Währungsreform in Berlin 1948/49* (Berlin, 1991).

상트페테르부르크

고골, 조주관 옮김, 《뻬쩨르부르그 이야기》, 민음사, 2004

나데쥬다 만델슈탐, 홍지인 옮김, 《회상》, 한길사, 2009

도스토예프스키, 오재국 옮김, 《죄와 벌》, 삼성출판사, 1989

로뜨만, 〈뻬쩨르부르그의 상징학과 도시 기호학의 제문제〉, 로뜨만 외, 《시간과 공간의 기호학》, 열린책들, 1996

로트만·우스펜스키, 〈표트르 대제의 이데올로기에 나타난 '모스크바–제3 로마' 개념의 반향〉, 《러시아 기호학의 이해》, 민음사, 1993

버만 마샬, 윤호병 옮김, 《현대성의 경험》, 현대미학사, 1994/2004

파이지스 올랜도, 채계병 옮김, 《러시아 문화사: 나타샤 댄스》, 이카루스미디어, 2005

톰슨 존 M., 김남섭 옮김, 《20세기 러시아 현대사》, 사회평론, 2004

코니 프레더릭 C., 박원용 옮김, 《10월혁명 – 볼셰비키 혁명의 기억과 형성》, 책세상, 2004

Лотман Ю. М. Символика Петербурга и проблемы семиотики города // Ю. М. Лот

ман-избранные труды в тех томах. Том II. Таллинн, 1992.
Лотман Ю. М. (совместно с Б. А. Успенским), "Отзвуки концепции "Москва-третий Рим" в идеологии Петра Первого," История и типология русской культуры, СПб-искусство, 2002.
Boym Svetlana, *The Future of Nostalgia* (Basic Books, 2001).

시카고

박진빈, 〈1919년 시카고의 인종 폭동과 도시문제〉, 《미국사연구》 26호, 2007
업튼 싱클레어, 채광석 역, 《정글》, 동녘, 1991
Allen, J., Lewis, J., Litwack, Leon F., Als, H., *Without Sanctuary: Lynching Photography in America* (Santa Fe, NM: Twin Palms Publishers, 2000)
Chicago Commission on Race Relations, *The Negro in Chicago: A Study of Race Relations and a Race Riot* (Chicago: University of Chicago Press, 1922)
Cronon, William, *Nature's Metropolis: Chicago and the Great West* (New York: Norton & Norton, 1991)
George, Walter Lionel, *Hail Columbia!* (London: Chapman & Hall, Ltd., 1923)
Giacosa, Guiseppe, "Chicago and Her Italian Colony", in *As Others See Chicago* (Chicago: University of Chicago Press, 2004)
Gilbert, James, *Perfect Cities: Chicago's Utopias of 1893* (Chicago: University of Chicago Press, 1991)
Grossman, James, *Land of Hope: Chicago, Black Southerners, and the Great Migration* (Chicago: University of Chicago Press, 1989)
Harris, Frank, *The Bomb* (New York: Mitchell Kennerley, 1909)
Kipling, Rudyard, *From Sea to Sea: Letters of Travel, Part II* (New York: Charles Scribner's Sons, 1906)
Leng, John, *America in 1876* (Dundee: Dundee Advertiser Office, 1877)
Locke, Alain, "Enter the New Negro", *The Survey Graphic*, vol.VI, no.6 (March 1925)
Muncy, Robyn, *Creating a Female Dominion in American Reform, 1890-1935* (New York: Oxford University Press, 1991)
Ralph, Julian, *Our Great West* (New York: Harper & Bros., 1893)
Sandburg, Carl, *The Chicago Race Riots* (New York: Harcourt, Brace and Howe, 1919)
Steevens, George Warrington, *The Land of the Dollar* (New York: Dodd, Mead & Co., 1897)
Tuttle, Jr., William, *Race Riot: Chicago in the Red Summer of 1919* (Urbana and Chicago: University of Illinois Press, 1996)

찾아보기

ㄱ

간사이關西 ›› 67
간토關東 ›› 44, 52
강남江南 ›› 27, 30-32, 92, 120-122
강북江北 ›› 31-32, 36, 149, 153
강화도조약江華島條約 ›› 23
개항開港 ›› 23, 122-123, 128, 131-133, 137, 140, 142
게르마니아Germania ›› 205-206, 209, 224
경화사족京華士族 ›› 22
경운궁慶運宮 ›› 24
경성京城 ›› 24-27
고르바초프Mikhail Gorbachev ›› 218
고한제Sweating system ›› 151, 160, 162, 164
공원公園 ›› 23, 37, 57, 62, 86, 103-105, 127, 157, 184, 187, 189, 195, 280-282
공중보건公衆保健 ›› 156
교외郊外 ›› 149-155, 192
교토京都 ›› 16, 41, 44, 50-51, 53-55, 67, 70-71, 74-75, 78, 80
과잉도시화Overurbanization ›› 29
근대화近代化 ›› 22, 24, 29, 33, 83, 115, 231

ㄴ

난징南京 ›› 93-94, 99, 109, 114
남촌南村 ›› 26, 31
내시John Nash ›› 153
네바 강Neva ›› 230-231

ㄷ

뉴욕New York ›› 14, 16, 66, 142, 156, 238, 258-261, 264-266, 278

다이묘大名 ›› 45-47, 55, 71, 73, 75, 77, 80
단독 이층집Detached house ›› 153
대공황大恐慌 ›› 189-190, 224, 280
대화재Great Fire ›› 80, 147, 261-262
도스토예프스키Dostoevskii ›› 228, 237, 241-243
도시미화都市美化 ›› 26, 179
도시재생都市再生 ›› 36, 88, 193
도시화都市化 ›› 14-15, 29, 35, 37
도요토미 히데요시豊臣秀吉 ›› 45, 68, 70, 84, 86
도쿠가와德川 ›› 21, 44, 46, 51, 53-54, 73
도쿠가와 요시노부德川慶喜 ›› 79
도쿠가와 이에야스德川家康 ›› 45, 73
도쿄東京 ›› 16, 40-44, 53-59, 61-62, 66-68, 80, 82-83, 88, 238
독재獨裁 ›› 26-27
동서양도론東西兩都論 ›› 53-54
두 가구 이층집Semi-detached house ›› 153

ㄹ

랭보Arthur Rimbaud ›› 186
러스킨John Ruskin ›› 157
러일전쟁Russo-Japanese War ›› 24, 56, 82

런던London ≫ 14, 66, 146-157, 159-164, 168-169, 177, 187, 206, 220
레닌Lenin ≫ 174, 228-229, 243, 245, 247
레닌그라드 ≫ 228-229, 248-254
레알Les Halles ≫ 177, 193
레이건Ronald Reagan ≫ 191, 218
레지스탕스Resistance ≫ 174, 190
로마Roma ≫ 146, 172-173, 175, 206, 212, 235-236, 252, 267
로트만Yuri Lotman ≫ 235

ㅁ

마오쩌둥毛澤東 ≫ 110
만주滿洲 ≫ 25, 96
맨체스터Manchester ≫ 82, 229
메이지신궁明治神宮 ≫ 57-59, 62
메이지유신明治維新 ≫ 44, 52, 67-69, 79, 81
모스크바Moskva ≫ 228, 230, 233, 236, 247, 250, 252-253
문화도시文化都市 ≫ 37, 193
미테랑François Mitterrand ≫ 191-192, 195

ㅂ

바르트Roland Barthes ≫ 61-62
바스티유Bastille ≫ 177, 181-182, 245
박람회博覽會 ≫ 82-85, 87, 173, 187-189, 266-267, 271-272, 280
박정희朴正熙 ≫ 30
백색도시White City ≫ 267
백화점百貨店 ≫ 25, 127-128, 173, 185, 225
버먼Marshall Berman ≫ 238

베르사유Versailles ≫ 179, 181
베를린Berlin ≫ 200-206, 209-225
베세토BESETO ≫ 36, 88
베이징北京 ≫ 14, 16, 88, 92, 96-106, 108-109, 111, 113-115, 141
베이핑北平 ≫ 93, 99, 100
베이커Josephine Baker ≫ 173
벤야민Walter Benjamin ≫ 172
보들레르Charles Baudelaire ≫ 183
본Bonn ≫ 200-201
북촌北村 ≫ 22, 26, 31
브란덴부르크Brandenburg ≫ 202, 204
브란트Willy Brandt ≫ 217
블룸Léon Blum ≫ 190

ㅅ

사합원四合院 ≫ 110-113, 115
산업혁명Industrial Revolution ≫ 14, 82, 147, 151, 204
산업화Industrialization ≫ 15, 82, 146, 154, 158, 167, 183, 268
상퀼로트Sans-culotte ≫ 181, 186
상트페테르부르크Saint-Petersburg ≫ 228, 230-231, 233, 235, 243
상하이上海 ≫ 14, 16, 88, 114-115, 118-119, 121-123, 127-128, 130-143
샹젤리제Champs-Elysées ≫ 172, 179, 224
생트주느비에브Sainte-Geneviève ≫ 175-176
세키 하지메關一 ≫ 83
센 강Seine ≫ 174, 176, 179, 184-185, 188
소비에트Soviet ≫ 228, 238, 246-247, 253
수도 이전首都移轉 ≫ 41-43
슈프레 강Spree ≫ 220

스탈린Stalin 》 221, 248, 252
스톡야드Stockyards 》 268, 276
스톤Lawrence Stone 》 151
슬럼Slum 》 157-158, 163, 167, 279
시카고Chicago 》 258-262, 264-283
식민도시植民都市 》 142
식민지근대화론植民地近代化論 》 26
식민지수탈론植民地收奪論 》 26
신자유주의新自由主義 》 36, 191-193
신해혁명辛亥革命 》 98, 103, 107-108, 123, 139

ㅇ

아폴리네르Guillaume Apollinaire 》 174
에도江戸 》 44-47, 50-54, 67-68, 77-80
에르미타슈Hermitage 》 243, 250
에이젠슈테인Sergey Eisenstein 》 245-246
여호의식旅扈意識 》 137, 139
연립 이층집Terraced house 》 153
오다 노부나가織田信長 》 68, 70
오바마Barack Obama 》 283
오사카大阪 》 48, 50-54, 66-71, 73-88
오스만Georges-Eugène Haussmann 》 181, 184
왕도王都 》 51
외탄外灘 》 120, 124
운터 덴 린덴Unter den Linden 》 209, 222-223
웨스트민스터Westminster 》 147, 149, 155, 157, 161
웨스트엔드 West end 》 149, 153, 155, 157, 161, 163
원구단 圜丘壇 》 24
위고Victor Hugo 》 173, 176
위생衞生 》 23, 101-102, 125, 153, 185
위안스카이袁世凱 》 99, 103
의화단義和團 》 97

이스트 엔드East End 》 155, 158-160, 163-169
이화원頤和園 》 96, 104-105
인민전선Front populaire 》 190-191

ㅈ

자금성紫禁城 》 94, 96-97, 103-105, 107
장제스蔣介石 》 99, 109-110, 114
전염병傳染病 》 103, 184-185
정체성正體性 》 15, 115, 133, 136-140, 143, 162, 187, 193, 234, 242, 254, 258-259, 283
제국의회Reichstag 》 209, 222-223
제국주의帝國主義 》 24-25, 141
제도帝都 》 24, 44, 52-55, 66, 83
조계租界 》 123-125, 128-132, 134-135, 142-143
조닌町人 》 77
조카마치城下町 》 46, 71, 75, 80
존슨Samuel Johnson 》 148

ㅊ

창조도시創造都市 》 37
채드윅Edwin Chadwick 》 156
천도遷都 》 18, 44, 50-54, 81, 200, 230, 247
천안문天安門 》 96, 107-110, 115
천수각天守閣 》 46, 68, 71, 75-77, 83-87
철도鐵道 》 23, 53, 102-103, 141, 154-155, 157-158, 214, 250, 273

ㅋ

카페Café 》 127, 181, 193
케네디John F. Kennedy 》 225

코뮈나르Communard ≫ 186
쿠르라렌Cours la Reine ≫ 179

ㅌ

탈식민脫植民 ≫ 27
터너Frederick Jackson Turner ≫ 259-260
템스Thames ≫ 146, 152-153, 155, 161, 168-169, 220
트라팔가Trafalgar ≫ 156, 161
티어가르텐Tiergarten ≫ 223

ㅍ

파리Paris ≫ 142, 153-154, 156, 172-193, 195-196, 203, 206, 220, 240, 242
파리코뮌Commune de Paris ≫ 86, 191, 195
파시즘Fascism ≫ 189-190
페테르부르크Petersburg ≫ 228-229, 231-243, 246-248, 252-254
폐번치현廢藩置縣 ≫ 55, 80
포동浦東 ≫ 129-131, 137, 140-141
퐁네프Pont Neuf ≫ 179
퐁피두Pompidou ≫ 193
표트르대제Peter the Great ≫ 231, 236, 240, 243, 247
푸시킨Aleksandr Pushkin ≫ 237, 239
풍수風水 ≫ 19, 26
프런티어Frontier ≫ 260-261
프로이센Preußen ≫ 185-186, 200, 202-203, 223
프리드리히대왕Friedrich der Grosse ≫ 203

ㅎ

한양漢陽 ≫ 18-19
한성漢城 ≫ 23-24
헐하우스Hull House ≫ 279
헤이안平安 ≫ 44, 54
호엔촐레른Hohenzollern ≫ 202
혼마치本町 ≫ 31
홀로코스트Holocaust ≫ 210, 212-213, 221-222
황거皇居 ≫ 41-43, 51, 54, 56-57, 61-62, 80
황포강黃浦江 ≫ 119-120, 124-126, 128-129, 131
휴즈Langston Hughes ≫ 272
흐루시초프Nikita Khrushchev ≫ 217
힐Joe Hill ≫ 270